張　浩川　著

中国中小企業の挑戦
――「小さな」世界企業への道――

東京　森山書店　発行

本書は専修大学「平成16年度課程博士論文刊行助成」によって刊行される

目　次

はじめに　夢から始まった研究 …………………………………………… *1*

第Ⅰ編　中国中小企業を研究する意義

第 1 章　世界の中小企業 ……………………………………………… *7*
　第 1 節　アメリカの中小企業 ……………………………………… *7*
　第 2 節　先進諸国の中小企業 ……………………………………… *10*
　第 3 節　日本の中小企業 …………………………………………… *14*
　第 4 節　先進諸国中小企業の共通点 ……………………………… *22*
第 2 章　中国中小企業の意義 ………………………………………… *28*
　第 1 節　中国企業についての概念 ………………………………… *28*
　第 2 節　変革の時代への対応 ……………………………………… *34*
　第 3 節　国民経済における役割 …………………………………… *39*
　第 4 節　社会安定における役割 …………………………………… *43*

第Ⅱ編　中国中小企業の歴史と現状

第 3 章　政治運動に左右された中小企業（1949～1977年） ……… *51*
　第 1 節　建国当時の中小企業 ……………………………………… *52*
　第 2 節　1952年までの経済回復 …………………………………… *54*
　第 3 節　資本主義工商改造・公私共同経営運動・社会主義改造運動 … *54*
　第 4 節　大躍進・人民公社運動 …………………………………… *55*
　第 5 節　「五小企業」運動 ………………………………………… *56*
　第 6 節　小　　括 …………………………………………………… *57*
第 4 章　自由放任の中小企業（1978～1998年） …………………… *60*
　第 1 節　知識青年の都市復帰による中小企業の創出 …………… *60*
　第 2 節　郷鎮企業の台頭 …………………………………………… *61*

第3節　「抓大放小」と「両権分離」…………………………………63
　　第4節　非国有経済の復権 ……………………………………………64
第5章　中小企業の新紀元（1998年〜）……………………………………69
　　第1節　中小企業司の誕生 ……………………………………………69
　　第2節　初の「中小企業白書」………………………………………70
　　第3節　「中華人民共和国中小企業促進法」………………………75
　　第4節　中小企業関連機構の形成 ……………………………………83
　　第5節　中国中小企業の定義の変遷 …………………………………85
第6章　中国中小企業を取り巻く環境………………………………………95
　　第1節　遅れた中小企業関連の法律と制度の整備 …………………95
　　第2節　厳しい経済環境 ……………………………………………103
　　第3節　『人民日報』から見る中国中小企業の方向性 ……………108
第7章　中国中小企業の実態 ………………………………………………125
　　第1節　中国中小企業の特徴 ………………………………………125
　　第2節　中国中小企業の経営の問題点 ……………………………128

第Ⅲ編　中国中小企業への提言

第8章　新モデルの導入 ……………………………………………………137
　　第1節　「小さな」世界企業とは ……………………………………137
　　第2節　「小さな」世界企業の事例研究 ……………………………146
　　第3節　ケース・スタディ …………………………………………180
　　第4節　「小さな」世界企業の強さの決め手 ………………………199
　　第5節　「小さな」世界企業が中国に導入できる理由 ……………224
　　第6節　中国版の「小さな」世界企業の候補者 …………………229
第9章　堅実な成長で世界へ ………………………………………………237
　　第1節　「小さな」世界企業への道 …………………………………237
　　第2節　地域連携 ……………………………………………………242
　　第3節　産官学共存共栄 ……………………………………………256

終わりに　中国にも強い中小企業 …………………………………… *263*
添 付 資 料……………………………………………………………… *265*
参 考 文 献……………………………………………………………… *294*
索　　　引……………………………………………………………… *299*
あ と が き

図表目次

表１：先進諸国中小企業関係の比較 ……………………………………… *8*
表２：戦後の日本中小企業政策 …………………………………………… *16*
表３：各種経済類型の工業企業数及び総産出 …………………………… *30*
図１：中国自動車産業の組織と系統図 …………………………………… *36*
表４：中国産業別の就業者数の推移 ……………………………………… *46*
表５：1999年地域別中国の小型企業 ……………………………………… *48*
表６：中国中小企業の歩み（1949～2003年）…………………………… *53*
表７：中国中小企業の定義の変遷 ………………………………………… *86*
表８：1988年中国「大中小型企業区分基準」抜粋 ……………………… *89*
表９：1998年一部産業における中小企業の区分基準 …………………… *92*
表10：甘粛省河西地区個人・私営企業への徴収費用 …………………… *96*
表11：1999年工業企業主要指標における中小企業の比重 …………… *125*
図２：「小さな」世界企業と中小企業 …………………………………… *141*
図３：「小さな」世界企業の立地 ………………………………………… *141*
図４：「小さな」世界企業と中堅企業 …………………………………… *144*
表12：樹研工業の歩み（1965～2003年）……………………………… *148*
図５：樹研工業の超微細歯車 …………………………………………… *150*
図６：樹研工業の内製機械「JMW」 …………………………………… *152*

表13：カメヤマの歩み（1927〜2002年） ……………………………………… *159*
図7：カメヤマのローソク ……………………………………………………… *162*
図8：カメヤマの機械（ローソク） …………………………………………… *165*
図9：カメヤマの機械（線香） ………………………………………………… *166*
表14：ユニオンツールの歩み（1960〜2002年） …………………………… *171*
表15：超硬ドリル市場のシェア ……………………………………………… *172*
表16：「小さな」世界企業の類型 ……………………………………………… *181*
図10：技術概念図 ……………………………………………………………… *202*
図11：株式会社イシダの技術への掘り下げ ………………………………… *207*
図12：「小さな」世界企業の設立年代別分布 ………………………………… *209*
表17：リンナイとパロマの海外戦略比較 …………………………………… *213*
図13：中国進出の「小さな」世界企業 ………………………………………… *225*
図14：中国の金融機関体系図 ………………………………………………… *253*

はじめに　夢から始まった研究

　私は，大学時代から，日本の中小企業に関心を持つようになった。しかし，当時，中国では中小企業に対する関心が薄く，正確な概念もなかった。経済大国日本の中小企業の強さを目の当たりにし，いつか中国も日本と同じように強い中小企業を輩出できるようになればと考え始めた。

　その考えを最初にまとめたのは，2000年に完成した修士論文，「中国中小企業の現状と改革―中国にも強い中小企業の基盤を作るには―」である。一年後，『人民日報・海外版』で，私の主張したものに近い記事が掲載された。その後，中国で初めての『中小企業白書』(2000年) と「中小企業促進法」(2002年) が誕生した。1998年末に発足した中小企業司と合わせ，中小企業を専門とする政府管理機構，中小企業白書，中小企業専門の法律と中小企業を研究する3つの要素が揃えられた。それに合わせるように，中小企業に関する書籍が徐々に刊行されるようになってきた。しかし，その多くは，中小企業論というよりも大企業への成長理論に走りがちで，いかにして中小企業から大企業へと発展するかということを中心に書かれたものが多い。高度成長中の中国で，中小企業を盲目的に規模拡大，多角化の発展路線に誘導するのは，決して中国の中小企業のためにはならない。という考え方で，中国中小企業のための論文を書こうと決めた。

1. 論 文 視 点

　中国企業のうち，国有企業と三資企業（独資，合弁，合作）および郷鎮企業については，研究が蓄積されているが，中小企業を専門分野として研究されたものは，極めて少ない。にもかかわらず，中国中小企業の企業数は，1,000万

社を超え，全企業数の99％以上を占めるといわれている。つまり，中国は，世界最大の中小企業大国の一つである。

現実では，改革開放という社会主義計画経済から社会主義市場経済への大転換で，中国中小企業は，常に先頭に立ち，牽引役として活躍してきた。国有企業の改革は，真っ先に国有小企業から始まった。外国資金の誘致と外国の技術の導入で知られた三資企業の90％以上は，中小企業である。農村地域に立地し，一躍世界の脚光を浴びた郷鎮企業も殆ど中小企業である。また，公有制との共存を中国社会に認めさせ急成長した私営企業においても，中小企業は，圧倒的な数的優位を作り出した。要するに，これからの中国では，経済発展のみならず，中国社会全体にとっても，中小企業問題は，避けられない課題となっている。

中国国内で，一部の学者は，中国が広大であるから中小企業のあり方も多様化であるべきだと主張している。例えば，東北地方では，従来の中国の重化学工業の中心地の関係で国有大企業が大量に存在しているから，その地域で，下請系列の中小企業を育成する。それに対して，福建省，広東省などの南方は，私営企業が多いため，独立成長路線を薦める。また，すべての中小企業を民営化にするべきだという意見もある。

しかし，下請系列にせよ，独立成長にせよ，それは，中小企業存在の一種の形態に過ぎない。それにこだわるよりも，中小企業が生存できるようにするべきことを，先に問うべきではなかろうか。一方，全ての国有中小企業を民営化し，市場メカニズムに任せるだけでよいのか。また，国有中小企業が殆ど赤字企業であるのは事実であるが，民間への売却を主な手段とする民営化は，莫大な民間資本を必要とする。果たして，買い手の民間は，このような資金を持っているか，たとえ，持っているとしても，リスクを背負ってまで引き受けてもらえるか，が問題である。さらに，国有中小企業の売却評価は公正に行なわれるかどうか。確かに，中小企業を正常な経済活動の軌道に乗せ，発展させるには，所有権と経営権を明確にすることは不可欠である。しかし，それだけでは，中小企業の経営活動は円滑に行われるようになるとは限らない。国有の枠

をはみだし，全ての中小企業にとって，経営上もっと重要なものがあるはずだ。従って，中国中小企業に適し，なおかつ実現可能な改善策を研究すべきである。

また，農業国から工業国へ，世界の工場から世界の市場への経済構造の大転換を実施している中国は，その大転換に不可欠とされる政治安定→経済発展→社会安定→政治安定という良性循環を強く望んでいる。他方，グローバル化が進む世界経済は，IT革命などによって，大企業の独占時代に終止符を打ち，中小企業の時代を迎えている。このような国内，国際情勢の変化は，中国中小企業に，今までにない厳しい競争をもたらすとともに，今までにないチャンスをも与えている。この意味においても，現在，21世紀の中国中小企業のあり方を研究する必要がある。

2．研 究 方 法

中国中小企業は，ハイテクのベンチャー企業とローテクの手工業企業が並存しており，また，多様な所有権制度により，極めて複雑になっている。本書は，中国中小企業，とりわけ，製造業の中小企業を中心に展開するものである。

そのため，まず，中国中小企業の歴史と現状の研究から着手した。しかし，統計上の不備，非協力的な企業側の対応などの中国の特殊な事情は，研究を一層難しくした。私は，少ない刊行文献と資料を頼りに，できるだけ企業の実態調査を行い，中国中小企業の歴史と現状を徐々に明らかにした。

一方，中国で通用する中小企業のモデルを模索する過程で，世界に先駆け，中小企業を取り込み，強固な中小企業基盤を築いた日本，特に，中小企業の頂点に立つ「小さな」世界企業の存在は，大いに示唆を与えている。

私は，『会社四季報・未上場版』を中心に，データ分析を行ないながら，多くの「小さな」世界企業の実態調査を行ってきた。日本各地の企業への実態調査は，生産現場での体験と経営者へのインタビューなどを通じて，私は生の中小企業の経営を実感させ，「小さな」世界企業をモデルとする21世紀の中国

中小企業のあり方を，確信した。

3．結　論

結論を先に述べておく。

中国中小企業は，「小さな」世界企業を目指すべきである。つまり，中国中小企業は，自らの得意とする分野に事業を絞り込み，既存技術に絶えず改良を加え，それを独自技術に磨き上げ，その技術を武器に世界市場に進出すべきである。

中小企業大国の中国では，中小企業の国民経済，社会安定における役割は絶大なものである。それは，高度成長が続く今日においても，安定成長に入る将来においても，明白である。

しかし，今まで中小企業問題への軽視，中小企業法整備の遅れ，中小企業研究の欠如，また，中小企業自身の問題で，中国中小企業は，瀬戸際に立たされている。今日の中国中小企業が直面するものは，従来の社会主義計画経済が残した負の遺産であり，社会主義市場経済に走り出した際に重複設立された過剰生産体制であり，世界経済への参入で遭遇する熾烈な競い合いである。だからこそ，日本の「小さな」世界企業のように，事業の絞り込みと技術の掘り下げによって，堅実な成長を要求されている。

もちろん，中国版「小さな」世界企業が育つには，中央政府をはじめとする中国社会全体のバックアップが必要となる。中央政府は，法律の整備，財政金融支援などを通じて，中小企業が健康的に発展できるような環境を整え，地方政府は，地域産業構図を明確した上で，情報提供，インフラ整備，地域の交流などを通じて，地域に立地する中小企業を支援し，また，学校，研究機関，地域住民を含む地域社会全体のバックアップが求められる。

また，産官学の共存共栄の大環境の下で，地域を根ざした得意分野で独自技術を持つ中小企業を育成することによって，中国の中小企業基盤を強くし，中国経済の基礎を固め，中国のさらなる経済発展と社会安定に，中小企業の力を発揮させることが求められている。

4．本書の構成

本書は，3編計9章から構成されている。

第Ⅰ編「中国中小企業を研究する意義」は，中小企業を論じる意義から始め，日欧米の先進諸国の中小企業のデータに基づき，中小企業がそれらの国々に極めて重要な役割を演じていることを明らかにした。その上，経済面で遅れを取りながら，先進国の仲間入りを強く望んでいる中国における中小企業の役割を分析し，中国も，先進諸国のように，中小企業を重要視すべきだという見解を提示する。

第Ⅱ編「中国中小企業の歴史と現状」は，まず，政治運動に左右された中小企業（1949～1977年），自由放任の中小企業（1978～1997年），中小企業の新紀元（1998年～）という三つの段階で，中華人民共和国成立以来の中小企業の歴史を顧みる。歴史的分析によって，中国中小企業の問題の遠因を検討する。その上，中国中小企業の現状を分析する。中国中小企業を取り巻く外部環境及び経営の問題点を検討することによって，中国中小企業の発展方向を模索する。

第Ⅲ編「中国中小企業への提言」は，「小さな」世界企業を中国に導入することを提言する。「小さな」世界企業の定義，現状，意義，事例研究，成功要因の分析などを通じて，中小企業の頂点に立つ「小さな」世界企業の存在をアピールする。その上，「小さな」世界企業モデルの導入の可能性，中国中小企業が努力すべきもの，及びそのバックアップを探究する。

※本書で取り上げる企業名について，「株式会社樹研工業─→樹研工業」というように略す。

> # Ⅰ．中国中小企業を研究する意義
>
> 1978年以来，中国は目覚しい経済成長を遂げてきた。国別のGDPで見れば，中国はすでに経済大国になっている。しかし，中小企業の分野においては，中国はまだまだ遅れている。中小企業が先進諸国に占める重要な位置，果たした役割を見習い，中国中小企業を真剣に検討する必要がある。

第1章　世界の中小企業

中小企業問題は，国際的にも永遠な課題である。なぜなら，先進国においても，発展途上国においても，また，過去においても，現在においても，将来においても，中小企業は，大量に存在しているからだ。この章では，「表1：先進諸国中小企業関係の比較」を中心に，先進諸国の中小企業を見てみよう。

第1節　アメリカの中小企業

1．アメリカの中小企業概念の提起と定義

1930年代，当時アメリカの大企業の圧倒的なパワーを目の当たりにし，一部のアメリカ学者は，資源の大企業への集中を懸念し始め，それに相対的な概念，つまり，中小企業問題を提起した。

1953年，連邦政府直轄で発足したSBA（Small Business Administration）は，現在全米各州に100以上の機構を持ち，数千名の職員を有している。

同年，アメリカは，初の「中小企業法」を制定し，独立所有，独立経営，所

表1：先進諸国中小企業関係の比較

国	中小企業機構	中小企業法	中小企業定義	企業数割合（％）	就業者数割合（％）	GDP割合（％）
アメリカ	SBA（1953年）	「中小企業法」（1953年）	独立所有，独立経営，所属業界で支配的な地位を有してない企業。製造業500人以下，小売業年間売上高8万ドル以下，卸業年間売上高22万ドル以下，農業年間売上高100万ドル以下，の企業。	98（1995年）	53（1995年）	51（1996年）
カナダ	ESBO（1977年）	「連邦公司法」	関連組織，銀行は各自の業務上の都合に合わせ，中小企業を定義。	96（1997年）	40（1997年）	25（1997年）
イギリス	中小企業局	「ボルトン委員会報告書」（1971年）	①シェアが少ない，②一人あるいは数人のオーナーが自ら経営する，③独立企業である。製造業従業員200人以下，小売業年売上高5万ポンド以下，卸業年間額20万ポンド以下，建築業従業員25人以下，鉱工業従業員25人以下，自動車販売業年売上高10万ポンド以下，サービス業年売上高5万ポンド以下，の企業。	99.8（1996年）	59（1996年）	65（1993年）
ドイツ	FCO（1958年）	「競争制限排除法」（1957年）	従業員500人以下，または売上高1億ドイツマルク以下の企業。	99.6（1996年）	57（1996年）	50（1994年）
フランス	中小企業管理局	「ロワイエ法」（1973年）	従業員500人以下の企業（商業は200未満）。	99.8（1996年）	66（1996年）	62（1994年）
イタリア	商工省	「手工業基本法」（1985年）	従業員250人以下（サービス業95人以下）の企業。	99.9（1996年）	80（1996年）	76.2（1991年）
EU	欧州委員会	中小企業育成行動計画（1986年）	従業員250人以下，年売上高4,000万ユーロ以下，または，年次バランスシート（総資産額）2,700万ユーロ以下で，他の一つないし複数の企業に資本または経営権の25％以上を保有されていない企業。	99.8（1996年）	66（1996年）	—
日本	中小企業庁（1948年）	「中小企業基本法」（1963年）	資本金3億円以下又は常時雇用する従業者数300人以下の会社及び従業者数300人以下の個人企業。卸売業は資本金1億円以下又は従業者数100人以下，小売業は資本金5,000万円以下又は従業者数50人以下，サービス業は資本金5,000万円以下又は従業者数100人以下の企業。	99.7（1996年）	72.7（1996年）	43（1998年）

※ 以下の資料のデータを元に作成。①呂国勝編著『中小企業研究』，上海財経大学出版社，2000年。②林漢川・魏中奇主編『中小企業発展与創新』，上海財経大学出版社，2001年。③中小企業庁編『平成10年版中小企業白書―変革を迫られた中小企業と企業家精神の発揮―』，大蔵省印刷局，1998年。④中小企業庁編『2000年版中小企業白書―IT革命・資金戦略・創業環境―』，大蔵省印刷局，2000年。詳細は，本文の注を参照。

属業界で支配的な地位を有してない企業を中小企業と定義した[1]。「中小企業法」では，企業の競争の維持・拡大は国民経済の繁栄及び国家の安全保障の基礎であり，これは中小企業が国から支援を受け，十分な成長発展を遂げてこそ実現されうるものとされている[2]。

後に，中小企業について，さらに4つの制約条件が加えられた。すなわち，①企業の所有者は経営者であること，②企業の資本は一人あるいは少数の個人によって提供されること，③企業製品の販売範囲は主に立地地域に限ること，④業界では支配的でないこと，である。

質的のみならず，アメリカは，量的にも中小企業を規定した。経済発展に伴い，その規定は修正され，現在，製造業では，500人以下（内：自動車産業1,000人以下；航空機械産業1,500人以下），小売業では，年間売上高8万ドル以下，卸業では，年間売上高22万ドル以下，農業では，年間売上高100万ドル以下，と業界別で中小企業を細かく定めている。

従って，アメリカの中小企業の定義は，中小企業を量的（Quantitative）と質的（Qualitative）の両方面で規定されている。

2．アメリカ中小企業の役割

最初に中小企業理論を打ち出したアメリカは，中小企業が企業総数の98％を占めている。1947年に806万社しかなかった中小企業は，1995年に2,260万社（納税申告数）まで増加した[3]。

アメリカの中小企業は，アメリカの国民経済において，重要な役割を果たしている[4]。

まず，中小企業は，アメリカの経済成長を促進した。1996年，アメリカのGDPの51％を作り出したのは，中小企業であった。

つぎに，これらの中小企業によって作られた雇用は，全国就業者数の半分以上の53％も占めている。

また，アメリカの中小企業は，技術の創造・革新を持続的に起こし，科学技術の進歩に大きな役割を果たしている。1980年代以来，アメリカの技術創造・革新の70％は，中小企業によるものである。ITブームで世界を席巻するシリコンバレーの成長は，その代表である。

そして，アメリカの中小企業は，輸出を増やしていることも見逃せない。1994年，アメリカの中小企業の輸出総額は，1,500億ドルを達し，輸出総額の

1/3を占めた。

 さらに，重要なのは，アメリカの中小企業は，大企業の基盤を支え，大企業と相互補完しながら，アメリカ経済の発展に貢献していることである。例えば，ボーイング社のB・747旅客機の450万個の部品を作り出しているのは，1,500社の大企業とその基盤を支えている15,000社の中小企業（8ヵ国）である。

 中小企業はアメリカを21世紀に導くエンジンであると例えたクリントンは，「1996年の中小企業教書：大統領報告」で，「アメリカの中小企業の創造力と素晴らしい生産性はこの国の企業社会を世界の羨望の的としております」と言葉を惜しまず褒め讃えた[5]。

第2節 先進諸国の中小企業

 アメリカに続き，多くの国々は，中小企業の重要性を認識し，中小企業についての法律を作り，中小企業専門の政府機構を設立し，中小企業の研究と支援を行ってきた。それらの国々の中小企業は，また，それぞれの国の経済発展に大きく貢献している。

1. カ ナ ダ

 カナダ連邦政府は1977年，国家中小企業部（ESBO）を設立した。中小企業についての法的根拠となるのは，「連邦公司法」である。連邦政府こそ，明確な中小企業の定義を出さないものの，関連組織，銀行は各自の業務上の都合に合わせ，中小企業を定義している[6]。例えば，カナダ独立企業協会（CFIB）は，従業員20人以下の独立した個人企業を中小企業と定義している。また，カナダ連邦実業開発銀行は，年度売上高200万カナダドル以下の企業を中小企業としている。そして，カナダ輸出発展公司は，年度売上高500万カナダドル以下の企業を中小企業と判断している。

 1997年，カナダの中小企業は，250万社を超え，企業総数の96％を占め，

GDPの25%を作り出した。また，カナダでは，年間約15万社の中小企業が起業され，多くの就業機会を作り出している。1997年，約40%の就業者が中小企業で働いている。

2．イギリス

1970年代以降，イギリスの中小企業の研究とその発展は，活発になっている。1971年の「ボルトン委員会報告書」は，新しい産業を生み出す中小企業の「苗床機能」（シーズ・インキュベーター）に特に着目し，イギリス経済のダイナミズムの維持と発展のための中小企業の活性化を唱えた。同報告書で，中小企業の役割と貢献について，以下の8点を指摘した。すなわち，①独立開業機会の提供，②最適規模での効率的活動の実現，③効率的・専門的部品生産などによる大企業の補完，④多種少量需要への効率的対応，⑤独占阻止と競争促進，⑥技術革新の担い手，⑦新産業の苗床，⑧企業家精神の担い手，の8点である[7]。

イギリスの中小企業の定義は，アメリカと同様に量的と質的の両方面から定められている。質的には，①シェアが少ないこと，②一人あるいは数人のオーナーが自ら経営すること，③独立企業であること，と決められている。量的には，製造業で従業員200人以下，小売業で年売上高5万ポンド以下，卸売業で年卸額20万ポンド以下，建築業で従業員25人以下，鉱工業で従業員25人以下，自動車販売業で年売上高10万ポンド以下，サービス業で年売上高5万ポンド以下の企業を中小企業としている[8]。

1996年，イギリスの中小企業は，企業総数の99.8%を占め，全就業者数の59%にあたる雇用者数を作り出した[9]。また，1993年のGDPの65%は，中小企業によって作り出された。

イギリスの中小企業は，独自の技術を持ち，専業化し，競争環境を作り出し，大企業の寡占に挑み，大企業の新陳代謝を促進させている。

3. ドイツ

1957年，西ドイツは，「競争制限排除法」を公表し，翌年，企業の経済活動を裁定する連邦カルテル庁（FCO）を設立した。

ドイツでは，連邦レベルの中小企業法がないため，各州において中小企業の振興法が制定されている。当時，ドイツの中小企業の一般的な定義は，従業員49名以下，年回転資金100万マルク以下の企業であった[10]。

現在，統計上では，ドイツ中小企業研究所（IFM）による中小企業の定義が，用いられている。すなわち，従業員数500人未満，または売上高1億ドイツマルク以下の企業は中小企業である。ただし，卸売業は従業員数200人未満，小売業は100人未満，サービス業は50人未満が中小企業とされている[11]。

1996年，ドイツの中小企業は，企業総数の99.6%を占めた。また，ドイツの中小企業は，年間100万人の就業機会を生み出し，雇用に大きく貢献している。全就業者の57%は，中小企業に勤めている。1994年，ドイツの輸出総額の40%，GDPの50%を作り出したのも，中小企業であった。

4. フランス

フランスでは，従業員500人以下の企業が中小企業である。フランス政府は，1970年代以来，中小企業の育成を工業政策の3大原則の一環としてきた。中小企業管理局，中小企業工業技術委員会，中小企業装備融資局などの中小企業専門政府機関のほか，中小企業連合会（1954年），商会（1898年）など民間団体も活躍している。1973年の「ロワイエ法」，1995年の「中小企業振興計画」，1996年の「競争法」の改定，中小企業発展銀行の設立などは，フランス中小企業の発展に大きな役割を果たした[12]。

1996年，フランスの中小企業は，全企業数の99.8%を占めた。全就業者数の66%のフランス人は，中小企業で働いている。1994年，フランスの中小企業は，輸出総額の25%を，GDPの62%を作り出した[13]。

フランスの中小企業は，雇用，輸出のほか，科学技術の産業化，国民経済構造の調整などにも大いに貢献している。

5．イタリア

イタリアでは，1985年「手工業基本法」が制定された。商工省は，従業員10人以上，500人以下の企業を中小企業とし，管轄していた[14]。

1991年に制定された「中小企業保護法」（Interventi per l'innovazione e lo sviluppo delle piccole imprese）は，工業部門で従業員200人以下，減価償却及び金融資産評価を差し引いた投下資本金200億リラ以下の中小企業，商業部門及び先端第3次産業を含むサービス業部門で従業員75人以下，減価償却及び金融資産評価を差し引いた投下資本金75億リラ以下の中小企業が助成の対象となっている[15]。

また，イタリア中央統計局では，EUの定義に従って製造業については従業員250人以下，サービス業については従業員95人以下を中小企業としている[16]。

1996年，イタリアの中小企業は，企業総数の99.9％を占めている。全就業者の80％が，中小企業で働いている。1991年，中小企業は，イタリアのGDPの76.2％を作り出した。

先進国の中でも群を抜くイタリアの中小企業の多さに，岡本義行は次のように評価した。「イタリアでは中小企業の比重が大きいばかりでなく，実質的経済活動の原動力となっている。輸出を国際競争力のバロメーターと見ることができるとすれば，輸出全体に占める中小企業の輸出の割合は高いことから，その競争力を推測できる。製造業における従業員20～500人規模の企業の約2/3が，売上高の50％余りを輸出している。また，年間輸出額が500億リラ以下の企業（その大部分は中小企業である）が，イタリアの輸出額の56％を輸出している。」[17]。中小企業大国と例えられたイタリアで培った中小企業の国際競争力は，イタリアの国民経済の根底であると言っても，過言ではない。

現在，プラート，コモ，ボローニヤなどの中小企業を中心とする産業集積はイタリアの国際競争力の象徴ともなっている。イタリアは，欧州の中でも，最も活気が溢れる中小企業の大国である。

6．EU

1983年，EC委員会，欧州議会などは，共同で中小企業の育成を図るための行動計画を公表した。3年後，欧州市場統合で，中小企業が市場統合を新たなビジネスチャンスとして積極的に活用することが可能となるための支援が強調され，EC委員会が単独で行動計画を公表した。

EC委員会は，最初，従業員250人未満，純固定資産7,500ユーロ以下で，より大きな企業に資本の1/3以上を保有されていない企業を中小企業と定義した。

現在，EUでは，従業員250人以下，年売上高4,000万ユーロ以下，または，年次バランスシート（総資産額）2,700万ユーロ以下で，他の一つないし複数の企業に，資本または経営権の25％以上を保有されていない企業を中小企業と定義している。また，従業員50人未満は小企業，10人未満は零細企業と位置づけられている[18]。

EUでは，行政組織上，中小企業政策は欧州委員会第23総局（DGXXⅢ）が担当している。1996年の統計によれば，全企業数の99.8％，全就業者の65.7％を占めたのは，中小企業であった。

第3節　日本の中小企業

1．日本の中小企業定義

アメリカ政府よりも早く，中小企業の重要性を認識し，先進国で最初に中小企業政府機構を設立したのは，日本である。1948年，日本政府は，中小企業庁を設置した。アメリカがSBAを発足させたのは，その5年後であった。当時，中小企業庁が設置された目的は，金融，組織，診断・指導の3つを大きな柱として中小企業政策の体系化を図ることにあった。

1963年，「中小企業基本法」が制定された。この法律では，中小企業の範囲を規定し，鉱工業，運送業においては資本金1億円以下又は従業員300人以下，小売業又はサービス業においては資本金1,000万円以下又は従業員50人以下，卸売業においては資本金3,000万円以下又は従業員100人以下とされた。また，

従業員20人以下の企業（商業又はサービス業については5人以下）は小規模企業とされ，必要な配慮を加えることとされた[19]。

その定義は，1973年，1999年の2回の改正が加えられ，今日，次のようになっている。

「中小企業基本法において『中小企業』とは，おおむね，資本金3億円以下又は常時雇用する従業者数300人以下の会社及び従業者数300人以下の個人企業を指す。ただし，卸売業の場合は，資本金1億円以下又は従業者数100人以下，小売業の場合は，資本金5,000万円以下又は従業者数50人以下，サービス業の場合は，資本金5,000万円以下又は従業者数100人以下のものとしている。また，『小規模企業』とは，従業者数20人以下の企業を指す。ただし，商業及びサービス業については，従業者数5人以下のものとしている。」[20]

2．日本の中小企業政策

戦前から今日に至るまで，国内外の経済状況の変化に応じて，日本では，多様な中小企業政策が実施されてきた。正確にいうと，最初に実施された中小企業関係の政策は，1884年の「同業組合規則」の制定に溯ることができる。「表2：戦後の日本中小企業政策」は，戦後日本における主な中小企業政策の一覧表である。その表を通じて，日本の中小企業が政策面から強力なバックアップを受けたことが分かるだろう。

日本の中小企業政策を支える中心の法律は，日本経済の高度成長期のまっただ中，1963年に成立した「中小企業基本法」である。「中小企業基本法」制定までの期間においては，個々の中小企業の技術・設備条件の低位と過当競争の克服に主眼がおかれた。そのために，個別企業を基準とした設備「近代化」に向けての資金貸付・工場集団化助成や中小企業の調整事業・共同経済事業が実施された。「中小企業基本法」が策定された後，引き続き「規模拡大」が課題とされ，また，「中小企業近代化促進法」によって，業種を基準とした「構造改善事業」が推進された。その後，石油危機・円高などの経済状況の変化に応じて，中小企業政策も大きな変貌を見せている。1970年代の中小企業政策の理

表2：戦後の日本中小企業政策

年代	政治・経済	中小企業関係
1945	敗戦	
1947	独占禁止法	「中小企業振興対策要綱」閣議決定
1948	経済安定九原則	中小企業庁発足，中小企業診断制度の創設
1949	中華人民共和国建国	「中小企業等協同組合法」
1950	朝鮮戦争勃発	「中小企業信用保険法」
1952	日本がIMFに加盟	「企業合理化促進法」
1953	独占禁止法改正	「中小企業安定法」，「中小企業金融公庫法」
1955	日本がGATT加入	「中小企業等協同組合法」改正
1956	機械工業振興臨時措置法	「中小企業振興資金助成法」
1957	旧ソ連人工衛星打上成功	中小企業団体の組織に関する法律
1958	EEC発足	「中小企業信用保険公庫法」
1959	日本生産性本部設置	全国商工会連合会創立総会
1960	日米新安保条約成立	「中小企業業種別振興臨時措置法」
1961		「中小企業振興資金等助成法」
1962	キューバ危機	全国中小企業連合，日本中小企業指導センター
1963	GATT11条国へ移行	「中小企業基本法」，「中小企業近代化促進法」，「中小企業近代化資金助成法」，「中小企業指導法」
1964	IMF8条国へ，OECD加盟	初の『中小企業白書』
1965	中期経済計画	「小規模企業共済法」，「中小企業信用保険法」改正
1966	官公需受注確保法	「中小企業近代化資金等助成法」
1967	EC発足	協業組合制度の創設
1969	アポロ11号月面着陸	「今後の中小企業政策のあり方」
1970	日米安保自動延長	「下請中小企業振興法」
1971	ニクソン・ショック	「中小企業特恵対策臨時措置法」
1972	日中国交正常化	「70年代の中小企業のあり方とその政策方向」
1973	第1次オイルショック	「中小企業基本法改正法」
1974	汎太平洋中小企業会議	「今後の中小企業近代化対策の方向について」
1975	独禁法改正案廃案	「中小企業近代化促進法改正法」
1978	第2次オイルショック	「円相場高騰関連中小企業対策臨時措置法」
1979	EMS制度発足	「産地中小企業対策臨時措置法」
1980	イラン・イラク戦争勃発	「1980年代の中小企業のあり方と中小企業の方向について」
1982		「中小企業組織化ビジョン」
1983		「特定業種関連地域中小企業対策臨時措置法」
1985	プラザ合意	「中小企業技術開発促進臨時措置法」
1986	前川レポート	「特定地域中小企業対策臨時措置法」
1988		「中小企業融合法」
1991	旧ソ連解体	「中小企業労働力確保法」
1992	マーストリヒト条約	「90年代の中小企業政策のあり方」
1995	WTO発足	「中小企業創造活動促進法」
1999		中小企業国会，中小企業定義の改正

※巽信晴・佐藤芳雄編『中小企業論を学ぶ』，有斐閣，1976年，7―14頁，巽信晴・佐藤芳雄編『新中小企業論を学ぶ』[新版]，有斐閣，1996年，375―378頁を参照し作成。

念として,「知識集約化」が提唱された。「80年代ビジョン」では,中小企業について,「活力ある多数としての評価」,「多様性の認識」,「施策手法の多様性の要請」などの諸原則を掲げた。「90年代のビジョン」は,「創造の母体としての中小企業」として「有効な競争の担い手」となることを要請した[21]。

以上のような多様かつ豊富な中小企業政策の実施は,日本の強い中小企業の基盤を強力にサポートしている。また,その中小企業政策はつねに時代の変化に対応し,修正されていることも注目すべきであろう。今日,経済のグローバル化と情報化が急発展する中,日本の中小企業政策は,またも,大幅に修正された。

1999年11月の臨時国会では,「中小企業基本法」の改正を含め,21世紀の日本中小企業の在り方が激しく議論された。その国会も「中小企業国会」と名づけられた。その結果,21世紀初頭の日本中小企業の課題,すなわち,経済の不確実性の増大,多様性と創造性の重要性の増大,少子高齢化の進展と環境・エネルギー制約の増大,情報化の進展,といった4つの課題に応じて,21世紀の日本の中小企業は,機動性,柔軟性,創造性を発揮し,「日本経済のダイナミズムの源泉」として求められている。そういった状況で,市場競争の苗床,イノベーションの担い手,魅力ある就業機会創出の担い手,地域経済社会発展の担い手などの積極的な役割が期待されている。そのため,新たな中小企業政策理念,つまり,「多様で活力ある独立した中小企業の育成・発展」が導入されることとなった。従って,これからの日本の中小企業政策は,主に,競争条件の整備,中小企業の経営の革新や創業の促進,セーフティネットの整備などを中心に展開されそうである[22]。

日本の中小企業政策の変遷で見られるように,国民経済の基礎に当たる中小企業を重視し,その時代の経済状況に応じて,適時に,適切な中小企業政策を打ち出し,中小企業に政策上の強力なバックアップを与えることは,極めて重要であろう。

3. 日本の中小企業の金融支援

一方，日本で，1948年に設立された中小企業庁の下で，金融，組織，診断・指導の3つを大きな柱として中小企業の体系化が計られてきた。そのなかで金融面における中小企業への支援は，極めて重要な役割を果たしている[23]。

1945～1954年の復興期では，戦前の1936年に設立された商工組合中央金庫に加え，1940年代後半における小規模企業の金融難を背景として，1949年に国民金融金庫が設立された。また，朝鮮特需後の景気後退の中で，中小企業に対する専門の政府系金融機関が必要とされたことから，1953年には中小企業金融金庫が設立され，長期資金の供給が行われるようになった。さらに，中小企業における担保の不足などによる資金調達難をカバーするため，1950年に「中小企業信用保険法」が制定されたほか，各地に設立されていた信用保証協会の業務の伸長と法的地位の確立のため，1953年に「信用保証協会法」が制定され，信用補完制度の整備が進んだ。

1955～1972年の高度成長期では，中小企業近代化政策の一環として，設備の近代化による生産性の向上などのため，1956年に「中小企業振興資金等助成法」が制定され，都道府県を通じて設備近代化資金の融資が進められた。また，既存の信用保険制度及び都道府県信用保証協会の信用保証制度を整備し，両制度を含めた信用補完制度の改善・強化を図るため，1958年に「中小企業信用保険公庫法」が制定されるとともに，中小企業信用保険公庫が設立された。1963年に「中小企業基本法」と「中小企業近代化促進法」が制定された。それに応じて，中小企業構造の高度化と設備近代化を金融面から促進するための施策として，同年に「中小企業振興資金等助成法」の改正により「中小企業近代化資金助成法」が制定された。1966年に同法は改正により「中小企業近代化資金等助成法」に名称変更され，設備貸与制度が追加された。なお，高度化資金融資は，1967年に設立された中小企業振興事業団が実施することとされ，さらに制度・内容の充実が図られた。このほか，中小企業の自己資本の充実を図るため，1963年に制定された「中小企業投資育成株式会社法」に基づき，同年，東京，大阪，名古屋に中小企業投資育成会社が設立された。

1973～1984年の安定成長期では，1973年に小企業など経営改善資金融資制度が設立された。1980年代は，中小企業振興事業団及び中小企業共済事業団が統合され，中小企業事業団が設立された。なお，同団では，1981年に海外投資アドバイザー事業が開始され，中小企業の海外進出支援が図られた。

1985年～現在の転換期では，創業・新規事業支援策が目立っている。特に，1995年に制定された「中小企業の創造的事業活動の促進に関する臨時措置法」は，翌年の改正で，都道府県のベンチャー財団が法律上位置づけられることとなった。それによって，民間ベンチャーキャピタルのバックアップなど，とくにスタートアップ段階の中小企業の支援体制が整備された。

以上のように，日本では，経済発展段階に応じて，適時に打ち出された中小企業金融支援策の下で，金融面から中小企業に様々な支援が行われている。日本の中小企業は，それらの適時に修正された中小企業金融支援策と中小企業政策の強力なバックアップを得，長期に渡り，主役の大企業企業群を支え，日本のかつてない経済繁栄を築き上げた。

4．その他のバックアップ

適時の中小企業政策と多様な金融支援は，日本の中小企業をサポートしている。そのほかにも，日本中小企業の強力なバックアップとして機能しているものがある。企業間交流がその1つである。

日本の中小企業といえば，確かに，下請系列の末端にあり，二重構造の底辺で，大企業もしくは中堅企業に苦しめられているイメージがある。しかし，この下請系列に組織された「協力会」は，中小企業の技術向上などの安定成長に積極的に寄与してきた。

特に注目すべき点は，大企業の外注課・購部課の下で結成された協力会である。日本の自動車産業を例としてみれば，全体は「日本自動車部品工業会」に加盟しながら，個々の企業レベルでは，本田技研工業以外の大手がそれぞれ傘下の部品メーカーを「協力会」に組織している。トヨタ自動車の東海，関東，関西の3つ協豊会，日産自動車の宝会と晶宝会，三菱自動車工業の三菱自動車

柏会，マツダの西日本，関東，関西の3つの洋光会，いすゞ自動車のいすゞ協和会，富士重工業のスバル雄飛会，ダイハツ工業のダイハツ協友会，鈴木自動車工業の鈴自協力共同組合，日野自動車工業の日野協力会，日産ディーゼル工業の日産ディーゼル弥生会などは，このような「協力会」である[24]。

このような「協力会」は，情報交換などを含めて，業界内の交流を盛んに行ない，直接に中小の部品メーカーの技術改良と向上に繋がった。例えば，トヨタの「品質管理賞」は，部品メーカーの技術改良と向上を図るために設けられたものである。また，このような「協力会」の下で錬えられた中小企業は，徐々に，独自の技術力を身に付け，完成車メーカーの70％の外注を担うと同時に，その技術力を武器に，専属部品企業から，脱下請＝「元方複数化」（元方複数化は，納入先企業を複数化にすることである。）を図り始めた。

自動車産業以外の分野でも，例えば，製鉄，石油化学，造船などにおいても，「協力会」は活躍している。また，その類型は，産業によって違いを見せている。例えば，造船業の下請は，労務提供型の構内下請（「構内常続作業」の作業請負）と部品加工型の構外下請（加工外注・設計外注・艤装外注）から構成される。労務提供型の構内下請企業の協力会（協同組合三菱長崎協力会など）の特徴は，本工労働者とともに船舶建造及び艤装の各工程の「構内常続作業」を担う労働力を提供していることにある[25]。このような本工労働者との共同作業によって，個々の構内下請企業の社外工＝技能工の技能は，飛躍的に向上し，この造船下請企業でも，元方複数化企業までに成長してきた（例えば，長崎船舶艤装）。

「協力会」は，親企業の技術指導を受けながら，下請系列を中心とする異業種交流でもあり，中小部品企業の技術改良と革新に大きな役割を果たしてきた。こうした異業種の交流も，日本では，盛んに行なわれている。この異業種交流は，様々な中小企業の結集により各企業のもつ異業種の情報や技術の相互利用を可能にする効果がある。これによって，各企業それぞれがコストをかけずに異業種の経営資源を融合化し，共同で新製品・新技術を開発し，経営力を高めることも可能となる。

また，1970年代の半ば前後から，日本の異業種交流が目立つようになった。小林靖雄は，異業種交流（連携）を，「異なる分野の，異なる特性をもつ企業が，それぞれの持っている技術や情報をお互いに交換し合い，また結びつくことによって新しい可能性を見い出そうとする」活動と定義した[26]。

異業種交流の源流は，1972年の中小企業政策審議会による意見具申「70年代の中小企業のあり方と中小企業政策の方向について」に登場した知識集約化政策に求めることができるが，現実の動きとして，1970年に大阪科学技術センターで異業種の中小企業による「省力化技術研究会」と「新製品開発研究会」の開催は，最初であった[27]。その後，1981年の「技術交流プラザ事業」と1988年の「異分野中小企業者の知識の融合による新分野の開拓の促進に関する臨時措置法」によって，推進されてきた[28]。

異業種交流は，より幅広い分野の知識・技術を駆使して自社の体質の強化を図る中小企業にとって，極めて重要な役割を担っている。日本では，異業種交流は，業界・地域事情に関する情報収集の手段として，自社の経営内容の妥当性の指針として，事業転換能力の蓄積として，経営者の研鑽の場として，幅広く活用されている[29]。このように，企業間の交流は，同業種交流と異業種交流を通じて，日本の中小企業の技術力を錬え上げ，その革新を促進するのに極めて重要な役割を果たしてきた。

そして，戦前の「統治会」の流れを引き継いだ日本経済の各分野に浸透している「業界団体」は，官僚と民間の架け橋となり，産業の実態を熟知した上での産業政策の実施に大きく貢献している[30]。

そのほか，日本の中小企業をバックアップする存在としては，学会の研究活動が挙げられるだろう。1957年の『経済白書』が二重構造論を展開して以来，1960年代の初めに中村秀一郎の中堅企業論，1970年代の第3次ベンチャーブームにおける中村・清成のベンチャー・ビジネス論，1990年代の溝田・塩見・宮崎の「小さな」世界企業論などは，日本の中小企業の発展に大いに示唆を与えた（第8章第1節に詳しく説明する）。

企業間の交流，官民の交流，企業と学界との交流は，日本産業への強力なバ

ックアップ，すなわち産官学共存共栄の体制を築いた。その体制の支援と企業自身の努力は，世界でも例のない日本の大企業群を作り出し，と同時に，世界レベルの独自技術力をもつ中小企業も多く育てた。

第4節　先進諸国中小企業の共通点

　巨大企業と対照的な概念として打出された中小企業は，輸出などの経済面のみならず，雇用などの社会安定にも大きく貢献している。今日，中小企業は，各国の国民経済の基盤を支え，重要な役割を果たしている。特に，経済不況の打開策として大いに期待されている。先進諸国の中小企業の発展において，いくつの共通点が明らかにされる。

1．経済発展の各時期に存在する

　アメリカを始めとする先進諸国で，中小企業を重要視するようになったのは，1950年代であった。とはいえ，それ以前に中小企業が存在しなかったわけではない。前述したように，1884年に，中小企業を意識した日本は，「同業組合規則」を制定した。言い換えれば，中小企業は先進諸国に普遍的な現象として存在している。しかも，大量に存在している。「表1：先進諸国中小企業関係の比較」で分かるように（年代は違うが），各国の中小企業数が全企業数に占める割合は，アメリカの98％，カナダの96％，イギリスの99.8％，ドイツの99.6％，フランスの99.8％，イタリアの99.9％，日本の99.7％，である。また，EU全体でも，99.8％の企業は，中小企業である。これらの数字は，中小企業の存在を十分説明できるだろう。

　また，政府に重要視された中小企業は，各国の経済発展段階において，異なる役割を担ってきた。時には，大企業の補完するものとして，大企業の基盤を支える。例えば，日本の下請け系列。時には，その独自性を発揮し，不況を打開する。イノベーションを生み出す産業集積としてのシリコンバレー，イタリアの産地などはその代表である。

そして，今日，より多くの国々は，中小企業の重要性を認識し，中小企業の研究を進めている。特に，経済発展を念願とする多くの発展途上国にとって，低コストで作り上げられる中小企業への期待は大きい。また，アジア金融危機で，露呈した大企業ばかりが育つ韓国の脆さと，中小企業基盤をしっかりした経済成長を遂げた台湾の健闘は，より一層中小企業の重要性を明確に示た。現在，中小企業への関心は，従来の大企業との比較という視点から，経済発展の一環へと転換しつつある。

先進国においても，発展途上国においても，また，過去，現在，将来においても，中小企業は，大量に存在する。従って，中小企業の問題は，国際的な永遠の課題ともいえる。

2．発展時期による中小企業定義の変化

第1節「アメリカの中小企業」で触れたように，中小企業の定義は，主に量的と質的の両方面で規定されている。

量的規定は，中小企業の定義をより直観的にし，統計上にも便利なため，その後，多くの国々に採用された。林漢川・魏中奇研究チームは，北米，南米，欧州，豪州，アジア，計44ヵ国（地域）の中小企業定義を調査したところ，量的規定によって中小企業を定義する国（地域）は100％であったことが明らかになった。一方，質的な規定を取ったのは，アメリカ，ドイツ，イギリス，カナダ，イスラエル，インドネシアの計6ヵ国のみであった。欧米を中心としたこの現象は，独立所有を強調する国柄とかかわりがあると考えられる[31]。

ここで，もう一つ興味深い点を指摘しなければならない。それは，各国の経済発展の段階に応じて，中小企業の定義は，修正されてきた点である。

アメリカの中小企業の定義は，最初の質的な規定（独立所有，独立経営，所属業界で支配的な地位を有してない企業）から，4つの制約条件が加えられ，さらに，各業種別のきめ細かな量的規定が定められ，今日に至った。

ほかの欧米諸国も，その経済発展の段階に応じて，中小企業の定義を修正してきた。EUの統合により，欧州の統一市場は誕生した。これからの欧州諸国

の中小企業定義も統一されるようになるだろう。現に，イタリアはすでにEUの中小企業の定義を統計上で用いている。今まではっきりしない中小企業定義のドイツと，EU定義に近いものを持つイギリス，フランスもそれに追随するだろう。

　日本の中小企業定義は，1963年に成立した「中小企業基本法」の元に，1973年，1999年の2回に渡って，修正された。修正は，日本経済の復興期，高度成長期，安定成長期と重ねられたものであった。今日の中小企業定義は，「大企業との格差の是正」から「独立した中小企業の多様な活力ある成長発展」への転換[32]という日本の中小企業政策理念の変化の現れと捉えられるものである。

　従って，中小企業の定義は，各国の経済成長の各段階に応じて，変化している。

3. 経済発展に不可欠な存在

　中小企業が先進諸国の経済発展でその存在感をアピールしたのは，数的優位だけではない。先進諸国のGDPに占める中小企業の割合の大きさも見逃せない。「表1：先進諸国中小企業関係の比較」で分かるように（年代が違うが），アメリカの51％，カナダの25％，イギリスの65％，ドイツの50％，フランスの62％，イタリアの76.2％，日本の43％。これらの数字は，物語っている。先進7ヵ国のうち，GDPの半分以上を中小企業によって作り出されたのは，5ヵ国もあった。

　また，先進諸国が経済発展で難問に直面したり，不況に陥ったりしていた時，局面打開の先頭に立ったのも，中小企業であった。

　1971年の「ボルトン委員会報告書」の着目点は，イギリス経済の再建にあった。

　同年誕生した店頭株式市場（NASDAQ），1980年代アメリカ民間で活躍したベンチャーキャピタルやエンジェルの活動も，中小企業によって，アメリカを史上最高の景気に導いた。

　1980年代失業者が増大し続けたドイツを救ったのも，1973年の第一次オイル

ショックで経済が低迷したイタリアを復興させたのも，中小企業であった。

　日本の戦後の復興，高度成長を根底で支えたのも，中小企業であった。ニクソンショック，2回のオイルショック，プラザ合意などの苦難を乗り越え，技術革新を達成しながら，コスト削減に協力し，日本の大企業群を世界の大舞台に送り出したのも，中小企業であった。今日，平成不況という戦後最大の経済の難関を前に，日本の製造業の生死が問われる時代に，メイド・イン・ジャパンを蘇えさせせるものとして期待されるのも，中小企業である。

　従って，中小企業は，先進諸国の経済発展においては，絶対的不可欠な部分になっている。

4．社会安定への貢献

　中小企業は，経済面のみならず，社会安定にも大きく貢献している。すなわち，中小企業は国民経済の発展を支えると同時に，多くの雇用機会を作り出し，社会の安定を保っている。

　「表1：先進諸国中小企業関係の比較」では，先進諸国の中小企業就業者数の全就業者数に占める割合を明らかにしている。年代が違うが，アメリカの53％，カナダの40％，イギリスの59％，ドイツの57％，フランスの66％，イタリアの80％，日本の72.7％，また，EU全体の66％の就業者は，中小企業で働いている。カナダを除き，6ヵ国の先進国で，中小企業の就業者数が全就業者数に占める割合は50％以上である。

　中小企業の安定成長は，安定した雇用を生み出し，社会全体を安定させる。また，社会の安定は，企業の安定成長によい環境を与える。それは，一つの良性循環を作り出すのである。と同時に，中小企業の大量存在は，大企業と支え合い，時には，大企業に刺激を与え，大企業の新陳代謝を促進する。もう一つの競争の良性循環を作り出すのである。

　社会安定の循環と市場競争原理の循環で，バランスよく力を発揮してきた中小企業は，先進諸国の発展に不可欠な存在となり，経済と社会の両面で先進諸国を支えている。もちろん，この経験とノウハウは，発展途上国の国々にも大

きな示唆を与えている。

注：
1 鎖箭『中小企業発展的国際比較』，中国社会科学出版社，2001年，28—30頁。
2 中小企業庁編『平成10年版中小企業白書—変革を迫られた中小企業と企業家精神の発揮—』，大蔵省印刷局，1998年，272頁。
3 （財）中小企業総合研究機構訳編『アメリカ中小企業白書1996年版』，同友館，1998年，23頁。
4 呂国勝編著『中小企業研究』，上海財経大学出版社，2000年，18—21頁。
5 （財）中小企業総合研究機構訳編前掲書，3頁。
6 呂国勝編著前掲書，30—34頁。
7 中小企業庁編前掲書，279頁。
8 呂国勝編著前掲書，50—53頁。
9 中小企業庁編前掲書，280頁。
10 呂国勝編著前掲書，71—74頁。
11 中小企業庁編前掲書，283頁。
12 呂国勝編著前掲書，110—118頁。
13 中小企業庁編前掲書，286頁。
14 呂国勝編著前掲書，98頁。
15 藤井盛夫訳「イタリアの中小企業保護法」『中小商工業研究』第32号，中小商工業研究所，1992年。法律の全文43条が翻訳されている。訳文では，中小企業が「小企業」と訳され，第1条第2項にその定義が記載されている。
16 中小企業庁編前掲書，290頁。
17 岡本義行『イタリアの中小企業戦略』，三田出版社，1994年，54頁。
18 中小企業庁編前掲書，277頁。
19 中小企業庁編前掲書，260頁。
20 中小企業庁編『2000年版中小企業白書—IT革命・資金戦略・創業環境—』，大蔵省印刷局，2000年，凡例。
21 巽信晴・佐藤芳雄編『新中小企業論を学ぶ』[新版]有斐閣，1996年，264—267頁。
22 中小企業政策審議会編『中小企業政策審議会答申—21世紀に向けた新たな中小企業政策の在り方—』，1999年9月22日，5—15頁。
23 日本の中小企業金融支援について，主に，中小企業庁編『平成10年版中小企業白書—変革を迫られた中小企業と企業家精神の発揮—』，大蔵省印刷局，1998年，253—270頁を参照。
24 （社）日本自動車部品工業会，（株）オート・トレード・ジャーナル共同編集『日本の自動車部品工業（1990年版）』，（株）オート・トレード・ジャーナル，1990年，399頁。
25 溝田誠吾『造船重機械産業の企業システム』，森山書店，1994年，14頁。
26 瀧澤菊太郎・小川英次編『先端技術と中小企業』，有斐閣，1988年，43頁。

27　有田辰男『戦後日本の中小企業政策』, 日本評論社, 1990年, 153—154頁。
28　巽信晴・佐藤芳雄編前掲書, 332頁。
29　梅本晃『異業種交流と中小企業』, 日本労働協会, 1989年, 29—47頁。
30　中谷巌『日本経済の歴史的転換』, 東洋経済新報社, 1996年, 140—141頁。
31　林漢川・魏中奇主編『中小企業発展与創新』, 上海財経大学出版社, 2001年, 4—13頁。調査された国（地域）は, アメリカ, カナダ, メキシコ, ブラジル, チリ, アルゼンチン, ベネズエラ, コロンビア, EU, ドイツ, イギリス, フランス, イタリア, オーストリア, オランダ, ベルギー, アイルランド, スイス, スペイン, ポルトガル, ギリシャ, デンマーク, ノルウェー, スウェーデン, フィンランド, ブルガリア, トルコ, イスラエル, 日本, 韓国, シンガポール, 台湾, 香港, タイ, マレーシア, フィリッピン, インドネシア, ブルネイ, インド, ネパール, パキスタン, バングラデシュ, スリランカ, オーストラリア, 計44ヵ国（地域）である。
32　中小企業庁編『2000年版中小企業白書—IT革命・資金戦略・創業環境—』, 大蔵省印刷局, 2000年, 425頁。

第2章　中国中小企業の意義

　この章では，中国における各種の企業概念を紹介し，その上，時代の変化への対応，国民経済，社会安定の3つの側面から，中国における中小企業の意義を探ってみよう。

第1節　中国企業についての概念

　周知の通り，1949年中華人民共和国の誕生後，中国の企業は，大きな変貌を遂げてきた。また，それに伴い，色々な新しい企業概念が登場した。中国中小企業を論じる場合，それらの企業概念を無視することはできない。よって，中国中小企業の意義を検討する前に，それらの企業概念を明らかにする必要がある。

1．国営企業と国有企業

　中国の企業を論じる場合，最初に頭に浮かんでくるのは，国有企業である。国有企業の存在は，先進国，あるいは，発展途上国においても一般的である。1978年まで社会主義計画経済を遂行した中国で，国有企業は，圧倒的な存在であった。しかし，国有企業という名称が誕生したのは，10年前の1993年であった。

　1949年10月，中華人民共和国の誕生に伴い，登場したのが，国営企業であった。国営企業は，全人民所有制企業とも呼ばれ，企業の所有権に基づく概念である。1993年の全国人民代表大会第8期大会第1回会議における憲法改正によって，これまでの国営企業に代えて国有企業と呼ぶようになった。それは，主

に，所有権と経営権を分離し，経営権は企業に渡し，国は所有権のみを持つ，という方向での企業改革に対応したものである[1]。

1978年の改革開放以来，国営企業は，企業自主権の拡大（1978～1984年），経営請負責任制の導入（1984～1991年），現代企業制度の導入（1992年～），という3つの企業改革を行なってきた[2]。

1993年の名称の変更とともに，国有企業の範疇も広げた。つまり，従来の国営企業のほか，株式制度の導入により誕生した国有株式会社（国有資本が50％以上を占める企業）も，国有企業に加えた。「表3：各種経済類型の工業企業数及び総産出（1995～1999年）」で分かるように，中国国家統計局の統計では，国有企業と国有株式会社を一括している。

改革解放後，従来圧倒的な存在であった国有企業は，中国経済全体に占める割合が減りつつあるが，なお大きなウェートを占め，国民経済に大きく貢献している。「表3：各種経済類型の工業企業数及び総産出（1995～1999年）」で分かるように，1995～1999年の5年間，国有企業（工業）の数が全企業数（工業）に占める割合は，それぞれ，1.60％，1.60％，1.39％，0.81％，0.77％であった。また，同じ時期に，国有企業（工業）の総産出が全企業（工業）の総産出に占める割合は，それぞれ，34.0％，36.3％，31.6％，28.2％，28.2％であった。1999年，全工業企業総数のわずか0.77％しか占めていなかった国有工業企業が，全工業企業総産出の28.2％も作り出した。国有企業が中国経済における重要性は，明白である。

今日，国有企業は，主に，中国の重化学工業，戦略産業などをカバーしている。

2．集体企業（集団企業）

1978年まで，国有企業と並ぶ中国経済の二本柱とされたのは，集体企業である。（日本では，集団企業と呼ぶことが多いが，中国語名称なので，本書では，そのまま使うことにする。）

財産が全人民所有の国有企業に対し，集体企業の所有権は労働者集団にあ

I. 中国中小企業を研究する意義

表3：各種経済類型の工業企業数及び総産出（1995～1999年）

分類	1995年	1996年	1997年	1998年	1999年
企業数（万社）(%)	734.15 (100)	798.65 (100)	792.29 (100)	797.46 (100)	792.99 (100)
国有及び国有株式会社 (%)	11.80 (1.60)	12.76 (1.60)	11.00 (1.39)	6.47 (0.81)	6.13 (0.77)
集体企業・個人企業 (%)	147.50 (20.1)	159.18 (19.9)	177.23 (22.4)	179.78 (22.5)	165.92 (20.9)
私営企業 (%)	568.82 (77.5)	621.07 (77.8)	597.47 (75.4)	603.38 (75.7)	612.68 (77.3)
その他 (%)	6.03 (0.82)	7.02 (0.88)	7.73 (0.98)	8.57 (1.07)	9.18 (1.16)
☆株式会社 (%)	0.59 (0.08)	0.83 (0.10)	1.31 (0.17)	1.14 (0.14)	1.42 (0.18)
☆外資企業 (%)	5.40 (0.74)	4.43 (0.55)	4.38 (0.55)	6.25 (0.78)	6.23 (0.79)
工業総産出（億元）(%)	91,894 (100)	99,595 (100)	113,733 (100)	119,048 (100)	126,111 (100)
国有及び国有株式会社 (%)	31,220 (34.0)	36,173 (36.3)	35,968 (31.6)	33,621 (28.2)	35,571 (28.2)
集体企業 (%)	33,623 (36.6)	39,232 (39.4)	43,347 (38.1)	45,730 (38.4)	44,607 (35.4)
私営企業・個人企業 (%)	11,821 (12.9)	15,420 (15.5)	20,376 (17.9)	20,372 (17.1)	22,928 (18.2)
その他 (%)	15,231 (16.6)	16,582 (16.6)	20,982 (18.4)	27,270 (22.9)	32,962 (26.1)
☆株式会社 (%)	2,750 (2.99)	3,302 (3.31)	4,976 (4.38)	9,262 (7.78)	12,274 (9.73)
☆外資企業 (%)	10,722 (11.7)	12,117 (12.2)	14,399 (12.7)	17,750 (14.9)	20,078 (15.9)

※データの出所：「各種経済類型工業企業単位数和総産値」，中国国家統計局ホームページ，http//www.stats.gov.cn/ndsj/zgnj/2000/M01c.htm。

注：①国有株式会社は，国有資本が50%以上を占める株式会社を指す。
　　②☆株式会社，☆外資企業は，その他に含まれる。なお，その他の内，他の経済類型も含まれる。
　　③外資企業は，香港，マカオ，台湾からの投資を含む。

る。集体企業は，国有企業と同様に，企業の所有権に基づく概念である。その起源は，後に触れる1956年からの社会主義改造運動（第3章の第3節）に遡る。当時，国は，個人商工業者に対して，説得教育及び垂範などの方法により，彼らを集団化へ導き，都市，町集体企業を設置することで，生産手段の個人所有制を社会主義労働大衆集団所有制に変えた[3]。

改革解放後，集体企業はいち早く改革の恩恵を受け，急速に発展してきた。改革開放で脚光を浴びた郷鎮企業の多くは，所有権別で分類すれば，集体企業に属している。また，1999年3月の憲法改正まで，身の安全を優先する一部の私営企業も集体企業として登録していた。

「表3：各種経済類型の工業企業数及び総産出（1995～1999年）」を見れば分かるように，1995～1999年の5年間，集体企業（工業）の数が全企業数（工業）に占める割合は，それぞれ，20.1%，19.9%，22.4%，22.5%，20.9%であった。また，同じ時期に，集体企業（工業）の総産出が全企業（工業）の総産出に占める割合は，それぞれ，36.6%，39.4%，38.1%，38.4%，35.4%であった。これらの数字で示したように，集体企業は，今日の中国経済において極めて重要な存在である。

3．郷 鎮 企 業

改革開放以後，最も注目された中国の企業は，郷鎮企業である。しかし，郷鎮企業は，国有企業，集体企業と異なり，所有権ではなく，地域上の概念である。もともと，都市部の企業と区別するために，誕生した概念である。郷と鎮は，中国の行政上の概念である。中国では，行政上，大雑把に省（直轄市，自治区），県（区，自治州），郷，鎮，村などがある。幾つかの郷は，県を構成する。また，鎮は，郷の中心として機能している。分かりやすく説明すると，郷は農村部であり，鎮はその農村部の小都市である。そこで経済活動をしている企業は，郷鎮企業と総称される。言い換えれば，各種の所有権概念の企業がそこで企業登録をすれば，郷鎮企業となる。従って，「表3：各種経済類型の工業企業数及び総産出（1995～1999年）」では，郷鎮企業の統計が入っていない。

後にまた詳しく説明するが，郷鎮企業は，中国農村部の余剰労働力を吸収するために，設立されたものが多い。設立当時，集団所有制の企業が多かった。今井理之・中嶋誠一は，集体企業と郷鎮企業について，郷鎮企業が集体企業の中核であると解釈した[4]。

安い土地，労働力，単純な行政との関係などにひかれ，外国資本，都市部の資本が次々と農村部に流出した。これらの企業は，地元で新生した私営企業，従来の集体企業とあわせ，今日の郷鎮企業を構成している。

改革開放以来，郷鎮企業は，地方経済発展の中心となり，改革が遅れた都市部の企業を凌ぎ，中国経済全体の牽引役として，活躍してきた。また，郷鎮企業は，農村部で雇用機会を増やしたことにより，中国社会の安定にも大いに貢献してきた。

4．私営企業と個人企業

1999年3月，中国の憲法は改正された。新憲法のなかで，私営経済は社会主義初期段階の中国において，国民経済を支える一つの重要な柱であると，私有制の地位を認めた。

改革解放後，郷鎮企業の陰で徐々に成長したのは，私営企業と個人企業である。中国では，この両者を合わせて，私営経済という。『中華人民共和国私営企業暫定条例』第二条は，「この条例において，私営企業とは，企業の資産が個人の所有に属し，かつ雇用労働者が8人以上の営利性を有する経済組織をいう。」と規定している[5]。私営企業に対して，雇用労働者が7人以下の企業は個人企業と称されている。つまり，私営企業の2つの構成部分としての私営企業と個人企業の区別は，雇用労働者が7人を超えるかどうかにある。従って，私営企業と個人企業は，所有権別で使われる分類概念である。

「表3：各種経済類型の工業企業数及び総産出（1995〜1999年）」の中国語原文では，私営企業の欄に，「個人企業」と書かれているが，「1996年の時点で82万社を超えた私営企業」[6]が単独の欄を占めていなかったことは，ありえない。だから，私は，原文の「個人企業」に私営企業も含まれているという推測か

ら,「個人企業」の欄に「私営企業」を加えた。

「表3：各種経済類型の工業企業数及び総産出（1995〜1999年）」を見れば分かるように，1995〜1999年の5年間，私営企業と個人企業（工業）の数が全企業数（工業）に占める割合は，それぞれ，77.5%，77.8%，75.4%，75.7%，77.3%であった。また，同じ時期に，私営企業と個人企業（工業）の総産出が全企業（工業）の総産出に占める割合は，それぞれ，12.9%，15.5%，17.9%，17.1%，18.2%であった。企業数では，私営企業と個人企業は，圧倒的なシェアを持っている。規模の関係で，総産出に占める割合は，まだ低いものの，これからも上昇する勢いが感じられる。

5. 三 資 企 業

改革解放後，郷鎮企業と同じく注目された新たな企業は，三資企業である。三資企業とは，合弁企業，合作企業，独資企業の総称である。資本を企業分類の基準とする考え方で，三資企業も所有権を基礎にした概念である。

合弁企業は，中国資本と外国資本との共同出資によって，設立された企業である。一般的には，中国資本は51%以上を占めることが多い。上海フォルクスワーゲン，上海GMなどは，それである。合作企業は，中国企業と外国企業が技術供与などの戦略提携で作られた企業である。ダイハツ工業と提携し，シャレードを生産している天津汽車は，それに当たる。外国資本の単独出資によって，設立された企業は，独資企業である。三洋電機の中国現地法人は，独資企業である。

三資企業は，豊富な資金と先進の技術を中国経済に注ぎ，中国経済の高度成長に大いに貢献している。「表3：各種経済類型の工業企業数及び総産出（1995〜1999年）」で分かるように，数的に圧倒的に少ない三資企業（表3では外資企業）は，私営企業・個人企業に匹敵する総産出を作り出した。

ここで説明を加えなければならないのは，香港，マカオ，台湾から進出した企業も三資企業に属するということである。また，外国資本のうち，特に東南アジアの資本の多くは，華僑資本であることも留意しなければならない。

6．中 小 企 業

中小企業の概念は，中国で確立されたのが，中国初の中小企業政府機構—中小企業司—が誕生した1998年であった。それ以前，所有権別での分類は，絶対的なものであった。中華人民共和国の誕生以来，幾つかの規模別での企業分類があるものの，所有権に基づいて行われたものであり，あるいは，行政の階級上の分類であった。

次章から中小企業については，詳しく分析するが，ここで，上述した企業についての概念を用い，中国中小企業の構成を簡単に紹介しよう。

従来の規模区分基準と所有権別の概念で，1998年，全国工業小型企業の総数は，7,951,192社であった。そのうち，国有企業は，33,892社で，全工業小型企業に占める割合が0.43%であった。集体企業は，1,798,200社で，同比率が22.61%であった。私営企業と個人企業は，6,033,800社で，同比率が75.88%であった。その他の企業（三資企業を含む）は，85,700社で，同比率が1.08%であった[7]。

第2節　変革の時代への対応

建国以来，中国経済は，社会主義計画経済と社会主義市場経済を経験してきた。また，WTOの加盟によって，中国経済は世界経済との一体化を図り始めた。わずか50数年間で，大きな変革が続いてきたのである。中小企業への研究は，その変革時代への対応である。

1．中国企業の研究

前節で紹介した中国の企業の概念で分かるように，中国の企業の定義は，所有権に基づいたものが多い。国営企業，国有企業，集体企業，私営企業，個人企業，三資企業は，所有権をめぐるものである。

また，計画経済での重要性を考え，従来社会主義計画経済の大黒柱として位置づけられる国有企業（特に国有大企業）への研究が，主流であった。その研

究は，改革解放後，国有企業の改革への研究へ移り，今でも盛んに行われている。

他方，改革解放後，頭角を表したのは，郷鎮企業と三資企業であった。郷鎮企業が注目されたのは，農村部の余剰労働力を吸収しながら，地方経済を発展させたことにある。郷鎮企業は，改革開放後，新たな所有権形式の企業として中国経済に新鮮な活力を提供する使命を荷っている三資企業とともに，中国企業研究の新たな焦点となった。

従って，中国企業の研究では，国有企業と三資企業（独資，合弁，合作）および郷鎮企業についてのものが多い。

一方，政府の企業管理は，産業別の縦軸一本の施策という特徴を持っている。具体的には，産業別に設置された各管理局はその産業の各企業グループを，各企業グループはグループ内の大企業を，各大企業は所属の中堅企業を，各中堅企業は下級の中小企業を管理するという仕組みである。

「図1：中国自動車産業の組織と系統図」[8]で表示されたように，政府の企業管理は，中央政府をはじめ，以下，各産業管理官庁，企業集団，大企業などが続き，また，地方政府も絡む複雑なピラミッド構造となっている。従って，これまでの企業管理は，産業別で行われているのである。

ところで，中国の経済成長につれ，企業も急速な成長を見せ始めた。特に，所有権形式を超え，地域を超え，産業を超える企業の出現は，従来の企業管理方式で対応し切れない問題を浮き彫りにした。例えば，上海高泰稀貴金属株式有限公司は，上海有色金属研究所（政府研究機関），上海陸家嘴集団有限公司（上海浦東経済開発区の金融開発グループ），江西華信化学工業冶金公司（化学工業），上海シリコン材料工場（化学工業），上海核電力実業公司（電力事業）の共同出資によって設立された企業である。このような地域と産業を超える企業は，従来の企業管理体制を超えるため，従来通りの管理ができなくなっている。さらに，計画経済から市場経済への転換のために打出された企業改革と金融改革の政策によって，企業の淘汰は激しくなりつつある。合弁の子会社，孫会社はまだまだ元気であるが，親会社が倒産したり，買収されたりしている。

図1：中国自動車産業の組織と系統図

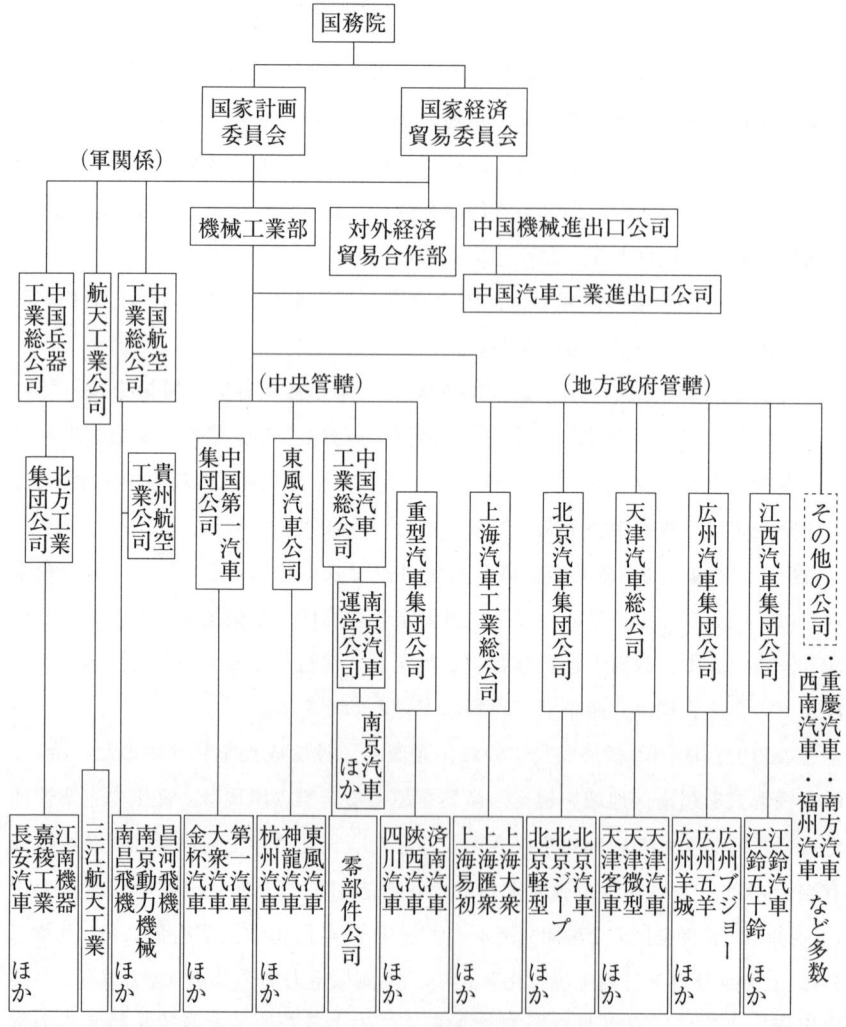

```
                                国務院
                    ┌─────────────┴─────────────┐
               国家計画                    国家経済
               委員会                      貿易委員会
                    │                          │
   (軍関係)     ┌───┴────┬──────────┐         │
               │        │          │          │
               │    機械工業部   対外経済    中国機械進出口公司
               │        │        貿易合作部
               │        │                   中国汽車工業進出口公司
               │        │
               │    (中央管轄)              (地方政府管轄)
```

中央管轄：
- 中国第一汽車集団公司
- 東風汽車公司
- 中国汽車工業総公司（南京汽車運営公司／南京汽車ほか）
- 重型汽車集団公司
- 上海汽車工業総公司

地方政府管轄：
- 北京汽車集団公司
- 天津汽車総公司
- 広州汽車集団公司
- 江西汽車集団公司
- その他の公司：重慶汽車、西南汽車、南方汽車、福州汽車 など多数

軍関係：
- 中国兵器工業総公司（北方工業集団公司）
- 航天工業公司
- 中国航空工業総公司（貴州航空工業公司）

下位企業（左から）：
- 長安汽車機器ほか
- 嘉陵工業ほか
- 江南機器ほか
- 三江航天工業ほか
- 南昌飛機ほか
- 南京動力機械ほか
- 昌河飛機ほか
- 第一汽車ほか
- 金杯汽車ほか
- 大衆汽車ほか
- 杭州汽車ほか
- 神龍汽車ほか
- 東風汽車ほか
- 零部件公司
- 四川汽車ほか
- 陝西汽車ほか
- 済南汽車ほか
- 上海易初ほか
- 上海大衆ほか
- 上海桑塔ほか
- 北京軽型ほか
- 北京ジープほか
- 天津客車ほか
- 天津微型ほか
- 天津汽車ほか
- 広州五羊ほか
- 広州羊城ほか
- 広州プジョーほか
- 江鈴汽車ほか
- 江鈴五十鈴ほか

※出所：井上隆一郎『中国の企業と産業』，日本経済新聞社，1996年，222頁。

上海財経大学の孫鳴海教授は,「今日の中国企業を論じる場合は,企業の所有権が複雑過ぎるから,所有権別の企業分類方法は,企業の実情に対応できなくなっている。」と指摘した[9]。

また,新たに台頭した企業の多くは,私営企業(集体企業の名義を借りる私営企業を含む),三資企業である。従来の社会主義との矛盾も大きな問題となった。

それらの問題を解決するため,1999年3月にまず憲法が改正された。新憲法には,「私営経済は中国経済を支える一つの重要な柱である」などの文言が盛り込まれた。つまり,社会主義の中国で,私営経済が初めて法律で認められることになったのである。従来の国有形式に拘らない方針を示した政府は,社会主義初期段階で,多様な所有権形式の企業の共存共栄を唱えた。憲法の改正は,「公有制か私有制か,社会主義か資本主義か」という大論争に終止符を打った。

その上,政府は,中国初の中小企業専門政府機構,中小企業司を発足させ,企業の所有権に関係なく,同じ政策を実施することになった。すなわち,中小企業の規模に相当する国有企業,集体企業,私営企業,外資企業,合弁企業などを含め,全ての企業は同じ場裏で競争することになった。今まで,中国中小企業は,所有制,産業部門,地域などによって,経済貿易委員会,各産業部門管理局,科学技術委員会,郷鎮企業局,工商局,工商連合会などにより,管理されていた。その混乱は,想像を絶するものであった。

中小企業司の誕生は,中小企業のみならず,中国企業全体のあり方を大きく変えた。そして,企業の規模を基準とした中国企業の分類が,新たな課題となった。中小企業範疇での研究が乏しい中国では,今こそ,早急に,中小企業の研究をしなければならない。

2. 中国産業構造の再編

年間生産量で,テレビが4,262万台,世界市場の36.2%,洗濯機が1,342万台,同23.5%,エアコンが1,338万台,同50.1%,冷蔵庫が1,210万台,同

21.1%，オートバイが978万台，同48.9%であった[10]。これらの数字を表したのは，中国である。携帯電話ユーザーが1億9,583万戸で世界1位，ネットユーザーが6,000万人で世界2位，2002年12月上海輸入車販売台数1位がBMW7シリーズであった。これらの数字を表したのも，中国である。1978年から1996年まで平均10%の経済成長を成し遂げてきた中国は，13億人口を抱え，世界最大の生産基地になりうると同時に，成長力が計り知れない世界最大の消費市場でもある。

　改革開放後の20数年間で，中国は，社会主義計画経済から社会主義市場経済への大転換を成し遂げた。また，その転換期に，国有企業と三資企業および郷鎮企業との摩擦，急展開を見せたアジア金融危機，日欧の長引く経済不況などを目の当たりにした中国は，WTOの加盟により，改革開放後築いた「輸出主導」の産業構造から「内需主導」の産業構造への新たな転換を迫られている。改革開放後の転換は，経済システムの転換であるのに対して，WTO加盟後の転換は，産業構造の転換である。外資依存の三資企業と農村地域を中心とする郷鎮企業で構築されてきた「輸出志向」経済と，国内の既存の政治主導経済（フルセット型国有産業）とをいかにうまく組合せて，新たな内需主導の経済へ転換させるかが，中国政府にとって，極めて重要且つ緊急な課題となっている。

　改革開放以来，中国は中小企業の問題を重視せずに経済発展を遂げてきた。政府は国有大企業に力を入れることが多いが，逆に，中小企業について，及ばない状況が続いていた。その原因の中には，縦軸一本の企業管理システムの欠陥，財政上の困難，従来の「大きいことはいいことだ」という伝統的な考え方などがあった。確かに，かつての国有大企業が中国従来の計画経済に占める地位は絶対的であった。特に中国の場合は，一つの大企業を救うことは一つの町を救うことになるかもしれない。しかし，経済システムの転換で最も活躍したのは，政府が全力を注いだ国有大企業ではなく，郷鎮企業をはじめとする多くの中小企業であった。それらの中小企業は，国民経済においても，社会安定においても，国有大企業並み，もしくは，それ以上の力を発揮したのである。

従って，中小企業の新しい転換における活躍も大いに期待されている。ところが，中小企業の成長で，まったく問題がないとはいえない。政治運動に左右される企業の盲目的な成長，一貫性，統一性のある政策の欠如による不適切な指導および行政主導の金融システムからの支援が不十分であることなどの問題は，改革開放後の「市場経済」の荒波の下で，脆弱な中国中小企業基盤に大きな影響を及ぼしている。中小規模の三資企業と郷鎮企業は，各地方政府のバラバラな政策の下で，乱立といえるほど成長している。その結果，地域ごとに過剰生産が作り出され，過当競争で苦戦を強いられている。

一方，赤字を抱えた国有中小企業も，生き残るために様々な実験を始めた。例えば，従来の国有大企業の下請け体制に従って大企業にグループ化される，合弁ブームに乗って外国の中小企業と合弁する，個人の請負で経営されるなどとしている。しかし，これらの試みは，国有中小企業全体を根本的に改革することはできない。なぜならば，吸収合併が中小企業の改革になるのではなく，命脈を絶つこともあり，また，吸収合併できる大企業の数も限界があり，外国企業がいつまでも中国に留まるかどうかも分からないからである。さらに，個人が企業を請け負う場合は，企業よりもその個人の利益を優先して短期利益を上げるため，長期的な企業の成長発展に大きなダメージを与えたケースも続出している。

だから，これらの国有中小企業と中小規模の三資企業および郷鎮企業を統合する国民経済の基礎にあたる中小企業の基盤整備は，ますます重要となってきている。もちろん，整備された中小企業が大企業を補完できるような国内主導産業構造は，中国経済にとっても，世界経済にとっても，不可欠である。この意味でも，現在の中国では，中小企業範疇での企業研究が極めて重要なことである。

第3節　国民経済における役割

改革開放での中国中小企業の活躍は，国家財政が厳しいゆえに有限な経営資

源を国有大企業に投入せざるを得なかった中国にとって,「嬉しい誤算」であった。中国中小企業の国民経済における役割も,ますます重要視されるようになった。

　第1に,中国中小企業は,その成長に伴い,国民経済に大きな影響力を持つようになり,今日の国民経済の基盤を支えている。1999年全工業企業に占める小型企業の割合は,99.7%であった。同年,これらの小型工業企業は,全国工業総産出の67.2%を創りだした。また,全工業企業の従業員の75.5%は,これらの小型工業企業で働いている[11]。中小企業の量的規定はまだ明文化されていないが(第5章第5節に詳しく説明する),従来の企業規模規定での小型企業は,間違いなく中小企業の範疇に属している。だから,国民経済における中国中小企業の重要性は,明白である。

　第2に,中国中小企業の成長は,数的優位を作り出しただけではなく,中国経済の新たな成長点となっている。国有大企業の不調が続く中国経済で,中小企業が主体となる郷鎮企業などは,牽引役として,中国の高度成長を引っ張ってきた。1986〜1994年,中国工業総産出の成長率は,18%であった。そのうち,大型企業の同成長率が8%にとどまったに対して,中小企業の同成長率は,30%を超えた[12]。中国社会主義市場経済理論の第一人者の呉敬璉は,「中国中小企業が中国国民経済の主要な成長点であることは,まだまだ続くだろう」と断言した[13]。

　第3に,中国中小企業は,国際貿易と外貨獲得の主力である。改革開放後,中小企業の国際貿易における地位は,大企業が及ばないほどである。特に,アパレル,芸術品,家具,金具,玩具等の輸出で,中小企業は大企業の輸出を凌いできた。現在,年間1,500億元の中国輸出総額のうち,6割は中小企業によって作られている[14]。中小企業が輸出総額に占める割合でみると,中国は,前述したアメリカ(1/3),ドイツ(40%),フランス(25%)を抜き,中小企業大国ともいわれるイタリア(56%)と互角の地位を占めているのである。

　第4に,中国中小企業は,社会主義市場経済のチャレンジャーである。規模が小さく,競争が激しく,外部要因に左右されやすい中国中小企業が,生き残

るためには，常にチャレンジ精神を持たなければならない。特に，改革開放後，新たな経済秩序がまだまだ未熟であるから，中国中小企業の活力は，高度成長の起爆剤ともなった。従来重化学工業を中心とした計画経済の中で，民需の軽工業に空白が多かった。その穴を埋めたのは，郷鎮企業をはじめとする多くの中小企業であった。この意味で，新しいニーズの発掘と新しい市場の開拓で，中国中小企業は，大企業をリードし，社会主義市場経済のチャレンジャーである。

第5に，中国中小企業は，新興産業の先頭に立ち，技術進歩に拍車をかけてきた。中小企業は，機敏に製品戦略を転換できるというメリットを生かして，常に，市場のニーズを見出し，新たな製品とサービスを創り出す機能を果たしている。それは，新興産業に直接に繋がり，国民経済を絶えずに発展させている。1980年代以後，ハイテク産業の分野に進出した中国中小企業の成長も目立つようになった。今日，全国を網羅する53ヵ所の科学技術地区，200ヵ所のインキュベーターは，中国ハイテク産業の誇りである。中でも，北京の中関村の存在が大きい。中国のシリコンバレーとも称賛された中関村は，平均一日あたり2社の創業ペースであり，中国ハイテク産業を象徴している。また，1990年代後半，急成長した上海の張江ハイテク地区は第2の中関村と例えられ，脚光を浴びている。もちろん，そこで健闘を見せているのは，殆ど中小企業である。現在，中国のハイテク中小企業は，7万社を超え，330万人の従業員を抱え，100億ドルの輸出を作り出している[15]。

第6に，中国中小企業は企業家成長の揺籃(ようらん)である。永年にわたって，中国の政治体制に左右され，企業の経営権は政府に握られ，専門よりも政治のパターンになっていた。それも，今日国有企業不振の一つの大きな要因と言われている。その中で，中小企業の経営権は，相対的に自由であるから，企業家の育成にも大いに貢献している。経営の専門的人材は大中企業に入ると，政治の流れにはめられてしまったケースが多いが，中小企業なら，逆に自由に（大中国有企業と比べて）自己の才能を発揮できる。現に，中国中小企業の経営者の多くは，中国人独特の商才で，素早い意思決定を下し，中国中小企業の発展に大き

く貢献している。郷鎮企業の成功，国有企業の請負のブームなどが，中国で旋風を巻き起こしたのは，その証である。特に，後に紹介する「海帰派」参入は，中国中小企業の経営陣の質を大きくグレードアップさせた。だから，中国中小企業は，社会主義市場経済に大量の実的経験の豊富な企業家を送り込むことができた。これらの中小企業出身の企業家は，次第に現代中国企業家の代表となり，主流となった。

　第7に，中国中小企業は大企業発展の基礎を支えている。中国の社会主義計画経済においては，国有大企業が中核であり，そこに経営資源が集中している。だが，国有大企業に数多くの部品とサービスを提供し続けてきたのは，中小企業である。従来の計画経済において，イメージとして，中国の国有大企業と国有中小企業との関係図を日本の親会社と下請系列に比喩することができるかもしれない。ただ，日本型下請の親方は巨大企業であるのに対して，中国型下請の親方は国となっている。つまり，国有中小企業は，国有大企業を中心とする社会主義計画経済の末端部分に当たり，国有大企業に部品とサービスを提供し続けてきた。これこそ，計画経済下での国有中小企業の存在理由であった。国有中小企業の協力があったからこそ，国有大企業が規模の経済の威力が発揮できたのである。このことは，社会主義市場経済においても，同様である。先進諸国での大企業と中小企業との関係を見て，むしろ，社会主義市場経済においては，中小企業の支えがさらに重要になる。

　第8に，中国中小企業は国有大企業改革の試金石である。1978年以降，中国の国有経済の比率は年々減少しつつあるが，国有経済の重要性が否定されたわけではない。特に，石油，天然ガス，電力，金融，鉄道，通信，航空，軍需などの産業においては，国有経済は，依然として独占し，あるいは，主導している[16]。もちろん，社会主義市場経済においては，これらの産業の国有化は不可欠である。ゆえに，これらの産業を握る国有大企業の発展は，国民経済の命脈を握っている。中国中小企業の発展は，社会主義計画経済から社会主義市場経済への転換で，労働力市場，技術力市場，商品市場，資本市場，情報市場に大きな変革をもたらした。これらの成功は，改革に出遅れた国有大企業を，より

早く社会主義市場経済に取り込むことに，大きな示唆を与えることとなる。

　以上のように，中国中小企業は，国民経済の基盤を支え，国際貿易と外貨獲得の主力となり，中国経済成長の新たな増加点まで成長している。また，中国中小企業は，社会主義市場経済のチャレンジャーとして，新興産業の先頭に立ち，技術進歩に拍車をかけ，現代中国の企業家を育成している。そして，中国中小企業は，自らの発展と同時に，国有大企業改革の試金石になり，大企業発展の基礎を支えている。

第4節　社会安定における役割

　「中国の数千年の歴史の中で，紀元前2, 3世紀の漢の『文景の治』の数十年間，紀元後の唐の『貞観の治』（627～649年）と『開元の治』（713～741年），清の康熙帝から乾隆帝にかけての『康雍乾盛世』（1662～1796年）を『四大盛世』とよぶ。これら4つの時代は，内政が安定し，経済的繁栄を享受したからだ。」[17]

　それらの時代の共通点は，内政の安定と経済の繁栄である。今日の中国は，世界を驚かせた経済の急成長を遂げ，5番目の「盛世」を作り出そうとしている。そこに不可欠なのは，内政の安定である。内政の安定とは，政治と社会の安定である。政治の安定は，国民利益を最優先とする与党の適宜な政策などによって保証される。江沢民前主席が唱えた「三つの代表論」は，それを物語っている。

　一方，社会の安定は，国民の生活水準の向上などに関わる。特に，社会主義計画経済から社会主義市場経済への転換，という変革の時代において，その重要性はいうまでもない。今日，国有大企業とともにその役割を果たしているのは，中小企業である。

1．戸籍制度と都市化と中小企業

　中国の社会安定を語る場合，絶対的に欠かせないのは，中国の戸籍制度であ

る。戸籍制度は，人口の流動を規制するものである。1953年から実施された同制度は，もともと食糧などの配給に深く関わりがあった。1958年1月，「中華人民共和国戸籍管理条例」が公布されて以来，中国の戸籍は，農村戸籍と都市戸籍という二元構造となっている。農村に生まれた者は一生農村の戸籍となり，都市に自由に移住することができない。戸籍制度は，中国人の一生を左右するものといっても過言ではない。

しかし，改革開放後，計画経済でうまく機能を果たしたその制度は，労働力市場の最大の障害となった。農村部の余剰労働力は，都市部への大移動を始めた。都市部への出稼ぎは，盲流[18]（マオリュウ）と呼ばれた社会現象を起こした。中国政府は，戸籍制度の改革に着手しながら，対策を探り始めた。2000年の国勢調査によると，農村部の人口は，8億739万人で総人口の64%を占め，都市部の4億5,594万人を大きく上回っている。同調査は，戸籍と現住地が異なる農民が多いという問題も浮き彫りにした[19]。2001年3月30日，国務院は，「小城鎮戸籍管理制度改革に関する意見」を公表し，中国戸籍制度の改革の重要性を唱えた。

中国の事情から見れば，直ちに戸籍制度を廃止するのは無理であろう。戸籍制度が一旦廃止されると，広げられつつある地域格差は，8億の農民を一斉に都市に押し寄せさせることとなる。沿海地域の都市開発で現れる大量の盲流は，すでに大きな社会問題となっている。それ以上の流動人口が都市部に殺到することは，社会秩序の大きな混乱を招くだろう。

そこで誕生したのは，農村部の都市化である。農村部の都市化は，農村部の余剰労働力をその場で解決でき，都市部への流入を防ぎ，従来の都市部と農村部との格差を縮小できる。

その都市化に大きく貢献したのは，郷鎮企業をはじめとする中小企業である。中小企業の殆どは，労働集約型の生産方式を採用しているので，農村の余剰労働力にも多くの雇用機会を創り出している。少ない投資で多くの雇用機会を創り出せる中小企業の大量発生は，財政難の中国にとって，恵みの雨ともいえるだろう。

また，多くの中小企業は，生活必需品を生産しているから，地域住民の生活に安定した提供を果たしている。1978〜1996年，中国の農村部から転出した2.3億の余剰労働力の殆どは，中小企業によって吸収された[20]。

それらの郷鎮企業の集積によって形成された小都市は，大量に誕生した。今日，郷鎮企業について，その経済発展における役割を讃えると同時に，社会安定における貢献も見逃せないだろう。郷鎮企業の実績を認め，中国政府は，「第十次五ヵ年計画（2001〜2005年）」で，都市部への流入を続ける農村の余剰労働力対策として，サービス産業の雇用創出を狙い，人口10万人規模の小都市建設を国家目標に据えた。

一方，都市化は，近代社会の一つの特徴でもある。中国市長協会組織がまとめた「2001〜2002中国都市発展報告」では，今後50年で中国の都市化率が現在の36％から76％に上昇する見込みであるという見解を示している[21]。「表4：中国産業別の就業者数の推移」で分かるように，中国の労働人口の半分以上は，第1次産業で働いている。都市化率を上昇させることは，農村人口を都市人口に変身させることである。つまり，都市の増加とともに，農村人口を吸収できるように都市部の第2次産業，第3次産業を発展させなければならない。

もちろん，期待される都市化の主役は，発展し続ける中国中小企業であろう。中国建設部が2003年5月26日に発表した「2002年都市建設統計公報」によると，2002年末の中国全国の都市数は660で，都市人口は3億5,343万人であった[22]。

2．地域格差と中小企業

地方に立地する中小企業は，農村部の余剰労働力を吸収すると同時に，地方経済の繁栄をもたらしている。

「表5：1999年地域別中国の小型企業」で分かるように，中小企業の発展は，その地域の経済を反映している。同表で提示された各地域の小型企業数，小型企業による産出，各地域のGDPで見ると，若干の違いがあるものの，順位は，ほぼ一致している。小型企業数上位の廣東，江蘇，浙江，河南，山東の5つの

表4：中国産業別の就業者数の推移

年代	経済活動人口（万人）	総就業者数（万人）	第1次産業（万人）	（％）	第2次産業（万人）	（％）	第3次産業（万人）	（％）
1952	21,106	20,729	17,317	83.5	1,531	7.4	1,881	9.1
1957	23,971	23,771	19,309	81.2	2,142	9.0	2,320	9.8
1962	—	25,910	21,276	82.1	2,059	7.9	2,575	9.9
1965	—	28,670	23,396	81.6	2,408	8.4	2,866	10.0
1970	—	34,432	27,811	80.8	3,518	10.2	3,103	9.0
1975	—	38,168	29,456	77.2	5,152	13.5	3,560	9.3
1978	40,682	40,152	28,318	70.5	6,945	17.3	4,890	12.2
1980	42,903	42,361	29,122	68.7	7,707	18.2	5,532	13.1
1985	50,112	49,873	31,130	62.4	10,384	20.8	8,359	16.8
1986	51,546	51,282	31,254	60.9	11,216	21.9	8,811	17.2
1987	53,060	52,783	31,663	60.0	11,726	22.2	9,395	17.8
1988	54,630	54,334	32,249	59.3	12,152	22.4	9,936	18.3
1989	55,707	55,329	33,225	60.1	11,976	21.6	10,129	18.3
1990	64,483	63,909	38,428	60.1	13,654	21.4	11,828	18.5
1991	65,399	64,799	38,685	59.7	13,867	21.4	12,247	18.9
1992	66,184	65,554	38,349	58.5	14,226	21.7	12,979	19.8
1993	67,033	66,373	37,434	56.4	14,868	22.4	14,071	21.2
1994	67,879	67,199	36,489	54.3	15,254	22.7	15,456	23.0
1995	68,737	67,947	35,468	52.2	15,628	23.0	16,851	24.8
1996	69,665	68,850	34,769	50.5	16,180	23.5	17,901	26.0
1997	70,580	69,600	34,730	49.9	16,495	23.7	18,375	26.4
1998	71,407	69,957	34,838	49.8	16,440	23.5	18,679	26.7
1999	71,983	70,586	35,364	50.1	16,235	23.0	18,987	26.9

※出所：「按三次産業分的年底従業人員数」，中国国家統計局ホームページ，http://www.stats.gov.cn/ndsj/zgnj/2000/E02c.htm。

省は，GDP順位でも，上位5位に食い込んでいる。一方，小型企業数下位の青海，海南，寧夏，西蔵は，そのままGDP順位の下位を占めている。また，上位5つの省は，沿海部の東部地区に属しているのに対して，下位は，全部西

部に属している。中国の南北問題ともいわれている東部，中部，西部の地域格差が，GDPだけではなく，中小企業の数からも露呈している。

中国の地域格差が生じた原因は，地域の企業にある。実は，地域別の小型企業分布の現状とよく似たものがある。それは，地域別の郷鎮企業の現状である。1999年，全国940,752社の郷鎮企業のうち，東部地区が433,615社で全郷鎮企業の46.09%を占め，中部地区が441,671社で同46.95%を占め，西部地区が65,466社で同6.96%を占めた[23]。

小型企業と郷鎮企業の分布が類似していることは，郷鎮企業の多くが，小型企業であることを意味する。言い換えれば，中小企業を主体とする郷鎮企業は，地域の経済を繁栄させている。現に，中国の各レベルの地方政府の財政収入の8割は，中小企業によるものである[24]。

だから，中国では，中小企業の活躍は，その地域の経済を左右する力を持っている。いかに，中小企業を発展させるかが，地域発展の最も重要な課題である。

3．下岡と中小企業

農村部の中小企業と同様に，都市部の中小企業も，都市部の余剰労働力の吸収に大いに貢献している。

中国の都市部の余剰労働力は，国有企業の下岡人員（基本生活費だけをもらう一時レイオフの従業員）である。現在，中国における国有企業からの下岡人員は，全体（1億人）の15%に当たる1,500万人であると推測されている[25]。下岡人員は，余剰労働力の放出により，国有企業の業績の向上を狙った政府の国有企業改革の産物である。当初，夫婦のうち一人しか下岡させない規定，基本生活費の保証などの配慮があった。しかし，国有企業の業績の悪化などの原因で，それらの保障も守れなくなってきた。下岡人員が事実上の失業状態に置かれている地域は増える一方である。政府は，再就職センター，職業訓練センター，個人創業相談などの施設を設け，彼らの生活改善に努めてきたが，あまりにも膨大な数に対応しきれないのが，現状である。

表5：1999年地域別中国の小型企業

	企業数（社）	比率（%）	順位	産出（億元）	比率（%）	順位	GDP（億元）	順位
全国	139,798	100.00	—	28,414.63	100.00	—	87,672	—
廣東	16,805	12.02	1	5,532.94	19.47	1	8,464	1
江蘇	15,797	11.30	2	4,431.64	15.60	2	7,698	2
浙江	11,931	8.53	3	3,029.12	10.66	3	5,365	4
河南	8,918	6.38	4	1,197.82	4.22	6	4,576	5
山東	8,627	6.17	5	2,068.10	7.28	4	7,662	3
上海	7,945	5.68	6	1,020.90	3.59	9	4,035	8
河北	6,264	4.50	7	1,107.48	3.90	7	4,569	6
湖北	6,017	4.30	8	1,097.35	3.86	8	3,858	9
福建	5,230	3.74	9	1,386.60	4.88	5	3,550	11
遼寧	4,969	3.55	10	890.97	3.14	11	4,172	7
北京	4,753	3.30	11	927.71	3.26	10	2,174	15
天津	4,581	3.28	12	828.15	2.91	12	1,450	23
湖南	4,178	2.99	13	437.13	1.54	15	3,327	12
四川	3,702	2.65	14	504.74	1.78	14	3,712	10
江西	3,269	2.34	15	248.89	0.88	17	1,963	16
安徽	3,113	2.23	16	520.82	1.83	13	2,909	13
山西	2,981	2.13	17	393.44	1.38	16	1,507	20
廣西	2,539	1.82	18	244.61	0.86	18	1,953	17
黒竜江	2,312	1.65	19	234.77	0.83	19	2,897	14
吉林	2,194	1.57	20	216.63	0.76	21	1,670	19
陝西	2,150	1.54	21	244.33	0.86	18	1,488	21
甘肅	2,038	1.45	22	163.56	0.58	24	932	26
貴州	1,894	1.35	24	177.53	0.62	23	912	27
雲南	1,775	1.27	25	208.94	0.74	22	1,856	18
重慶	1,598	1.41	23	231.38	0.81	20	1,480	22
新疆	1,445	1.03	26	107.12	0.38	26	1,169	25
内蒙古	1,094	0.78	27	143.74	0.51	25	1,268	24
青海	494	0.35	28	35.13	0.12	19	238	30
海南	459	0.33	29	44.37	0.16	27	471	28
寧夏	403	0.29	30	41.64	0.15	28	241	29
西蔵	324	0.23	31	7.08	0.02	30	106	31

※データは、『中国統計年鑑（2000）』（13頁）、李瑞雪・史念・袁小航『中国経済ハンドブック』（299頁）を使用。

ここで，彼らに救いの手を伸ばしたのは，中小企業である。都市部では，郷鎮企業がないが，私営企業と個人企業は，その大役を果たしている。今日，すでに418万人の下崗人員は，非公有制企業に再就職している。そのうち，私営企業と個人企業に吸収されたのは，94万人である。197万人は，私営企業あるいは個人企業を創業した。127万人は，その他の市場活動に参加している[26]。もちろん，私営経済が台頭し始めたばかりの中国において，これらの企業は殆ど中小企業である。1999年，全国の私営企業の平均従業員数は，13.48人であった[27]。

だが，規模の小さい私営企業が，急激に増えてきたことは，見逃せない。計画経済でほぼ消滅された私営企業は，改革開放後，雨後の竹の子のように全国各地で急成長してきた。その勢いは，いまだに止まりそうもない。1996年に819,256社まで増えた私営企業は，年平均22.6％（1996～1999年）の成長率で，1999年に1,508,857社まで達した。企業数の増加に伴い，私営企業の従業員数も，年平均20.6％（1996～1999年）で，1996年の1,171万人から1999年の2,022万人へ増えた[28]。都市部の私営企業の従業員の増加が，下崗人員を吸収したのである。1996～1999年は，下崗人員が最も増加していた時期であった。従って，私営企業を中心とする都市部の中小企業は，多くの下崗人員を吸収し，都市部の社会安定に大きな役割を果たした。

注：
1 金山権『現代中国企業の経営管理』，同友館，2000年，33頁。
2 今井理之・中嶋誠一『中国経済がわかる事典』，日本実業出版社，1998年，99頁。
3 王保樹・崔勤之『中国企業法論』，晃洋書房，1992年，148頁。
4 今井理之・中嶋誠一前掲書，212頁。
5 王保樹・崔勤之前掲書，214頁。
6 今井理之・中嶋誠一前掲書，1998年，213頁。
7 陳乃醒主編『中国中小企業発展与予測』，民主与建設出版社，2000年，19—20頁。
8 「図１：中国自動車産業の組織と系統図」は，1995年の「三大三小両微」体制下のものである。今日，広州プジョーの撤退，GM，フォード，ボルボ，ホンダ，トヨタ，日産などの進出，また，奇瑞などの私営企業の台頭で，中国自動車産業全体は，根本的な再編が迫られている。現在，第一汽車，上海汽車，東風汽車といったビッグ3と，広州

本田汽車，重慶長安汽車，安徽奇瑞汽車，瀋陽華晨汽車，南京菲亜特，浙江吉利といった6大メーカーで，新たな「3+6」の体制が進められている。(サーチナ総合研究所『一目でわかる中国有力企業と業界地図』，日本実業出版社，2003年，44—45頁を参照。）また，中国の政府部門の統廃合も積極的に行われている。第十期全人代第一次会議では，国務院機構改革案が採択されたため，対外貿易経済合作部と国家経済貿易委員会が撤廃され，統合された部門は，2003年3月25日に中華人民共和国商務部として発足した。

9 1999年3月の直接インタビューによる。
10 『日経ビジネス2000年11月27日号』，日本経済新聞社，2000年，26頁。
11 陳乃醒主編『中国中小企業発展与予測―全球経済一体化与中小企業競争力―』，民主与建設出版社，2001年，67頁。
12 陳乃醒主編『中国中小企業発展与予測』，民主与建設出版社，2000年，13頁。
13 陸道生・王慧敏『中小企業的創新与発展』，上海人民出版社，2002年，26頁。
14 陳乃醒主編『中国中小企業発展与予測』，民主与建設出版社，2000年，16頁。
15 陳乃醒主編『中国中小企業発展与予測―全球経済一体化与中小企業競争力―』，民主与建設出版社，2001年，92頁。
16 羅国勳編『二十一世紀：中国中小企業的発展』，社会科学文献出版社，1999年，37頁。
17 日本経済新聞社編『中国―世界の「工場」から「市場」へ―』，日本経済新聞社，2002年，12頁。
18 盲流とは，田舎からの出稼ぎのことである。中国沿海地域の開発で，盲流は田舎から都市へ移動し，都市住民よりも安い給料で主に建築業などのキツイ仕事をする。
19 「中国都市への移住大幅緩和」，読売新聞，2001年5月29日。
20 陳乃醒主編『中国中小企業発展与予測』，民主与建設出版社，2000年，14頁。
21 電子マガジン『中国最新情報・No.194』，『中国最新情報』編集部，2002年12月24日，http://www.jckc.com。
22 電子マガジン『中国最新情報・No.216』，『中国最新情報』編集部，2003年6月10日，http://www.jckc.com。
23 陳乃醒主編『中国中小企業発展与予測―全球経済一体化与中小企業競争力―』，民主与建設出版社，2001年，73頁。
24 陸道生・王慧敏前掲書，28頁。
25 陳乃醒主編『中国中小企業発展与予測』，民主与建設出版社，2000年，14頁。
26 陳乃醒主編『中国中小企業発展与予測』，民主与建設出版社，2000年，14頁。
27 陳乃醒主編『中国中小企業発展与予測―全球経済一体化与中小企業競争力―』，民主与建設出版社，2001年，139頁。
28 陳乃醒主編『中国中小企業発展与予測―全球経済一体化与中小企業競争力―』，民主与建設出版社，2001年，137頁。

Ⅱ．中国中小企業の歴史と現状

　1949年に建国した中華人民共和国の歴史はまだ浅いが，中国の中小企業は，この50数年間で波乱の道を歩んできた。中華人民共和国の歴史を論じる場合，指導者の交代で時期区分をする学者が多い。また，1978年の改革開放政策を境にする学者も少なくない。筆者は，中小企業に焦点を当て，あえて，「政治運動に左右された中小企業」，「自由放任の中小企業」，「中小企業の新紀元」の3段階に分けて，分析する。

　また，今日，中国中小企業は，新たな分岐点に来ているにもかかわらず，その現状は，決して楽観的なものではない。中国中小企業を振興させるために，その現状を正確に把握することは，絶対的な前提条件である。歴史を回顧した上で，中国中小企業を取り巻く環境，及び中国中小企業の経営の問題点を研究することも必要である。

第3章　政治運動に左右された中小企業（1949～1977年）

　1949～1977年を第一段階にするのは，以下の理由である。まず，アヘン戦争以来長引いた戦争の苦難が終焉を迎え，戦後の復興が期待された。また，中国は，半封建・半植民地社会から社会主義社会に突入し，経済体制が抜本的に変わった。そして，その経済体制に応えるように，中国中小企業が動き出した。

第1節　建国当時の中小企業

　1949年10月1日，中華人民共和国が誕生した。中国中小企業も，「表6：中国中小企業の歩み（1949～2003年）」で示されるように歩き出した。

　当時の中国は，工業水準が極めて低く，後進の農業国であった。1949年，中国のGDPは，358億元で，一人当たりにして66元であった。

　同年の中国の鉄鋼生産高はわずか15.8万トンに滞まっていたのに対し，1950年の先進各国の鉄鋼生産高は，アメリカが8,785万トン，旧ソ連が2,733万トン，イギリスが1,655万トン，西ドイツが1,212万トン，日本が484万トンであった。また，同年の中国のエネルギー生産量（標準燃料に換算）は2,371万トンであったのに対し，1950年のアメリカでは11億6,620万トン，イギリスが2億2,149万トン，西ドイツが1億4,106万トン，日本が6,232万トンであった[1]。

　化学工業，重機械工業，自動車産業など現代工業と呼べるものが殆どなかった中国で，外国資本，官僚資本（国民党政権の企業）とごく一部の民族資本を除き，家庭単位の手工業が，圧倒的な存在であった。その家庭単位の手工業と分散した個人農業は，当時の国民経済の90％を占めた[2]。1949年，全国の手工業就業者数は，1,000万人で，32.4億元の産出を作り出した[3]。

　もちろん，工業の中心は，民族資本家が率いていたそれらの私営企業であった。統計によると，1949年，私営企業は12.3万社であり，全国の工業総産出の63％を作り出していた[4]。

　また，それらの私営企業での就業者数は164万人で，総資本金は20億元あまりであった。平均して，1企業当たり，1.6万元の資本金を持ち，13人の従業員を有していた。資本金が100万元を超え，従業員を1,000人以上抱える企業は，皆無に近かった。

　従って，建国当時，中国経済を支えたのは，個人農業と家庭単位の手工業であった。私営企業を中心とした家庭単位の手工業こそは，中国中小企業の原点となった。

表6：中国中小企業の歩み（1949～2003年）

	年代	政治・経済	中小企業関係
政治運動に左右された中小企業	1949	中華人民共和国建国，農業と手工業はGDPの90%	国家投資で企業規模を大中型へ，（民族資本工業は12.3万社）
	1952	国民経済回復期終了，私営経済は51.2%	小型企業の定義，中小企業を中心とする手工業企業の再スタート
	1953	第1次5ヵ年計画の実施，資本主義工商業改造	手工業合作社化運動展開
	1954	公私共同経営運動展開	793社の公私共同経営企業誕生（500人以下）
	1956	社会主義改造運動，私営経済は1.2%	国営中小企業の台頭
	1958	大躍進，人民公社運動	合作中小企業の大量増加
	1962	農村社会主義教育運動開始	500人以下の企業を小型企業と規定
	1970	中国初の人工衛星打ち上げ	「五小企業」運動開始
自由放任の中小企業	1978	改革開放	都市復帰知青による集体中小企業創業運動，「基本建設項目の大中型企業区分基準に関する規定」（年間総合生産能力）
	1983	機構改革と新憲法の制定	国有中小企業の買収第1号，78年規定の追加（固定資産原価，利潤）
	1984	「経済体制改革に関する決定」，郷鎮企業の台頭	「国営企業第二歩利改税試行方法」（非工業企業規模区分基準を規定）
	1986	「社会主義精神文明建設に関する指導方針における中国共産党中央の決議」	「企業改革の深化と企業活力の増加に関する規定」で国有中小企業改革政策規定
	1987	「農村改革を深化への引導について」で私営経済を認可	「抓大放小」の提議
	1988	憲法改正案で「私営経済を社会主義公有制経済の補充である」と明文化	「企業請負の臨時条例」，「小型企業貸出の臨時条例」，「大中小型企業区分基準」（生産能力，生産設備，固定資産）
	1989	江沢民政権誕生	「企業合併の臨時方法」，「国有小型企業売却の臨時方法」
	1990	上海浦東開発	「偽集体企業」摘発
	1992	社会主義市場経済理論の確立	「大中小型工業企業区分基準」（全国統一基準）
	1997	香港回帰	「抓大放小」方針明確化，「共同企業法」
中小企業の新紀元	1998		中小企業司設立，92年基準の修正
	1999	憲法改正で「私営経済などの非公有制経済は社会主義市場経済の重要な構成部分」と私営経済の合法権利・利益を保護，マカオ回帰	「個人独資企業法」，「中小企業促進法」を起草するチーム結成，「後進で淘汰する生産能力，工程及び製品リスト」，「国有小型企業売却での若干問題に関する意見」，「小火力発電所閉鎖に関する問題の意見」，「科学技術型中小企業技術創新基金に関する科学技術部，財政部の暫定規定」，「小ガラス工場，小セメント工場を整理整頓に関する意見」，「中小企業信用担保システムの構築の実験に関する指導意見」，「工商投資領域で重複建設禁止リスト」
	2000	西部開発	初の『中小企業白書』，「中小企業の発展の奨励・促進に関する若干政策意見」
	2001	中国WTO加盟	
	2002	「3つの代表」論	「中小企業促進法」公表
	2003	胡錦涛政権誕生	「中小企業促進法」実施

※各種資料によって作成。中小企業関係の詳細は，本文を参照。

第2節　1952年までの経済回復

このような経済的な基礎の下で，当時の厳しい国際環境（西側諸国からの政治的孤立・経済封鎖）を勝ち抜くため，中国政府は，急速な経済発展（特に軍需も含める重工業）を図るしかなかった。

1949～1952年，中国政府は，既存企業の復興と改造を行い，また，計画的に重工業企業の設置に力を注いだ。この期間，重工業への政府投入は21.6億元であった。その資金投入で新設された3,000社の企業のうち，大型企業は4％を占めた。一方，政府の指導の下で，中小企業を中心とする手工業も再スタートを切った。1952年，全国の手工業は，生産高が73.1億元に達し，736.4万人の従業員を抱えるようになった[5]。1949年と比べて，従業員数が263.6万人も減ったものの，総産出を，2倍以上に増やした。その原因は，新設した重工業企業への転職，手工業企業自身の生産性の向上などが考えられる。

また，1952年の工業総生産のうち，国営企業が41.5％，集体企業が3.3％，公私共同経営企業4.0％，私営・個人企業が51.2％のシェアを占めていた。従って，1952年の時点で，中国では，私営・個人企業が極めて重要な地位を占めていた。もちろん，その殆どは，中小企業であった[6]。

第3節　資本主義工商改造・公私共同経営運動・社会主義改造運動

1953～1957年，中国は，第1次5ヵ年計画を実行した。5ヵ年計画は，中央政府の長期計画をより具体化したもので，5年間の政策目標，分野別・産業別の目標数字などが示されている[7]。スターリン・モデルの一角を担う5ヵ年計画は，第2次世界大戦前の旧ソ連経済の発展に輝かしい実績を残したため，急速な工業化を志望する中国が望む以上，疑いなく受容できた[8]。

と同時に，中国では，社会主義計画経済に合わせる社会的運動が起こった。1953年の資本主義工商改造運動，1954年の公私共同経営運動，1956年の社会主

義改造運動は，全国的に広がった。1954年，全国で相対的に規模の大きい905社の民族資本企業は，793社の公私共同経営企業に纏められた。これらの企業は，100〜500万元の資本金を持ち，100〜500人の従業員を有するようになった[9]。もちろん，それは，建国当時の同数値に比べようもないものであった。ゆえに，これらの運動は，単に私有制を公有制に変えただけではなく，企業の規模をも拡大させた[10]。

その結果，1956年，中国工業総生産のうち，国営企業が54.5％，集体企業が17.1％，公私共同経営企業27.2％，私営・個人企業が1.2％のシェアを占めていた[11]。1952年のデータと比べ，国営企業が13％，集体企業が13.8％，公私共同経営企業が23.2％の増加である。その分，私営・個人企業が50％も減少したことになった。建国当時，圧倒的な存在であった私営・個人企業の時代は，幕を閉じた。

そこで，中小企業についての新たな概念が出てきた。それは，国営中小企業である。国営中小企業は，生産手段は全人民に所有され，中央，地方，各国家機関，軍隊，科学研究機構，学校，人民団体が興した全民所有制の企業である[12]。

国営中小企業は，その設立によって，大雑把に5つの類型に分けられる[13]。すなわち，①建国以前存在した共産党政権下の公有制小企業，②建国後政府が没収した外資企業，③建国後政府が没収した旧政府（国民党）の企業，④改造された民族資本家企業，⑤中央政府あるいは地方自治体が設立した企業，である。これらの企業は，国営中小企業にまとめられ，中国計画経済の一員として，機能してきた。

1978年まで，国営中小企業は，中国中小企業の代表として活躍していた。また，この時期の集体企業の成長も見逃せない。

第4節　大躍進・人民公社運動

1958年，中国政府は，スターリン・モデルの中国への適用に違和感を察し，

第1次5ヵ年計画の遂行によって生じた供給隘路・原料不足・経済的比率関係の失調を克服するため，工業と農業，重工業と軽工業，近代工業と在来中小企業の同時かつ急速な発展を目指す「二本足で歩く」路線を打ち出した[14]。それは，大躍進・人民公社運動であった。

農業では，人民公社運動が徹底的に行われた。1958年末，殆どの農家が人民公社に組織された。それは，土地と労働力の合理的利用が生産増大をもたらすことに，目をつけた農業集団化政策であった[15]。

「英米に追い越せ」のスローガンで，全国範囲での工業企業創業（特に鉄鋼業）が進められた。それに伴い，中小企業の数は，急激に増加した。1958～1960年，中国全土で投資した小型プロジェクト件数は，9万を超え，全投資件数の98.6%も占めた[16]。その多くは，土法高炉を使う製鉄所であった。しかし，大量の土法高炉製鉄所の誕生は，中国の粗鋼産量を数字的に伸ばしただけであった。作られた鉄は，品質が悪く，使い物にならなかった。

とはいえ，大躍進による中小企業の急激な増加は，中国中小企業の歴史で初めての中小企業ブームである。そのブームは，1962年の企業整頓まで続いた。

第5節 「五小企業」運動

1970年，中国各地で盛んに行われていた「五小企業」運動は，最高潮に達した。正確に言えば，「五小企業」運動の起源は，『1966年工業交通工作綱要』であった。1980年まで全国農業の機械化を狙った政府は，同綱要で，地方工業が農業へのサービスを最優先にすべきであり，地方において積極的に製鉄所，石炭工場，発電所，機械工場，肥料工場などの「五小企業」を発展せよ，と強調した[17]。この綱要によれば，「五小企業」とは，小製鉄所，小石炭工場，小発電所，小機械工場，小肥料工場である。

しかし，「五小企業」の概念については，ほかにも，いくつかの説がある。陸道生・王慧敏説の「五小企業」は，小石油精錬工場，小セメント工場，小火力発電所，小ガラス工場，小製鉄所である[18]。また，李文龍・魏国辰説では，

小製鉄所,小石炭工場,小水力発電所,小機械工場,小肥料工場が「五小企業」である[19]。そして,陳乃醒説では,小製鉄所,小機械工場,小石炭工場,小肥料工場,小セメント工場を「五小企業」であると説明している[20]。

これらの説のうち,陳乃醒説はその出典が特別な地位(第5章に詳しく説明)にあるゆえに,権威性があることは否めないが,『1966年工業交通工作綱要』に基づいた説は信憑性がある。

「五小企業」の概念の違いがあるものの,中国全土で新たな中小企業のブームを起こしたことには違いがない。そのピーク時の1970年,中国全土で,300近くの県は,製鉄所を設立した。また,90%の県は,農業機械の製造・修理工場を持っていた。1972年「五小企業」のうちの小製鉄所,小石炭工場,小肥料工場,小セメント工場の総産出は,全国総産出に占めた割合は,それぞれ,6.6%,31.7%,58.8%,69.5%であった[21]。

「五小企業」の急激な成長は,国民経済における中小企業の重要性を示唆したが,同時に,問題点も少なくない。呂国勝は,その問題点を以下のように指摘した。つまり,①範囲を広げすぎた展開,②企画の統一性の欠如による重複配置,③設備・生産技術の遅れによる高コスト,低品質,④伝統手工業の発展と大企業への補完についての認識不足,である[22]。

1970年以後,一部の国営企業,政府機関,学校などが従業員(公務員)の家族(子供)の雇用を解決するために,家族工場を次々と設立した[23]。しかし,文化大革命の真最中の中国で,1970年のピーク時を越える中小企業の発展はなかった。

第6節 小　括

1949～1977年の「政治運動に左右された中小企業」という段階において,中国中小企業は,建国当時の私営・個人企業から国営企業への転換を遂げ,大躍進,「五小企業」と二回のブームに渡り,社会主義計画経済の中国に適合する発展を試みた。

この段階で，政府は，厳しい国際情勢で，政策の試行錯誤を重ね，中国に適合した社会・経済体制を模索した。東欧諸国と同様に5ヵ年計画をはじめとするスターリン・モデルの導入，中国独自の「二本足で歩く」路線などは，その模索段階の代償であった。

　中小企業の発展について見ると，政府の財源が厳しいゆえに，低コストで量産できる中小企業は，大きな発展を遂げた。まず，戦後の手工業私営・個人企業は，政府の指導の下で，統合され，規模が増大した。かつての後進的な小規模の手工業は，現代工業へと転換した。また，政府主導の中小企業創業ブーム（大躍進，「五小企業」）を契機に中小企業の数は，急激に増えた。1977年の統計によると，小型工業企業数は，31.6万社であった[24]。この数字は，建国当時の私営企業（12.3万社）の総数の2.6倍にもなる。また，これらの中小企業の多くは，生活必需品を作り，社会安定における役割を果たしたことも留意すべきである。

　とはいえ，規模の拡大，数的優位の創出に成果を収めた中国中小企業には，この段階の問題点も少なくなかった。中小企業推進時の計画性の欠如，国家財政難による新技術導入の不足，在来技術の使用などの問題は，よく指摘されてきた。また，不幸にも，「大躍進」運動や文化大革命などの政治運動に挟まれ，中小企業本来の役割が上手く果たせなかった。特に，政治実績を得るための経済業績の粉飾などの人為的な原因で，一連の中小企業振興運動が権力闘争にまで利用されたことは，中国経済全体に大きなダメージを与えた。後に，これらの問題は，永年にわたり，中国中小企業の成長を脅かし，今日まで悪影響を与えている。

　従って，30年近くのこの段階において，中国中小企業は，数的優位を創り出したが，本来の中小企業の企業としての機能が発揮できぬまま，発展を終えた。

注：
1　関志雄・李粋蓉訳『中国の国有企業改革：市場原理によるコーポレート・ガバナンス

の構築』，日本評論社，1999年，16—17頁。
2 鎖箭『中小企業発展的国際比較』，中国社会科学出版社，2001年，96—97頁。
3 陳乃醒主編『中国中小企業発展与予測』，民主与建設出版社，2000年，30頁。
4 呂国勝編著『中小企業研究』，上海財経大学出版社，2000年，267頁。
5 鎖箭前掲書，97頁。
6 関志雄・李粋蓉訳前掲書，21頁。
7 今井理之・中嶋誠一『中国経済がわかる事典』，日本実業出版社，1998年，50頁。
8 吉家清次・宮下誠一郎『経済体制論—21世紀へのメッセージ—』，白桃書房，1994年，80頁。
9 鎖箭前掲書，98頁。
10 陳乃醒主編前掲書，30頁。
11 鎖箭前掲書，99頁。
12 鎖箭前掲書，105頁。
13 李文龍・魏国辰主編『国有小企業改革実務』，経済管理出版社，1996年，6—7頁。
14 吉家清次・宮下誠一郎前掲書，81頁。
15 今井理之・中嶋誠一前掲書，58頁。
16 陳乃醒主編前掲書，30頁。
17 鎖箭前掲書，101頁。
18 陸道生・王慧敏『中小企業的創新与発展』，上海人民出版社，2002年，9頁。
19 李文龍・魏国辰主編前掲書，7頁。
20 陳乃醒主編前掲書，31頁。
21 陳乃醒主編前掲書，31頁。
22 呂国勝編著前掲書，272頁。
23 陸道生・王慧敏前掲書，9頁。
24 陳乃醒主編前掲書，31頁。

第4章　自由放任の中小企業 (1978〜1998年)

　1978年，中国政府は，従来の社会主義計画経済から社会主義市場経済への改革開放政策を始めた。改革開放政策は，中国経済全体に新たな活気を吹き込み，中国企業のあり方にも大きな変革をもたらした。

第1節　下郷知識青年の都市復帰による中小企業の創出

　文化大革命などの動乱を終え，新たな経済体制へ移行しようとする中国は，まず，動乱期の負の遺産を片付けなければいけなかった。とりわけ，下郷知識青年（農村部に支援した都市部の若者）の問題が大きかった。1978年から，1,700万人の下郷知識青年は，都市に戻ってきた[1]。しかし，当時の都市部の企業は，彼らを吸収する余力すら持ってなかった。
　そこで，政府は，集体企業を発展させる方針を打ち出し，労働管理部門で労働サービスセンターを開設し，都市復帰を目指す下郷知識青年の集体中小企業の創業，雇用を指導した。政府の指導の下で，大量の下郷知識青年の回帰と政治動乱で発生した失業者を解決するため，新たな中小企業創業ブームが全国に広げた。
　前述したように，1970年以降，一部の国営企業，政府機関，学校などは，従業員の家族の雇用問題を解決するため，従業員家族の企業を作り出した[2]。その経験とノウハウを生かし，従来の国営企業，政府機関，学校のほか，軍隊，街道（日本の町会に当たる），各種団体を加え，集体企業の創出に力を入れた。これらの集体企業は，出資側（企業，機関など）の副業として，「三産」と名づけられた。「三産」で吸収されたのは，多くの下郷知識青年であった。彼らの

親は，出資側に勤めていた。だから，この集体企業の創業ブームは，ある程度，従業員家族の企業の延長線上にあるとも言えるだろう。

「三産」は，後に，出資者の裏金庫として摘発されるなどの問題もあったが，雇用問題対策として，社会の安定に大きく貢献した。1978～1982年，都市部の集体企業が，1,237.9万人を吸収し，職場を与えた。1978年に総従業員が2,048万人しかいなかった集体企業は，1990年に3,549万人の従業員を抱えるようになった。その増加率は，71％であった[3]。

また，「三産」企業の活躍は，都市部の経済を活性化させた。副業として発足した「三産」企業は，生活必需品の製造，サービス業などを中心とした中小企業が多い。その経験とノウハウは，後に本業の出資側の多角化，集団化に大きな示唆を与えた。特に，1980年代初頭，大量発生した学校の「三産」企業は，中国版の産学共栄共存の雛形ともなった。ただ，当時の学校の「三産」企業は，まだ，教職員の生活改善のための下請けが中心であり，今日のような積極性が見られなかった。もちろん，当時の学校の「三産」企業に，小中高校が目立っていたことも見逃せない。

以上のように，下郷知識青年の都市復帰による中小企業の創出は，都市部で大量の集体所有制の中小企業を作り出し，経済の活性化と社会安定に大きな役割を果たした。

第2節　郷鎮企業の台頭

都市部の集体企業の急成長と同時に，農村部で郷鎮企業が，台頭し始めた。前述したように，郷鎮企業は，地域別の概念として中国経済に登場した。その狙いには，農村の余剰労働力の解決，都市部と農村部との経済格差の縮小，大量の人口流動による社会の不安定の回避などがある。その効果は，想像以上のものであった。鄧小平は，「農村余剰労働力の50％も解決した」と，郷鎮企業の業績に讃える言葉を惜しまなかった[4]。

郷鎮企業の出現と振興を1978年からであるとする論者がいるが，その認識は

不完全である。第1に、地域別の概念として登場した郷鎮企業は、建国以来ずっと存在してきた。まず、農村地域には、数多くの集体企業がある。中国の統計では、所有権別で作られた年表が少なくない。それらの年表で、建国以来、集体企業の欄が空けられたことはなかった（私営企業と個人企業は1958～1979年が空欄となっている。）。また、社会主義改造などの政治運動の中、個人企業、特に農村部の手工業小企業は、完全になくなったことがなかった。だから、地域別の概念としての郷鎮企業は、従来からあるものであり、改革開放以降に、話題を呼び、注目されるようになった。第2に、厳密にいうと、郷鎮企業が中国経済に頭角を表したのは、1984年以降である。実際には、1979～1983年、郷鎮企業の数は、増加するどころか、むしろ減少した。1983年の郷鎮企業総数は、134.64万社であり、1979年の152.42万社より、17.78万社も減少した。しかし、郷鎮企業の従業員総数は、1979年の2,826.56万人から1983年の5,208.11万人に、2倍近く増加した[5]。つまり、1979～1983年、郷鎮企業は調整期に入り、不合理の企業の撤廃をしながら、規模の拡大を図った。

1984年、「経済体制改革に関する決定」は、農村経済の活性化を唱え、それを首位任務として、指示した[6]。整理整頓の調整期を終えた郷鎮企業は、その年から、急成長を始めた。ピーク時の1993年に、郷鎮企業総数は、24,529,272社であった。後に、過剰生産による過当競争などで調整が行われたものの、1997年の郷鎮企業総数は、2,014万社に達し、1978年の郷鎮企業総数（152.42万社）の13倍以上にもなった[7]。また、郷鎮企業の総産出は、1999年に24,882.6億元を達し、1978年（209億元）の119倍となった。そのうち、1999年の郷鎮企業工業企業の総産出は、17,374.1億元で、1978年（160億元）の109倍であった[8]。

もちろん、郷鎮企業の殆どは、中小企業であった。1995年の第3次全国工業企業調査によると、全国の郷鎮企業（工業）のうち、大型企業が257社で、中型企業が1,581社で、小型企業が6,518,247社であった。また、小型郷鎮企業（工業）は、34,462.93億元の総産出を作り出し、7,167.82万人の従業員を抱えていた[9]。「表3：各種経済類型の工業企業数及び総産出（1995～1999年）」で

分かるように，同年，全国の工業企業総数は，734.15万社であり，工業総産出は，91,894億元であった。結果的に，1995年に，小型郷鎮企業（工業）は，全国の工業企業総数の88.8％を占め，全国の工業総産出の37.5％を作り出したのである。これらの数字は，中国経済における郷鎮企業の重要性を説明できたと同時に，中国経済における中小企業の重要性を明白にしたである。

最後に，強調しなければいけないのは，1984年の「経済体制改革に関する決定」は，農村経済の活性化のみならず，都市部の中小企業の自主権の拡大などについても幅広く言及し，中小企業全体の活性化を指導するものでもあった。

第3節　「抓大放小（こうだいほうしょう）」と「両権分離」

都市部の集体企業と農村部の郷鎮企業の成功は，中国の改革開放政策に拍車をかけた。その成功は，ある意味で，改革の先陣を切った中小企業の勝利とも捉えられる。それに対して，改革に遅れた国有大企業の業績不振は，中国を悩ませ続けた。集体企業と郷鎮企業の発展を維持しながら，有限の財政予算を国有大企業に集中し，その復興を狙い，1997年9月の中国共産党の15回党大会と1998年3月の第9回全国人民代表大会で，「抓大放小」の方針が明確にされた。

「抓大放小」の起源は，1987年に遡る。その年の10月に，中国共産党の13回大会で，中小企業の所有権の有償的譲渡が認められた。その時，中央政府が大企業を中心に企業改革を進めるが，中小企業の発展を地方政府に任せるという構図が描かれた。1992年10月の中国共産党の14回大会で，集体企業や個人への国有小型企業の売却が認められた。それによって，大企業と中小企業の改革構図は鮮明になった。

「抓大放小」の方針は，国有大企業改革と中小企業の活性化の基本政策として徹底的に実施され，中国企業，特に，中小企業へ積極的な影響を与えてきた。後に，設置された中小企業専門機構（中小企業司），公刊された『中小企業白書』，採択された「中小企業促進法」は，ある意味で，その方針に沿ったものとも考えられる。

一方，1992年中国社会主義市場経済論の第一人者，呉敬璉は，中国の経済改革の要点とその実際的措置を論じた大作『China's Market Economy』を発表した。彼は，中国企業の「両権分離」の重要性を主張した。また，彼は，「両権分離」を，①伝統的政治学に基づく所有権と占有，使用，支配権の分離，②現代的意味の「所有権とコントロール権の分離」，「所有権と経営権の分離」，という2つの見解を示し，小型国有企業の「両権分離」を前者に，大・中型国有企業の「両権分離」を後者にすべきだと，具体的に提言した[10]。

中国の国有企業改革は，1978～1981年の企業自主権拡大の実験，1981～1982年の企業の国への利潤上納請負を内容とした経営責任制の実験，1983～1984年の「利改税」の実施，1987年からの請負責任制の実施[11]，といった4つの実験段階を終えた。「両権分離」理論は，今までの経験，教訓，ノウハウをふまえ，改革の続行を論証し，さらに全国範囲で改革の推進を推た。だから，「両権分離」理論は，改革開放後の中国国有企業改革の総括であり，その改革を深めるための基礎理論でもあった。

その理論は，瞬く間に中国全土に広がった。特に，中小企業に関する「両権分離」は，国有企業のみならず，集体企業にまでも大きな影響を与えた。「両権分離」は，企業改革の合言葉となった。その結果，従来政府が持っていた企業への影響力は，次第に弱まったため，市場経済における企業の本来の姿は，ようやく見えてきた。

第4節　非国有経済の復権

都市部の集体企業と農村部の郷鎮企業が活発的な動きを見せた最中に，全国を震撼させた事件が発生した。それは，1983年に浙江省の農民企業家の陳義金が上海の国有中小企業を連続的に買収した事件であった。この事件は，国有中小企業の所有権改革法案成立後，国有企業が民間に買収されたケースの第1号に当たる。その後，僅か1年間で，広州，武漢，西安など各地で，国有中小企業の合併，買収が盛んに行われた。1980年代を通して，合併あるいは買収され

第4章　自由放任の中小企業（1978～1998年）　65

た国有中小企業の数は，6,900以上にも昇った[12]。そのなか，合併先，あるいは，買収先の殆どは，集体企業，私営企業，個人企業であった。このような経緯から，前述した集体企業や個人への国有小型企業の売却は，認可された。

　上述したように，1978年以降の集体企業は，従来の政府の色が薄く，民営企業に近いものである。民営企業について，劉小玄・韓朝華は，「民営企業という概念は，政府の所有権とコントロール権以外のすべての企業を含み，単なる一種類の所有制の企業を指すのではなく，政府コントロール権範囲以外の企業を総括する」と定義し，中国中小企業の制度改革の必然的な選択であることを強調した[13]。その定義を踏まえて，集体企業と私営企業，個人企業とともに，非国有経済が構成された。

　しかし，ここに一つの難問がある。それは，社会主義国家に私営経済が成り立つかどうかの問題である。私営経済は，社会主義の理論上において，許されるものではなかった。「社会主義か資本主義か」，「公有制か私有制か」の大論争は，中央政府を始め全国範囲で展開されてきた。

　国有企業と集体企業の政策上の優遇に注目すると同時に，政治運動に恐れた多くの民間企業家は，国有企業，あるいは，集体企業の名目を借り，経済活動をしながら，その結論を待っていた。ゆえに，その時期に，特に，集体企業の名目で経済活動をしている私営企業—「偽集体企業」—は，大量に存在していた。

　「偽集体企業」の数は，いまだに正確に把握することができないが，企業の所有権と経営権の混乱をもたらす一つの要因ともいわれるほど，大きな問題であった。その実態の深刻さを認識し，1987年に公布された『農村改革を深化への引導について』で，中央政府は，「私営経済は社会主義経済構造の一種の補充形式」と，私営経済の存在を認め，さらに，「存在の許可，管理の強化，長所の振興と短所の抑制，漸次的な指導」といった方針を出した。それに従い，関係部門は，翌年の新営業許可書への切り替えを契機に，「偽集体企業」を本来の姿へ戻す作業が展開された。また，1988年第7回全国人民代表大会で採決された憲法改正案で，憲法の第11条に，「国は，法律の規定範囲内に私営経済

の存在と発展を許可する。私営経済は社会主義公有制経済の補充である。」と明文化した。さらに，政府は，『中華人民共和国私営企業暫定条例』を公布し，私営企業を，企業資産が個人に属し，従業員8人以上の営利性を持つ経済組織と定義した[14]。

だが，一連の政策の実施は，私営企業家の不安を完全に払拭することができなかった。特に，1990年の工商管理部門による「偽集体企業」の摘発は，所有権問題の複雑さを極めた。当時，一部の税務部門は，「私営企業の脱税者を破産まで罰金せよ」といったスローガンを打ち出し，「偽集体企業」を徹底的に追及した。過激な摘発は，多くの私営企業主を窮地に追い込んでいた。従来の契約を自ら破棄し，名目を借りた国有企業，集体企業に個人資産を無償で寄付したケースも，少なくなかった[15]。

「社会主義か資本主義か」の大論争に幕を閉じたのは，1999年の憲法改正である。2年前の15回の党大会での江沢民総書記の「社会主義初期段階」理論に基づき，同年3月15日の第9回全国人民代表大会第2次会議で採択された『中華人民共和国憲法修正案』は，「法律の規定範囲内の個人経済，私営経済など非公有制経済は，社会主義市場経済の重要な構成部分である」，「国は，個人経済，私営経済の合法の権利と利益を保護する。国は，個人経済，私営経済に対し，指導，監督，管理を行う」と，私営経済が社会主義初期段階の中国において，国民経済を支える一つの重要な柱であると，私有制の地位を認めた[16]。改革開放後，多種多様な実験を試行錯誤で繰り返した中国は，この憲法の改正で，現在の中国を「社会主義初期段階」に位置づけ，公有制経済を中心とする多種の所有権形式の経済の共存共栄を明確にした。

ここで，私営経済を強調するのは，前述したように，1998年の全国工業小型企業7,951,192社のうち，私営企業と個人企業が6,033,800社で，75.88％をも占めていたのである[17]。また，大量の「偽集体企業」と合わせ，私営企業と個人企業が中国経済における重要性は，いうまでもないだろう。

従って，これからの中国企業の歴史は，国有企業，集体企業，私営企業，個人企業，外資企業を含めて，様々な所有権形式の企業が，共通の土俵で競争す

第4章　自由放任の中小企業（1978～1998年）　　67

る時代となる。同じことは，中国中小企業にもいえる。

　また，ここで，従来の計画経済で問題視されなかった大企業と中小企業との格差が，初めて浮き彫りにされた。その格差は，企業の規模，原材料の配分，資金の調達，人員の分配，税金・利益，設備，情報，技術など様々な面に及んでいる。確かに，諸外国でも，大企業と中小企業との間に格差があるが，計画経済の下での格差は，一段と広げられていた。（この問題は，後に中国中小企業の現状を分析する時，詳しく解説する。）ゆえに，中国企業全体のあり方に大きな変化が生じたため，従来の所有権別で行われた企業政策は，限界を露呈した。すなわち，規模別で行われる企業政策が，社会主義市場経済で求められるようになった。言い換えれば，中国の社会主義市場経済においては，中小企業のための政府機関，中小企業のための政策が求められるようになった。

　この意味では，「自由放任の中小企業」と名づけられたこの段階は，企業の多様な変化に対して，新たな企業管理体制と政策対象の再分類への模索の段階であるともいえるだろう。

注：
1　鎖箭『中小企業発展的国際比較』，中国社会科学出版社，2001年，103頁。
2　陸道生・王慧敏『中小企業的創新与発展』，上海人民出版社，2002年，9頁。
3　鎖箭前掲書，103頁。
4　鎖箭前掲書，104頁。
5　陳乃醒主編『中国中小企業発展与予測』，民主与建設出版社，2000年，31―32頁。
6　呂国勝編著『中小企業研究』，上海財経大学出版社，2000年，273―274頁。
7　陳乃醒主編『中国中小企業発展与予測』，民主与建設出版社，2000年，32頁。
8　陳乃醒主編『中国中小企業発展与予測―全球経済一体化与中小企業競争力―』，民主与建設出版社，2001年，113―114頁。
9　陳乃醒主編『中国中小企業発展与予測』，民主与建設出版社，2000年，32頁。
10　呉敬璉著（凌星光・陳寛・中屋信彦訳）『中国の市場経済』，サイマル出版社，1995年，14頁。
11　金山権『現代中国企業経営管理』，同友館，2000年，23頁。
12　李文龍・魏国辰主編『国有小企業改革実務』，経済管理出版社，1996年，8―9頁。
13　劉小玄・韓朝華『中国企業的民営化――中小企業改制的選択』，中国経済出版社，1998年j70，4頁。
14　陳乃醒主編『中国中小企業発展与予測』，民主与建設出版社，2000年，37―38頁。

15　林漢川・魏中奇主編『中小企業発展与創新』，上海財経大学出版社，2001年，98頁。
16　陳乃醒主編『中国中小企業発展与予測――全球経済一体化与中小企業競争力――』，民主与建設出版社，2001年，16―17頁。
17　陳乃醒主編『中国中小企業発展与予測』，民主与建設出版社，2000年，19―20頁。

第5章 中小企業の新紀元（1998年〜）

「政治運動に左右された中小企業」段階の国有企業一色から，「自由放任の中小企業」段階の各種所有制の企業の共存を経て，中国中小企業は，ようやく重要視されるようになった。ところで，中小企業を論ずる場合は，中小企業を専門とする政府機構，中小企業に関する法律，中小企業白書は欠かせない。つまり，中小企業管理機構，中小企業白書，中小企業法が揃えた場合では，初めて一国の中小企業の全貌が明らかになる。

第1節 中小企業司の誕生

1998年10月，中国では，初の中小企業を専門とする政府機構―中小企業司―が誕生した。

中小企業司は，国家経済貿易委員会に所属している。同委員会は，総オフィス庁，研究室，総合司，経済法規司，経済運営局，産業政策司，投資と計画司，業界計画司，企業改革司，中小企業司，企業監督局，貿易市場局，対外経済協調司，産業損害調査局，技術進歩と装備司，資源節約と総合利用司，電力司，金貨管理局，トレーニング司，外事司，人事司，機関サービス管理局，計22の部門を統括し，国民経済のマクロコントロールを担っている[1]。中小企業司が中国経済の頭脳ともいわれる国家経済貿易委員会に所属し，配置されたことは，中国政府が中小企業を重要視していることを示している。

中小企業司は，衛東司長，狄娜副司長，陳海燕副司長をリーダーとし，総合署，政策法規署，国有中小企業改革と発展署の3つの部署を抱え，中小企業支援政策を提出し，中小企業の改革と発展を指導し，中小企業の対外合作を組織

し，中小企業サービスの健全と促進を主な責任としている。

新設された中小企業司が，まず，手がけた仕事は，早急に中小企業に関する法律を作ることであった。当時の中国では，中小企業の法律はなかった。中小企業に関する問題は，「全民所有制工業企業法」，「中外合資経営企業法」，「中外合作経営企業法」，「外資企業法」，「私営企業法」，「郷鎮企業法」，「公司法」，「共同経営企業法」などで対応した[2]。従って，管理部門もばらばらであった。収益の良い中小企業が，様々な部門から管轄される一方，収益の悪い中小企業の責任を負う部門がなかった。全国の中小企業を一任された中小企業司は，発足直後，「中小企業促進法・草案」の編集チームを成立し，中国初の中小企業に関する法律に挑んだ。そのような経緯もあり，中小企業司の影が薄く，地方レベルでは，その存在さえも知らない地方政府もある。

2000年に公表された『中小企業白書』と2002年に採択された「中小企業促進法」は，中小企業司の存在を大きくアピールした。全国の企業総数の99％以上を占めた800万社以上の中小企業の期待を背負い，中小企業司は，中国経済の大舞台に踊り出た[3]。

第2節　初の『中小企業白書』

1．初の『中小企業白書』

2000年6月，中国初の『中小企業白書』―陳乃醒主編の『中国中小企業発展与予測』―が民主与建設出版社から出版された。書名には，「白書」の文字が書かれてないものの，本のカバーで，「中国中小企業の発展において，既存の問題，改革の深化，解決に必要な重大政策などは研究しなければならない。本書は，初の『中小企業白書』として，これらを促進するものである。」[4]と中小企業白書としての地位を強調した。

また，最初の頁に，主編者のほか，「国家経済貿易委員会中小企業司，中国社会科学中小企業研究センター編」と明記されていることも，白書としての地位をアピールしている。編集者の名簿にも，中国の中小企業関係者が揃った。

中小企業司の衛東司長，狄娜副司長は，編集委員会の主任，副主任を担当した。そして，主編の陳乃醒は，中国中小企業研究の第一人者とも言われている。それに加え，元中国人民大学学長の袁宝華，中国社会主義市場経済理論の第一人者の呉敬璉，中国中小企業対外合作協会会長の張寿などの学界の権威者が，顧問を担当した。ゆえに，同書は，中国政府と学界の共同作業による中国初の『中小企業白書』といえるであろう。

　白書では，「総論編」，「専門課題編」，「部門と業界編」，「地域編」，「企業編」の5つの部分から構成された。「総論編」では，中小企業の地位，役割，特徴，問題点，発展について，各国と比較しながら詳細に説明し，また，中国中小企業の歴史を回顧しながら，その発展の傾向を踏まえ，中国中小企業の立法，政策について有意義な提言をした。「専門課題編」では，中国中小企業の現状と新時代の戦略調整，私営企業の発展と管理構図，国有中小企業の改革，中小企業社会化サービス体系の育成，中小企業の融資担保，中小企業のリスク経営，業界における中小企業の位置づけ，中小企業のネットワーク，WTOと中小企業の国際化，民営企業の制度創新と管理創新，計10ヵ中国中小企業の最新の課題を研究した。「部門と業界編」では，鉄鋼業，炭鉱，貴金属，軽工業，印刷業，ガス業，機械工業，電子部品業，鉄道，流通業，計10産業の中国中小企業を分析し，その将来を予測した。「地域編」では，北京市，上海市，天津市，山西省，遼寧省，吉林省，黒龍江省，陝西省，江蘇省，浙江省，寧夏自治区，安徽省，山東省，河南省，広東省，海南省，重慶市，四川省，貴州省，雲南省，計20ヵ省（直轄市，自治区）の中小企業の現状と発展を分析した。「企業編」では，事例研究として，55社の企業を取り上げた。

　白書は，大量のデータと実例を用い，中国中小企業の歴史，現状を分析し，その将来性に様々な提言を与えた。従来の計画経済制度の統計を使用せざるを得なかったこと，歴史回顧の不十分さ，事例研究で扱った幾つかの企業の中小企業としての妥当性などの問題は，中国中小企業の全貌への理解に対する不足を感じさせたものの，中国初の『中小企業白書』としての功績は，歴然である。その構成で分かるように，白書は，中小企業の一般的な理論を踏まえ，既

存の管理部門，業界の実情に応じて，現在中国中小企業に迫っている問題を探究し，中国の実情に適切な中小企業政策を提言した。特に，中国の経済発展で生じた地域格差をも考慮し，各地域に中小企業の研究を進めたことは，極めて大きな意味を持っている。また，年刊として継続的に公刊すると明言されており，これからの中国中小企業の発展に大きく役立つだろう。

2．2冊目の『中小企業白書』

2001年6月，初の『中小企業白書』での約束通り，ほぼ同じメンバーで書かれた陳乃醒主編の『中国中小企業発展与予測―全球経済一体化与中小企業競争力―』は，2冊目の『中小企業白書』として登場した。

同白書は，「総論編」，「発展編」，「対外協力編」，「素質編」，「サービス編」，「展望編」の6つの部分から構成された。「総論編」では，経済のグローバル化，中小企業政策の補強，中小企業の挑戦及び対策などを通じて，中国中小企業が直面する新たな局面，特に，WTO加盟による中国中小企業への影響を分析した。「発展編」では，中国中小企業の発展の基本状況と傾向を踏まえ，中小のハイテク企業，中小の郷鎮企業，中小の私営企業・個人企業を特集で報告した。「対外協力編」では，中国中小企業と海外資本との国内での共同経営の現状，問題点を分析し，また，中国中小企業の海外進出の現状を踏まえ，指導した。「素質編」では，市場経済における企業の概念と特徴から，中国中小企業の経営管理，融資能力，創新能力を論じた。「サービス編」では，中国中小企業の信用担保，経営管理コンサルタント，インキュベーター，中国西部の中小企業へのサービス体系の建設などを中心に，中小企業への社会的バックアップを強調した。「展望編」では，中国中小企業の競争力の向上，中国西部開発と中小企業，21世紀中国工業生産と中小企業の発展方向を予測した。

2冊目の白書は，1冊目ほど社会的に注目されなかったが，着実に改善されたことは間違いない。まず，新たに省ごとに付け加えられた参考文献などから，信憑性が増している。次に，1冊目は，複数の著者がそれぞれの論文を合成した痕跡（データの重複など）が多く見られたのに対して，2冊目は，一貫

性のある完成度の高いものである。また，1冊目はマクロ政策上の中小企業論を強調したのに対して，2冊目は，企業を主体とする中小企業論を強調した。特に，「素質編」で中国中小企業の経営管理，融資能力，創新能力を論じ，市場経済で普遍的な現象である企業自身の努力を強調したことは，大きな意義を持っている。それは，計画経済で失われた企業自身の努力を喚起するものである。そして，1冊目で提起された地域格差の問題を，2冊目では，さらに深く検討し，中国経済の地域格差の実情に応じて，中国西部開発に中小企業の活性化の必要性を唱えた。さらに，1冊目より，中小企業に対する社会的なバックアップの重要性を主張した2冊目は，信用担保，経営管理コンサルタント，インキュベーターなどで論述した。最後に，評価しなければならないのは，2冊目で，中国中小企業の海外進出について，積極的に奨励し，指導した点である。WTOの加盟により，中国中小企業は，海外から先進的な技術などを導入しやすくなる一方，海外への進出もより容易になりつつある。実際には，すでに，一部の中小企業は東南アジアを中心に海外進出を果たしている。

　もちろん，2冊目は，1冊目と同様所有権別でのデータが多く，真の規模別でのデータが乏しい点は，課題として残された。確かに，今まで所有権別，地域別で統計されることが多く，中小企業の定義が未定であるなどの実情もあるが，これから，国家統計局などの関連部門からの協力，支援は，必要となるだろう。しかし，1冊目のような地域別の中小企業研究と中小企業の事例研究が，2冊目において継続してなされなかったことは，残念である。

3．3冊目の『中小企業白書』

　2002年9月，3冊目の『中小企業白書』─『中国中小企業発展与予測─政策導向与中小企業発展』は，例年より3ヶ月遅れで，経済管理出版社から刊行された[5]。

　同書は，「総述編」，「構造調整編」，「技術創新編」，「財政支援編」，「融資編」，「信用担保編」，「健全サービス編」，「公平競争編」，「組織リーダー編」，計9編から構成されている。前述した2冊の「中小企業白書」と異なり，同書

は，2000年7月6日付けの「中小企業発展の奨励・促進に関する若干政策意見」をベースに，後述する「中小企業促進法」を念頭に，構成されている。

「総述編」では，中国中小企業発展の量的分析，発展の特徴，問題点及びその対策，さらに，WTO加盟についての影響，対策を分析した。「構造調整編」では，第10次5ヵ年計画の国民経済においての経済構造の問題，構造調整の方向，技術進歩からの影響，中小企業自身の構造調整及びそのための政策を論じた。「技術創新編」では，技術創造・革新の理論研究と発展，海外の中小企業の技術創造・革新の実態及び奨励政策，中国中小企業の技術創造・革新に関する政策及びその実施状況を纏めた。「財政支援編」では，中小企業の発展における財政支援の国際比較，中国中小企業発展における財政支援策を模索した。「融資編」では，海外の中小企業融資の状況，中国中小企業融資の状況，問題点及び対策，店頭上場などの具体策を含めて，論議した。「信用担保編」では，中小企業信用担保の基礎概念（責任，利益，権利，義務）をはじめ，信用担保の法律，理論展開，発展対策まで詳しく解釈した。「健全サービス編」では，中国中小企業の物流管理，中小企業の仲介機構，中小企業の団体組織について，紹介した。「公平競争編」では，中小企業の発展における自由競争の重要性を謳え，中国中小企業の負担の軽減を唱えた。「組織指導編」では，政府の役割，行政関与の必要性，原因，歴史，方式，関与程度について展開した。

3冊目の『中小企業白書』の作成時期は，中国初の中小企業に関する政策，つまり，「中小企業発展の奨励・促進に関する若干政策意見」の2年後であり，「中小企業促進法」の採決以前であった。さらに，それは，中国のWTO加盟による経済構造の大転換の方針作りの真最中でもある。ゆえに，この白書において，政策面での強化が言及されていることは，目立った特徴であろう。

以前刊行された2冊の『中小企業白書』を継承し，中小企業の技術創造・革新を強調した点は，注目される。また，中小企業政策面での国際比較が多く取り上げられたことによって，政府が本気で中小企業に力を入れていこうという決意が見られる。さらに，信用担保について，基礎概念を含み，法律を詳しく解釈したことは，中国が法治国家へと前進したとも捉えられる。そして，中小

企業にとって，最も喜ばしいことは，中小企業の団体組織が必要且つ緊急な課題となったことであろう。従来の計画経済で弱小化された企業団体組織の再建は，中国中小企業の発展に不可欠な企業間交流をもたらし，中国中小企業のさらなる発展を推進するだろう。

第3節　中華人民共和国中小企業促進法

1.「中小企業促進法」全文

2002年6月29日，3年間に渡り，修正と審査を重ねた「中華人民共和国中小企業促進法」は，人民代表大会の審議をクリアし，中華人民共和国主席令（第六十九号）によって，公表された（中国語原文は，添付資料1を参照）。

中華人民共和国主席令（第六十九号）「中華人民共和国中小企業促進法」（日本語訳）

　「中華人民共和国中小企業促進法」は，中華人民共和国第九回全国人民代表大会常務委員会第二十八次会議で，2002年6月29日に採択された。現在公布する。2003年1月1日から実施する。

中華人民共和国主席　江沢民
2002年6月29日

　以下は，その内容である（中国語原文は添付資料1を参照）。

目次
第一章　総則
第二章　資金支援
第三章　創業支援
第四章　技術創新
第五章　市場開拓
第六章　社会支援
第七章　附則

第一章　総則
第一条：中小企業の経営環境を改善するため，中小企業の健康的な発展を促進するため，都市と農村の雇用拡大のため，国民経済と社会発展に重要な役割を演じる中小企業の力を発揮するため，この法律を制定する。

第二条：この法律で指す中小企業とは，中華人民共和国国内で，法律に基づき，設立され，社会需要を満たし，雇用機会を増やし，国家産業政策に適し，生産経営規模が中小型に属する各種所有制，各種形態の企業である。
中小企業の区分基準は，国務院で企業を担当する部門が企業の従業員人数，売上高，資産総額などを，業種の特徴に合わせ，策定し，国務院の許可を得る。
第三条：国は，中小企業に対し，次の方針を実施する。つまり，積極的に支援扶助し，指導を強化し，バックアップを改善し，法律の下で規定を定め，権益を保障する。中小企業の創立，発展に有利な環境を創り出す。
第四条：国務院は，中小企業政策を制定し，全国の中小企業の発展について統括的に計画する。
国務院で企業を担当する部門は，国家の中小企業政策と計画を実施し，全国の中小企業を対象に，総合的な協調，指導，バックアップを行う。
国務院の関係部門は，国家の中小企業政策と統括的な計画に基づき，各自の職責範囲内で，中小企業に指導を与え，バックアップを行う。
県以上の地方各人民政府及びその所轄の企業担当部門，その他の関係部門は，各自の職責範囲内で，該当する行政区域内の中小企業に指導を与え，バックアップを行う。
第五条：国務院で企業を担当する部門は，国の産業政策を基づき，中小企業の特徴と発展状況に合わせ，中小企業発展産業指導の目録の制定などの方式で，支援する重点を確定し，中小企業の発展を奨励し，指導する。
第六条：国は，中小企業及びその出資者の合法的な投資，また，その投資による合法的な収益を保護する。いかなる部門，個人は，中小企業の企業財産及びその合法的な収益を犯してはならない。
いかなる部門は，法律，法規に違反し，中小企業に対して，費用，罰金，財物を課してはならない。中小企業は，上述の規定を違反する行為に対し，拒絶，検挙，告訴する権限を有する。
第七条：行政部門は，中小企業の合法的な権益を擁護しなければならない。法律に従う中小企業の公平な競争への参与と公平交易の権利を保護しなければならない。差別してはならない。不平等な交易条件を付加してはならない。
第八条：中小企業は，国家の労働安全，職業衛生，社会保障，資源環境保護，品質，財政税収，金融などの分野の法律，法規を遵守しなければならない。法律に基づき，経営管理し，従業員の合法的な権益を犯してはならない。社会の公共利益を損なってはならない。
第九条：中小企業は，職業道徳を遵守し，誠実信用を厳守し，業務水準の向上に努

め，自己発展能力を強化しなければならない。

第二章　資金支援
第十条：中央財政予算に中小企業の科目を設け，中小企業の発展を支援する専用の資金を設置すべきである。
　　　　地方人民政府は，実際の状況に応じて，中小企業に財政的な支援を行うべきである。
第十一条：中小企業発展を支援する専用の国家資金は，中小企業のバックアップシステムの建設の促進，中小企業支援の展開，中小企業発展基金の補充，中小企業の発展を支援するその他の事項に用いられる。
第十二条：国は，中小企業発展基金を設立する。中小企業発展基金は，以下の資金から構成される。
　　　　（一）中央財政予算が設ける中小企業発展を支援する専用資金
　　　　（二）基金収益
　　　　（三）寄付
　　　　（四）その他の資金
　　　　国は，税収政策を通じて，中小企業発展基金への寄付を励ます。
第十三条：中小企業発展基金は，以下の中小企業支援事項に用いられる。
　　　　（一）創業の指導とバックアップ
　　　　（二）中小企業信用担保システムの建設への支援
　　　　（三）技術創新への支援
　　　　（四）専業化への発展及び大企業との提携の奨励
　　　　（五）中小企業バックアップ機構が展開する人材育成，コンサルタントなどへの支援
　　　　（六）中小企業の国際市場開拓への支援
　　　　（七）中小企業の清潔生産の実施への支援
　　　　（八）その他の事項
　　　　中小企業発展基金の設立及び使用管理方法は，国務院により，別途に規定する。
第十四条：中国人民銀行は，信用貸出の政策指導を強化し，中小企業の融資環境を改善すべきである。
　　　　中国人民銀行は，中小の金融機構への支援を強化し，商業銀行の信用貸出の構造調整を励まし，中小企業向けの信用貸出への支援を増強しなければならない。
第十五条：各金融機関は，中小企業に金融支援を提供し，金融サービスの改善に努

め，サービスの慣習を転換し，サービス意識と質を高めなければならない。
各商業銀行と信用社は，信用貸出管理を改善し，サービス領域を拡げ，中小企業の発展に相応しい金融商品を開発し，信用貸出の構造を調整し，中小企業に信用貸出，決算，財務コンサルティング，投資管理などのサービスを提供しなければならない。
国の政策性質を持つ金融機構は，その業務経営範囲内で，多種の形式を用い，中小企業に金融サービスを提供すべきである。

第十六条：国は，中小企業の直接融資ルートの拡大に措置を採り，中小企業の創業条件を積極的に指導し，法律，行政法規を通じて，各種方式の直接融資を許可する。

第十七条：国は，税収政策を通じて，法律に基づき設立された各類のリスク投資機構から中小企業への投資を励ます。

第十八条：国は，中小企業の信用制度の建設を推進し，信用情報と評価システムを設立し，中小企業信用情報の問い合わせ，交流と共有の社会化を実現する。

第十九条：県以上の人民政府と関係部門は，中小企業信用担保システムの設立を推進し，組織し，中小企業の信用担保を推し進め，中小企業融資の条件創出に努めるべきである。

第二十条：国は，各種担保機構が中小企業に信用担保を提供することを励ます。

第二十一条：国は，法律に基づく中小企業間の互助性の融資担保の展開を励ます。

第三章　創業支援

第二十二条：政府の関係部門は，積極的に条件を整え，必要且つ相応しい情報とコンサルティングサービスを提供し，都市と郷鎮で，中小企業の発展の需要によって，必要な場所，施設を計画し，建設し，中小企業の創業を支援すべきである。
失業人員，身体障害者が創業した中小企業に対し，所在地の人民政府は，積極的に支援し，便宜を図り，指導を強めるべきである。
政府の関係部門は，措置を採り，ルートを拡げ，中小企業での大学生，専門学校の卒業生の就職を指導すべきである。

第二十三条：国は，関連の税収政策で中小企業の創立と発展を支持し，励ます。

第二十四条：国は，以下の中小企業に対して，一定期間内，所得税の減免，免除，税収の優遇を実施する。該当する企業は，失業人員が創立した中小企業，その年度の失業人員の吸収率が国の規定比率に達した中小企業，国家の支援，奨励政策に適するハイテク中小企業，少数民族地区や貧困地区で創立した中小企業，身体障害者の雇用率が国の規定比率に達した中小企業，で

ある。
第二十五条：地方人民政府は，実際状況に基づき，創業者に，工商，財政税収，融資，労働雇用，社会保障などの面で，政策的なコンサルティング，情報サービスを提供すべきである。
第二十六条：企業登録機関は，法定の条件と法定の手順に基づき，中小企業の創立登録手続きを受理し，業務効率を高め，登録者に便宜を図るべきである。法律，行政法規定以外に，企業登録の前置条件を設けてはならない。法律，行政法規定の費用徴収項目，費用徴収基準以外のものは，徴収してはならない。
第二十七条：国は，国の外資利用政策に基づく中小企業の国外資金，先進技術，管理ノウハウの導入，中外合資経営企業と中外合作経営企業の創立を励ます。
第二十八条：国は，個人あるいは法人が法律に基づき，工業所有権あるいは非知的所有権技術などを用い，中小企業の創立に投資参与することを励ます。

第四章　技術創新
第二十九条：国は，政策を制定し，中小企業が市場需要に応え，新製品を開発し，先進的な技術，生産プロセス，設備を用い，製品の品質を向上させ，技術進歩を実現することを励ます。
中小企業の技術創新項目及び大企業製品の下請けのための技術改造項目は，マイナス金利の融資政策に優遇される。
第三十条：政府の関係部門は，計画，用地，財政などの面で政策的な支援を提供し，各種の技術サービス機構の設立，生産力促進センターと科学技術的な企業インキュベーターの建設を推進し，中小企業に技術情報，技術コンサルティング，技術譲渡サービスを提供し，中小企業の製品研究製造，技術開発にサービスを提供し，科学技術の成果転換を促進し，企業の技術や製品のグレートアップを実現させるべきである。
第三十一条：国は，中小企業と研究機構，大学などとの技術協力，開発，交流の展開を励まし，科学技術成果の産業化を促進し，科学技術型中小企業を積極的に発展させる。

第五章　市場開拓
第三十二条：国は，中小企業の発展を促進するため，大企業と中小企業間の市場配分資源を基礎とした安定の原材料供給，生産，販売，技術開発，技術改造などの面での協力関係を励まし，支持する。
第三十三条：国は，中小企業が合弁，買収などの方式を通じて，資産，資源配置の

再構築を指導し，推進し，規範する。
第三十四条：政府の買付は，中小企業の商品あるいはサービスを優先的に購入すべきである。
第三十五条：政府の関係部門及び機構は，中小企業に指導と援助を行い，中小企業製品の輸出を促進し，対外的な経済技術協力と交流を推進すべきである。
　相関政策性質を持つ国の金融機構は，輸出入貸出，輸出信用保険などの業務展開を通じて，中小企業の海外市場開拓を支持すべきである。
第三十六条：国は，政策を制定し，条件を揃う中小企業の海外投資，国際貿易の参与，国際市場の開拓を励ます。
第三十七条：国は，中小企業サービス機構が主催する中小企業製品展示，コンサルティング活動を励ます。

第六章　社会支援

第三十八条：国は，社会各方面の力が健全な中小企業サービスシステムを建設し，中小企業にサービスを提供することを励ます。
第三十九条：政府は，実際の需要に応じて，中小企業サービス機構の建設を支援し，中小企業に高品質のサービスを提供すべきである。
　中小企業サービス機構は，インターネットなどの先進的な技術手段を駆使し，徐々に健全な全社会向けオープンな情報サービスシステムを構築すべきである。
　中小企業サービス機構は，各種社会仲介機構を繋ぎ，指導し，中小企業にサービスを提供する。
第四十条：国は，各種社会仲介機構が，中小企業に創業指導，企業診断，コンサルティング，マーケティング，投資融資，貸出担保，所有権交易，技術支持，人材誘致，人員養成，対外協力，展示販売，法律相談などのサービスを提供することを励ます。
第四十一条：国は，関係機構，大学による中小企業の経営管理及び生産技術などの面での人員養成，中小企業のマーケティング，管理，技術水準の向上を励ます。
第四十二条：業界の自律性組織は，積極的に中小企業にサービスを提供すべきである。
第四十三条：中小企業の自己約束，自己サービス的な自律性組織は，中小企業の合法権益を擁護し，中小企業の意見と要求を反映し，中小企業の市場開拓と経営管理能力の向上に努めるべきである。

第七章　附則
第四十四条：省，自治区，直轄市は，各地区の中小企業の状況によって，相応の実
　　　　　　施方法を策定できる。
第四十五条：この法律は，2003年1月1日から実施する。
(終わり)

2.「中小企業促進法」の評価

　「中小企業促進法」が誕生した直後，新華社は，いち早く，同法を報道した。報道は，市場競争の促進，雇用機会の増加，人民生活上の便宜，技術進歩の推進，国民経済の発展，社会安定の保障の六つに，中国中小企業の重要性を，要約した。また，同報道は，内容について，中小企業の合法的権益の保護，金融支援，創業支援を主に紹介した。

　現代企業社会で不可欠ともいえる中小企業政策の中核となる中小企業専門の法律が，初めて中国で成立したことは，大きな意義を持っている。その意義は，中国中小企業の統一的な概念の誕生にあるのみならず，中国社会が法治社会への進化にもある。

　「中小企業促進法」の内容を見ると，まず，「総則」で中国中小企業の定義と義務を規定した。特に，「第二条：この法律で指す中小企業とは，中華人民共和国国内で，法律に基づき，設立され，社会需要を満たし，雇用機会を増やし，国家産業政策に適し，生産経営規模が中小型に属する各種所有制，各種形態の企業である。」は，初めて，中国中小企業の性質的な概念を明らかにした。「各種所有制，各種形態」という表現は，中国中小企業の従来の所有権別，地域別，業界別の複雑な企業分類を，規模別で総括した。それにより，今後中国の企業政策は，ある特殊な所有制の企業，あるいは，ある地域の特定の企業への偏りがなくなる。言い換えれば，これからの企業政策においての従来の所有制，地域，業界による不公平がなくなることで，同じ規模の企業は，平等に競争できる。このことは，中国中小企業のみならず，中国企業全体にもたらす影響がかなり大きいであろう。しかし，「総則」で，中小企業の量的規定が定め

られていないことは，その法律の推進を困難なものにするだろう。

「資金支援」では，中小企業発展資金，中小企業金融，中小企業税収政策などを論じ，中小企業の資金面の支援について，中央政府，地方政府，銀行などの金融機関の役割を規定した。特に，中小企業発展基金と中小企業融資・担保について，政府が力を入れていることが，覗われる。また，第十三条の中小企業発展基金について，「技術創新」，「専業化」を言及したことは，中国中小企業の将来像を示唆している。

「創業支援」では，中小企業の創業を奨励する方針を明白に出した。それは，改革開放後の中小企業の実績への評価であり，中小企業のこれからの中国経済における活躍への期待でもある。また，第二十四条で見られるように，『中小企業促進法』は，失業者（下岡人員を含む），身体障害者，少数民族へ配慮している。

「技術創新」では，中小企業の生産技術，製品技術への技術進歩への奨励を始め，中小企業生産性の向上を強調した。また，第三十一条で，大学，研究機構などとの交流，協力を独立した条文にしたことは，産官学連携の共存共栄の構図を鮮明化した。

「市場開拓」では，中小企業優先の買付，輸出支援などを通じて，中小企業の市場開拓に支援する政府の姿勢を表した。また，第三十六条で，中小企業の海外進出への奨励は，画期的なものである。今まで，中国中小企業は，一方的に海外からの技術導入，資金導入，設備導入を行ってきたが，海外への投資への奨励は初めてである。それは，中国中小企業の実力の向上を反映する一方，労働力市場，資本市場の国際化により，中国社会の国際社会への融合を加速させることにもなる。もちろん，それは，中国中小企業のグローバル化への道が開かれたことにもなる。

「社会支援」では，中小企業サービスシステムの構築をはじめとする中小企業への社会的バックアップを強調した。そのうち，第四十二条，第四十三条で，業界組織の責務が定められたことは，中小企業にとっての業界組織の重要性への確認とも捉えられる。

「附則」は，中国の実情に合わせ，各地域でその地域に適する中小企業に関する条例の実施を明言した。それは，今日の中国の地域格差を認識した上で，地域経済の自主性，積極性を促進するであろう。その地域の自主性と積極性は，地域経済の明白な構図，地域での大企業と中小企業とのバランス，地域のネットワークの形成などが求められるだろう。

「中小企業促進法」で定められた「資金支援」，「創業支援」，「技術創新」，「市場開拓」，「社会支援」は，まさに，今日中国中小企業が直面している問題ともいえる。これから，いかにこれらの規定をより現実化し，より徹底的に執行することかが，課題であろう。

2002年8月，中小企業司は，「2002」597号ファイルを公表し，「中小企業促進法」の徹底的な実施を呼びかけた。その内容は，①「中小企業促進法」の学習と宣伝を強化，②各地域の実情にあわせ6つの要点を実施，③全国中小企業会議（2003年予定）の開催，であった。そのうち，②の6つの要点とは，中小企業発展に関する地方の条例・政策の改善，中小企業信用担保システムの推進，中小企業信用制度の推進，中小企業への社会的バックアップの推進，中小企業の創業・創新・市場開拓，中小企業の発展に有利な経営環境作り，であった[6]。

現在，一部の専門家は，中小企業の規模別の区分基準，中小企業担保の方法，中小企業発展基金の設立・管理・使用方法について研究を進め，「中小企業促進法」をより具体的にしようとしている[7]。

第4節　中小企業関連機構の形成

1．主な中小企業関連機構

中国中小企業の発展には，中小企業政策，中小企業司のほか，中小企業関連機構も重要な役割を果たしている。中小企業関連機構は，「中小企業促進法」でいう中小企業の社会的バックアップの一環である。確かに，それらの関連機構の出現は，つい最近のことであり，まだまだ未熟な部分が多い。しかし，中

国中小企業と同様に，その将来性は，計り知れない。

　1999年6月14日，国家経済貿易委員会は，「中小企業信用担保システムの構築の実験に関する指導意見」を発表した。2000年8月24日，国務院は，「中小企業発展の奨励・支援に関する若干政策意見」を公表した[8]。この2つの意見書は，中国全土で，中小企業の関連機構の設立を振興させた。現在，中国全土で，中小企業の相互担保機構と商業担保機構は，200を超えた[9]。

　また，1980年代初頭から出現した企業コンサルタント機構も，徐々にではあるが，成長し続けてきた。1997年の統計によれば，全国の企業コンサルタント機構は，3,400であった[10]。

　そして，1990年代から誕生したインキュベーターは，すでに200を越え，全国を網羅している。うち，北京の中関村，上海の張江などは，世界中の注目を集めている。

2．上海小企業センター

　ここで，上海小企業センターを紹介しよう。中国経済の急成長の象徴ともなっている上海は，平均して一日170社の私営企業が開業され，住民の3人のうち1人が私営企業に勤めている[11]。もちろん，これらの私営企業の殆どは，中小企業である。

　これらの上海の中小企業をバックアップしているのは，上海小企業センターである[12]。1999年11月28日に成立された同センターは，上海市小企業発展促進協調オフィス，上海市小企業貿易発展サービスセンター，上海市小企業生産力促進サービスセンター，上海市小企業総合サービス事務所，訓練センターの総称である。また，同センターは，市政府の全額出資を受け，上海市の小企業にサービスを提供する非営利性の事業団体であり，上海市の小企業と政府との架け橋として，期待されている。

　うち，上海市小企業発展促進協調オフィスは，上海市の小企業発展事務を総括している行政機構である。その主な責務は，①上海市の小企業発展の長期企画の研究・小企業発展の構図と計画の制定と実施，②上海市小企業発展の政策

と支援措置の研究・制定,③上海市小企業の状況分析,④市政府からの小企業支援資金の運用,⑤区,県の小企業サービス機構への指導,⑥上海市小企業の改革への指導,⑦小企業が直面する問題点の協調,⑧調査と研究の上,上海市の小企業条例へ意見の提示,である。

上海市小企業貿易発展サービスセンターは,政策・法律解釈,経営研修,情報提供,金融支援,市場開拓,貿易相談,国内外の展示などで,全市の小企業にサービスを提供している。

上海市小企業生産力促進サービスセンターは,政策解釈,情報提供,人材紹介,金融支援,市場開拓,技術促進,人材育成,企業診断,対外交流,法律解釈などで,全市の小企業にサービスを提供している。

上海市小企業総合サービス事務所は,上海市の小企業の情報提供,信用担保,研究と交流などに総合的なサービスを提供している。

訓練センターは,会議室,電子化教室などの設備を持ち,人材育成などで,全市の小企業にサービスを提供している。

上述した中小企業関連機構のほか,上海華邦企業登録代理事務所,上海小企業職業紹介所,上海協誼企業管理コンサルタント有限公司,上海旗艦企業管理コンサルタント有限公司,上海年工業発展有限公司,上海東亜会計事務所有限公司,上海衆信資産評価有限公司,上海遠東資信評価有限公司,上海所有権競売有限公司,計9社の中小企業関係の企業は,同センターに出張所を設けている。

従って,上海小企業センターは,上海市の小企業のための総合的なバックアップ施設である。中小企業関連機構と社会的なバックアップがまだ未熟である今日,同じ施設で,小企業全般のバックアップを受けられることは,極めて効率性が高く,中小企業にとって,大変ありがたいものとなっている。

第5節　中国中小企業の定義の変遷

ここまで,中国中小企業の歴史を年代順にみた。ここで,中国中小企業の定

義を整理してみよう。前述したように統一性のある真の中小企業の概念は，「中小企業促進法」で2002年に初めて定められた。だが，中国中小企業の浅い歴史の中，4回に渡って，規模別で中小企業について規定した経緯があった[13]。それぞれは，「表7：中国中小企業の定義の変遷」で示されたように，1950年代，1962年，1978年，1988年に行われていた。計画経済の実施に当たって，大，中，小企業の区分は，そのまま行政階級を表すこともあるため，企業規模の規定は，計画経済の不可欠の部分となっている。

表7：中国中小企業の定義の変遷

年代	性質的定義	量的規定	例
1950年代初	小型企業	動力機械を持つ15人以下，動力機械を持たない30人以下	
1950年代末	（1950年の修正）	産業別で異なる基準	年生産能力3万錠以下の綿紡績企業
1962年	小型企業	500人以下 （固定資産原価）	
1978年	小型企業	年間総合生産力（従業員数，機械設備）	年生産能力3万錠以下の綿紡績企業
1983年	（1978年の追加）	固定資産原価150万元以下，かつ年間利潤20万元以下	
1988年	小型企業	産業別で異なる基準	年生産量5万錠以下の綿紡績企業
1992年	（1988年の修正）	生産能力，生産用固定資産	
1998年	中小企業	産業別で異なる基準	年間生産量8万錠以下の綿紡績企業
2002年	中華人民共和国内で，法律に基づき，設立された社会需要を満たし，雇用機会を増やし，国家産業政策に適し，生産経営規模が中小型に属する各種所有制，各種形態の企業		

※例は，比較しやすいため，綿紡績企業を採用。詳細な出所は，本文を参照。

1. 1950年代の規定

1950年代初期，中国は，動力機械を持つ従業員数が15人以下の企業，また，動力機械を持たない30人以下の企業，を小型企業と規定した。1950年代の後期において，異なる産業について異なる基準が加えられた。例えば，鉄鋼企業について，年間生産能力が5万トン以下の企業，綿紡績企業について，年間生産能力が3万錠以下の企業，を小型企業と規定した[14]。

建国からの経済再建段階の初期でのこの規定は，当時の中国中小企業の実態，むしろ，中国企業全体像を反映した。動力機械の有無という規定は，当時の遅れた中国産業実態を示している。一方，その後の付加項目は，業界別で規定を加えたもので，計画経済における政府の企業管理を体制化したとも捉えられる。

また，その時期で行われた資本主義工商改造・公私共同経営運動・社会主義改造運動が，中国企業の規模拡大についてある程度の成果を上げられたとも考えられる。動力機械の有無から，年間生産能力へのグレードアップは，中国企業全体の規模拡大，生産能力の向上を明らかにした。

そして，中国初の中小企業定義について，従業員数，機械設備，年間生産能力が使われたことに留意すべきである。

2. 1962年の規定

1962年において，3,000人以上の企業は，大型企業である。500～3,000人の企業は，中型企業である。500人以下の企業は，小型企業である[15]。

また，企業の固定資産原価も一つの区分基準として用いられた。文化大革命などの混乱の影響で，当時の資料は入手困難になっている。既存文献には従業員数に関する基準しか載せられてなかった。

しかし，固定資産原価が基準の一つとして採用されていたことが，記載された。例えば，中国初の中小企業白書として知られる『中国中小企業発展与予測』では，「我が国の企業規模の区分について，4回の規定，すなわち，①50年代の従業員数の区分基準，②1962年に固定資産原価へ改め，③1978年に総合

生産能力へ改め、④1988年に1978年規定を調整し、業界別に異なる基準の導入、があった」と、固定資産原価基準の事実上の存在を認めた[16]。

従って、この規定は、従業員数のほか、固定資産原価も基準として用いられた。

3．1978年の規定

1978年、国家計画委員会「基本建設項目の大中型企業の区分基準に関する規定」で、企業規模区分の基準を企業の年間総合生産能力に変えた[17]。

経済発展に伴う企業規模の拡大に対し、中国は、各産業別に大中企業の規模を細かく規定した。大中企業に関する規定とはいえ、その基準を満たさない企業が小型企業であると、逆に捉えられる。

当時の各産業の規定を見てみよう。年生産能力が10万トン以下の鉄鋼企業、年生産能力が3万錠以下の綿紡績企業、年産完成車が5,000台以下の自動車企業、年産セメントが320万トン以下のセメント企業、年産腕時計40万個以下の時計メーカーは、小型企業となっていた。製品生産量で判断できない企業に対しては、その他の基準を用いる。例えば、軽工業について、固定資産原価が800万元以下である企業は、小型企業である。建築、運輸、商業部門に対する規定は、以下のようになっていた。建築部門で、2,000人以下の建築施工企業、1,000人以下の機械化施工企業は、小型企業である。運輸部門で、船舶運送能力が1万トン以下の企業、また、運送車輌（自動車）が300台以下の企業は、小型企業である。商業部門で、営業面積が200平米前後、年間売上高が1,000万元以下、従業員数が十数人から数十人までの百貨商店は、小型企業である[18]。

その後、政府の一部の行政部門は、中小企業区分基準について、幾つかの規定を出した。

例えば、1983年4月29日、「国営企業所得税徴収に関する暫定規定」では、1982年年末決算の実績に基づき、固定資産原価が150万元以下、かつ年間利潤が20万元以下の工業企業（商業企業が営む工業企業を含む）、従業員数が20～30人以下、かつ年間利潤が3～5万元以下の商業小売企業は、小型企業であると

規定した。また，1984年に，国有企業の制度改革で，「改，転，租」（改革，制度転換，貸出）の実施の可能性の判断基準を，以下のように定めた。1983年に実現した利潤が大都市で，15〜20万元以下，その他の都市で，8〜10万元以下の国営小売，飲食，貯蔵運輸，商業工業は，小型企業である[19]。

1978年の規定は，中国中小企業の歴史で極めて重要である。同規定は，企業の規模の区分基準を年間総合生産能力に変えたと同時に，各産業について，従来の従業員数，機械設備，固定資産原価などの基準に従って細かく規定した。この詳細な分類規定は，その後の中小企業定義のベースとなった。

4．1988年の規定

1988年，中国は，1978年の規定に基づき，新たな「大中小型企業区分基準」を公布した。同基準によって，中国の企業は，生産規模によって，特大型，大型（大一，大二），中型（中一，中二），小型に分けられる[20]。

「表8：1988年中国『大中小型企業区分基準』抜粋」で分かるように，この規定は，1978年の規定を継承し，業界別で企業の規模を細かく規定した。また，規定する際に用いた基準は，業界別で異なっている。

表8：1988年中国「大中小型企業区分基準」抜粋

業界	特大企業	大型企業	中型企業	小型企業
鉄鋼（年生産量）	100万トン以上	60〜100万トン	10〜60万トン	10万トン以下
石炭（年掘出量）	500万トン以上	300〜500万トン	90〜300万トン	90万トン以下
発電所（発電機）	60万kW以上	30〜60万kW	5〜30万kW	5万kW
綿紡績（錠）	18万錠以上	10〜18万錠	5〜10万錠	5万錠以下
機械（固定資産）	1億元以上	5,000万元〜1億元	1,500〜5,000万元	1,500万元以下
自動車（年生産量）		5万台以上	0.5〜5万台	0.5万台以下
石油精製（加工量）		250万トン以上	50〜250万トン	50万トン以下
腕時計（年生産量）		100万個以上	40〜100万個	40万個以下

※以下の資料を参照して作成。①羅国勛編『二十一世紀：中国中小企業的発展』，社会科学文献出版社，1999年，79頁。②呂国勝編著『中小企業研究』，上海財経大学出版社，2000年，268〜269頁。なお，①のデータは1988年と明記したため，①と②のデータの相違部分は①を採用する。

鉄鋼，石炭，自動車，腕時計などの業界では，年生産量が基準として用いられた。加工量で規模を規定する石油精錬業界も，その基準に準ずる。規定によれば，年生産量が，10万トン以下の鉄鋼企業，90トン以下の石炭企業，0.5万台以下の自動車企業，40万個以下の腕時計企業は，小型企業である。

機械産業では，固定資産が基準となっていた。1,500万元の固定資産を持つ機械メーカーは，小型企業である。

綿紡績，発電などの産業で，生産設備が基準として採用された。5万錠以下の綿紡績企業，5万kW以下の発電機を持つ発電所は，小型企業と定められた。

従って，1988年の規定は，1978年の規定を踏まえ，より詳細化・明確化したものとも言えよう。

しかし，この規定には，決定的な欠点があった。2000年登場した中国初の『中小企業白書』では，「1988年の規定の問題は基準が複雑すぎた点にある」とその欠点を指摘した[21]。実際には，この基準は，単一製品の企業の規模分類について，かなり細かく生産量を決めた。「表8：1988年中国『大中小型企業区分基準』抜粋」で取り上げた産業のほか，有色金属，硫酸，セメント，ガラス，製紙，ミシンなど各分野でも決めていた。このような詳細な分類基準は，計画経済を行う政府の業界別企業管理体制において役に立ったが，政府の企業別企業管理において，問題となる。中国で，統一性のある中小企業政策がなかなか生まれてこない原因には，このあまりに細かい基準があった。

5．新たな規定へ

1992年，1988年の規定を修正し，国家経済貿易委員会が「大中小型工業企業分類基準」を公布した。この基準は，全国の工業企業の分類に用いる統一基準であり，所属部門に関わらず，この基準に従って，執行されることが明記されている。基準によると，中国の企業は生産規模で，特大型，大型（大一，大二），中型（中一，中二），小型に分けられる。また，単一製品の業界で，生産能力で分類できるものは，製品の設計生産能力あるいは査定生産能力で分類す

る。多品種の製品を持ち，製品生産能力で分類できないものは，生産用固定資産（前年度財務決算の実績に基づく）を基準とする[22]。

1992年の規定は，1988年よりも詳細な分類を定めた。特に，従来の大型企業を大一企業と大二企業，中型企業を中一企業と中二企業としたことは，分類基準をさらに複雑にした。しかし，所属部門に関わらず，全国の工業企業を統一基準によって分類することが，初めて明記された。中国中小企業歴史は，大きな転換期を迎えた。つまり，中国は，全国で統一された企業規模別の分類基準を用いられることの重要性を認識した。言い換えれば，それは，中国中小企業の重要性が認められたことであり，また，その重要な存在が存分に力を発揮できるような統一性のある中小企業政策が作られることの前兆でもある。

統一性の問題について，鎖箭は，「今まで，中国では，明確且つ統一性のある中小企業の基準はない。しかし，本質からみると，企業の規模別を対象とする政策は存在している。ただ，所有制，業界特徴，資本源，立地環境などを過剰強調したため，人為的に中小企業間の区別を拡大させた。…（略）…社会主義市場経済体制下の中小企業政策は，従来の類似政策とは異なり，統一性を重要な特徴とする。統一性がなければ，中小企業には，公平な競争の生存空間がない。不公平な競争は，資源の最適配分を難しくする。正確且つ明白な政策対象は，中小企業政策実施の第一前提であり，政策目標の実現の基本保障である。」と，その重要性を唱えた[23]。

近年，より多くの有識者は，この統一性を重要視し，中国中小企業の統的定義を提言した。早い段階で国有小企業改革を取り込み，研究を重ねた李文龍・魏国辰は，従業員数が300人以下，あるいは，資本金800万元以下の工業企業を小型工業企業とすると提言した[24]。また，中国人民大学MBAコースの教員陣が執筆した『中小企業管理実務与案例』は，「従業員数300人以下，あるいは，資本金800万元以下である工業企業，従業員数200人以下，あるいは，資本金500万元以下の非工業企業を小型企業と称する。」と提言した[25]。

もちろん，学会の声は，政府にも届いた。1998年11月，中国国家統計局企業調査総隊は，1992年の規定をもとに新たに一部の中小企業の区分基準を公表し

表9：1998年一部産業における中小企業の区分基準

産業	中型企業基準	産業	中小企業基準
鉄鋼	年60万トン以下	鉄鉱	年200万トン以下
石炭	年300万トン以下	合成繊維	年4万トン以下
合成アンモニア	年15万トン以下	肥料	年50万トン以下
化学	年90万トン以下	ボイラー	年3,000蒸トン以下
工程機械	年1.5万トン以下	自動車製造	年3万台以下
セメント	年60万トン以下	発電機	年100万kW以下
発電所	発電機30万kW以下	設備機械	固5,000万元以下
農具及び部品	固3,000万元以下	計量器具	固3,000万元以下
船舶建造・修理	固1億元以下	通信メディア	固4,000万元以下
コンピュータ	固4,000万元以下	半導体	固5,000万元以下
自動車部品	固4,000万元以下	ガラス	年130万重量箱以下
製紙	年3万トン以下	タバコ	年50万箱以下
腕時計	年150万個以下	自転車	年100台以下
ビール	年8万トン以下	冷蔵庫	年30万台以下
洗濯機	年60万台以下	綿紡績	年8万錠以下
化学製薬	固3,000万元以下	製糖	毎日処理砂糖黍4,000トン以下，或は，砂糖大根3,000トン以下
水道	日産45万m³以下	ガス	年提供20万戸以下
小売	年売上高1.2億元以下	飲食	年売上高1,000万元以下

※「部分行業中小企業划分標準」（呂国勝『中小企業研究』，上海財経大学出版社，2000年，271頁）を翻訳して作成。年は年間生産量を，固は，固定資産を表す。

た。それは，現行の基準でもある。「表9：1998年一部産業における中小企業の区分基準」は，その一部である。

また，中国初の『中小企業白書』では，中国中小企業の新たな定義について，次のように記述されている。

「現在，我が国は新たな中小企業基準を制定している。工業部門の基準について，主に資産総額と売上高の二つの要素を考慮している。具体的に言えば，

二つの要素が5,000万以下の企業を小型企業とする。特大型企業と大型企業の基準は，二つの要素が5億以上とする。その中間は，中型企業とする。新たな基準には従業員数を要素として入れていないが，ほかの国々はその要素を入れている。中小企業が雇用における積極的な影響を考えると，企業の規模を測るために，従業員数を入れることは，非常に必要である。」[26]

この記述によれば，近いうち，中国中小企業の新たな定義，すなわち，資産総額が5,000万元以下，あるいは，売上高が5,000万元以下の企業が小型企業であるとの定義が，公表されるだろう。また，従業員数が参考要素として定義に加えられることも考えられるだろう。

次第に，関係者の期待は，2002年6月に公表された中国初の「中小企業促進法」にかかった。しかし，前述したように，同法は，第二条で性質上中国中小企業を定義したものの，量的な規定をはっきりさせなかった。量的規定の見送りは残念だが，同法で初めて各種所有制，各種形態の企業を含めたことは，中国中小企業の歴史において大きな一歩を踏み出した。つまり，中国では，真の中小企業に対する統一性のある概念が誕生した。1992年の規定は，全国で統一された企業規模別の分類基準の重要性を認識したことに大きな意義を持ち，全国の統一性のある中小企業の概念の誕生を予感させた。1998年の中小企業司の誕生は，中小企業という称呼を公的舞台に登場させた。2002年の「中小企業促進法」の定義は，それを現実にした。

注：
1　http://www.setc.gov.cn/sydw/setc_sydw.htm。中華人民共和国国家経済貿易委員会ホームページを参照。
2　陳乃醒主編『中国中小企業発展与予測』，民主与建設出版社，2000年，55頁。
3　陳乃醒主編『中国中小企業発展与予測』，民主与建設出版社，2000年，2頁。後に，中小企業の数は1,000万社を突破した記事もあるが，ここでは，『中小企業白書』のデータを採用する。
4　陳乃醒主編『中国中小企業発展与予測』，民主与建設出版社，2000年，表紙。
5　陳乃醒主編『中国中小企業発展与予測—政策導向与中小企業発展（2002〜2003）』，経済管理出版社，2002年。1冊目，2冊目の『中小企業白書』は，民主与建設出版社発行。

6　http://search.cnstock.com/trsweb/Detail.wct?SelectID=6697&RecID=4。
7　http://search.cnstock.com/trsweb/Detail.wct?SelectID=6697&RecID=0。
8　陳乃醒主編『中国中小企業発展与予測―全球経済一体化与中小企業競争力―』，民主与建設出版社，2001年，330頁。
9　陳乃醒主編『中国中小企業発展与予測―全球経済一体化与中小企業競争力―』，民主与建設出版社，2001年，349頁。
10　陳乃醒主編『中国中小企業発展与予測―全球経済一体化与中小企業競争力―』，民主与建設出版社，2001年，377頁。
11　電子マガジン『中国最新情報 No.185』，『中国最新情報』編集部，2002年10月22日，http://www.jckc.com。
12　http://www.1128.org/node2/node19/index.html。成立当時，『中小企業促進法』がまだ採決されてなかったこと，中小企業の定義が未定であることなどの理由で，従来の大・中・小企業の概念を用い，「小企業」で命名した。従って，本文での「小企業」は，中小企業を指す。
13　陳乃醒主編『中国中小企業発展与予測』，民主与建設出版社，2000年，48―49頁。
14　鎖箭『中小企業発展的国際比較』，中国社会科学出版社，2001年，35頁。
15　羅国勛編『二十一世紀：中国中小企業的発展』，社会科学文献出版社，1999年，78頁。
16　陳乃醒主編『中国中小企業発展与予測』，民主与建設出版社，2000年，48頁。
17　羅国勛編前掲書，78頁。
18　鎖箭前掲書，35―36頁。
19　鎖箭前掲書，36頁。
20　羅国勛編前掲書，78―79頁。
21　陳乃醒主編『中国中小企業発展与予測』，民主与建設出版社，2000年，49頁。
22　鎖箭前掲書，36―37頁。
23　鎖箭前掲書，40頁。
24　李文龍・魏国辰主編『国有小企業改革実務』，経済管理出版社，1996年，4頁。
25　成棟・姚賢濤編著『中小企業管理実務与案例』，中信出版社，2001年，4頁。
26　陳乃醒主編『中国中小企業発展与予測』，民主与建設出版社，2000年，49頁。

第6章　中国中小企業を取り巻く環境

　中小企業が国民経済において活躍するか否かは，それを取り巻く環境に左右されることが多い。前述した中国中小企業の歴史の回顧をみても，その取り巻く環境が中国中小企業に及ぼす影響がかなり大きいことは，明白である。この章では，現在中国中小企業を取り巻く環境を見てみよう。

第1節　遅れた中小企業関連の法律と制度の整備

1．中小企業関連の法律の不備

　一国の中小企業を取り巻く環境を論じる場合，まず，問題となるのは，その国の中小企業政策であろう。前述したように，中国の「中小企業促進法」は，2002年6月に誕生したばかりであった。それは，中国初の中小企業を専門とする法律である。それ以前の企業に関する法律は，社会主義計画経済のため，政府から企業への管理を課題とするものであり，殆ど所有制別の企業立法であった。ゆえに，中国における中小企業を対象とする法律の整備は，大きく遅れている。

　また，政府の管理体制が未熟であるため，殆どの中小企業は，従来通り，各レベルの政府と各産業部門の主管部門に管理されている[1]。

　その遅れた法制度整備を象徴するものは，「乱収費（らんしゅうひ）」である。「乱収費」とは，規定以外の費用を濫（みだ）りに徴収することである。その現象は，多くの企業を苦しめている。一部の地域では，「乱収費」の費用が「税金」よりも多いケースさえある。また，その標的は，国有企業より業績が良い個人・私営企業に向いていることが多い。特に，そのうちの中小企業の被害が大きい。

ここで，甘粛省河西地区の事例を使って，「乱収費」の実態を覗いてみよう。「表10：甘粛省河西地区個人・私営企業への徴収費用」を見れば分かるように，1つの企業から，最大69項目の費用が徴収されていた。国家税務局と地方税務局の11項目以外，58項目の費用も徴収されていた。その殆どは，「乱収費」に当たるものである。

表10：甘粛省河西地区個人・私営企業への徴収費用

徴収部門	徴収項目数（個）	各項目徴収金額（元）
工商部門	7	3.5～55,000
国家税務局	5	5～300
地方税務局	6	5～350
文化部門	5	10～100
公安部門	10	4～600
衛生検疫部門	9	7～500
医薬部門	2	6～180
都市建設部門	3	10～1,000
牧畜部門	4	5～50
煙草部門	3	10～30
環境保護部門	2	30～2,000
郷鎮政府	2	20～（企業規模による）
街道（町会）	1	5～10
都市企画	1	60
市政	1	60
労働部門	3	100～
電力部門	2	（電力使用量による）
貿易市場	2	20～
監査部門	1	5,000～
合計	69	

※出所：羅国勛編『二十一世紀：中国中小企業的発展』，社会科学文献出版社，1999年，10～11頁。

税理士制度,弁護士制度が未熟な中国で,「乱収費」は,社会的普遍現象として存在した。1997年江蘇省郷鎮企業局は,同省の各市が郷鎮企業への費用徴収を調査した。その調査によれば,費用徴収項目が最も多かったのは,160項目を超えた泰州市であった。同項目が最も少なかった南京市でも25項目があった。徴収費用は,郷鎮企業の営業収入の平均2.5%～3.5%で,最も多かったのは,営業収入の5%に達していた。そのうち,一部の税収を除き,殆どは「乱収費」であった[2]。これらの「乱収費」は,中国中小企業の大きな負担となり,中小企業の発展に悪影響を及ぼしている。「乱収費」を支払うために,破産まで追い込まれた中小企業のケースもあるという。

1998年3月19日,朱鎔基前首相が総理としての初の記者会見で,今後5年最も挑戦的な課題について,自ら,この「乱収費」に触れた。彼は,政府機関が正規以外の各種費用の徴収を問題とし,規定以外の費用の濫りな徴収を許さない考えを示した[3]。

一国の政府首脳が,初の記者会見で,自ら「乱収費」を話題にし,意見を述べるのは,極めて稀であろう。それも,「乱収費」の深刻さを示している。今日,中央政府の強力な「乱収費」への摘発があって,「乱収費」は改善に向かってはいるが,根絶まで,まだまだ時間がかかりそうである。

「乱収費」という社会現象は,中国中小企業の生存環境の厳しさを物語っている一方,中国中小企業の法整備の遅れているという現実の反映でもある。この意味では,中国中小企業の健全なる発展をさせるに当たって,早急に中小企業を対象とする関連の法案を整備すべきである。

2.「政企分離」の困難

第4章で,呉敬璉の「両権分離」理論について,中国中小企業の歴史に沿って,簡単に紹介したが,企業にとっての「両権分離」は,事実上,政治と経営との分離,つまり,「政企分離」であるとも捉えられる。すなわち,いかに行政からの干渉を最小限にし,企業に独自の経営権を与えるかということである。しかし,永年計画経済で育成された企業は,行政主導の経営からなかなか

脱却することができない。

　計画経済においては，ヒト，モノ，カネ，情報などの経営資源をコントロールする企業の経営権は，企業側ではなく，行政側に握られている。一国の資源を有効に配分するには，政府の指導が不可欠である。次第に，政府指導が政府主導となり，企業は行政の末端組織となった。

　関満博は，中国企業を研究する際に，「中国における工業企業の最大の特質は単なる生産企業ということではなく，一種の生活の場，コミュニティの場，あるいは，行政の末端組織としての社会単位というべき点であろう。」と指摘した[4]。その指摘は，計画経済の下にある企業の実態を洞察したものである。

　改革開放後，中国は市場経済を取り入れ，従来の計画経済から新たな社会主義市場経済への移行を計ってきた。そこで，従来の計画経済下の企業に対する政府主導は，市場経済での企業の発展において大きな壁となり，その成長に大きなダメージを与えた。上海の幾つかの中国トップレベルの企業を調査したが，企業が成功している最大の要因は，企業が経営権をしっかり握っていることであることが分かった[5]。

　呉敬璉は，伝統的国有企業の組織が市場経済の要求に合致していないことを以下の3つの面から指摘した。「第一に，財産権の所属関係が不明確なため，名義上の所有者としての人民全体が，所有者としての職権を行使することができないと同時に，事実上の所有者（政府）とその代表（官吏）はただ企業外の政治力として企業を掌握するだけで，直接的経済責任を負わない。第二に，すべての『企業』は同一の主人に帰属し，政府の独占的占有となっているため，競争性に欠ける。第三に，管理者の行為準則は，上級が下達した計画指標をできるだけ完遂することにあり，利潤の極大化を追求するものではない。」ということである。その上，彼は，所有権と経営権の分離といういわゆる「両権分離」を伝統的な政治経済学で分析し，それが所有権と占有，使用，支配権との分離であると主張した。さらに，これからの中国企業が独立自主の市場主体になるために，三つの性質，つまり，「①企業の財政権の区分は明確でなければならない。②生産品目や製品組み合わせの決定権，価格決定権，自由参入と撤

退の権利を含めて，充分な自主権をもたなければならず，また法律の規定によらないなんびとの干渉をも拒否する権利を持たねばならない。③経営単位の個人財産，法人財産によって，企業債務に対して完全な責任，あるいは有限責任を負わねばならない。」ということを備えなければならないと，所有権と経営権の分離に方向をつけ，国有企業から「法人化による株式会社」への転換を提言した[6]。

　国有企業から「法人化による株式会社」への転換理論は，所有権と経営権の分離を基点とし，政府が従来の企業経営側の立場から株主の立場への変身を実現させ，国家株が50％以上に占める企業は公有制であるとする公有制概念の拡大にも繋がり，次第に中国国有企業改革の基本理論となった。その理論の下で，一部の実験企業は，いち早く株式会社化され，急成長を成し遂げた。実験の成功は，理論の最も有力な証明であるから，国有企業から「法人化による株式会社」への転換理論も，さらに成熟し，今日は，中国における最適な「現代企業制度」として捉えられている[7]。また，実験の成果が認められ，国有企業の株式会社化が，ついに全国的に展開されるようになった。

　国有中小企業においても，「法人化による株式会社」への転換が広範囲で展開されている。このような流れに沿って，国有企業の所有権と経営権の分離も徐々に行われている。しかし，そのスピードはかなり遅い。1997年まで，75％の国有企業が，独自の投資権を持っていない。また，95.5％の国有企業のトップ経営陣人事決定は，政府によるものであった[8]。国有中小企業の改革は，そのゆっくりとした両権分離のため遅れている。そこで，郷鎮企業の成長で見られた民営化の道が開かれた。ほとんどの地方政府管轄下の国有中小企業は，国家の持株が50％以上の枠組みを越え，個人の請負，国有中小企業の貸し出し，国有企業の民間への売却まで，進行し始めた。さらに，1997年3月の全国人民代表大会における李鵬元首相の「政府工作報告」で，国有小企業を対象とする政策として自由にさせて活性化すべきであるとの報告は，このような民営化に拍車をかけることとなった。今日，請負，貸し出し，民間売却は，株式化とともに，国有中小企業の改革の主要方式ともなっている[9]。

さらに，請負と貸し出しの欠点，すなわち，企業の長期的な発展よりも請負個人，あるいは借り手側の短期的な利潤追求の優先化が，徐々に露呈したことから，中国の一部の学者は，民営化による国有中小企業の徹底的な両権分離を図るべきであると主張した[10]。つまり，全ての国有中小企業を民営化にすれば，従来の所有権と経営権による責任不明などの企業活動上の不都合が解消され，中小企業は市場経済の中で本来の企業機能を取り戻し，成長してゆくというのである。言い換えれば，企業の所有権さえ明確にすれば，企業の経営もうまくいくという。

ここで，再び「政企分離」を提起するのには，2つの理由がある。1つ目は，中国中小企業のうち，国有中小企業，もしくは，国有に近い中小企業の存在である。1995年の調査によれば，同年の国有企業総産出の73%を占める国有中小企業は赤字であった[11]。

2つ目は，一部の政府部門は，国有以外の所有制度の中小企業に，依然として，従来の管理体制で指導しているのである。特に，従来の国有企業からの請負によって新たに誕生した企業の多くは，依然，各地方政府に支配されているのが，現状である。さらに，従来の制度と無縁とされる個人・私営企業まで，被害を受けている。

ここで，行政の誤った指導が，私営企業の巨人グループの破産をもたらしたケースを紹介しよう[12]。1989年，巨人グループの創業者の史玉柱は，4,000元の資金を用い，M—6401（コンピュータソフト）を大ヒットさせ，同グループを創業した。僅か1年間で，彼は，長者番付入りを果たし，中国の企業家のカリスマ的な存在となった。1993年，コンピュータ業界の過当競争を避けるため，彼は，不動産とバイオテクノロジーへの事業の多角化を図った。その事業展開のメインとなったのは，巨人ビルの建設であった。当初，史玉柱は，18階建てのビルを建てる予定であった。しかし，各レベルの地方政府は，無理やりその計画に干渉し，ビルの予定階数は，18から38へ，38から54へ，さらに64へ，最終的には，70へと指定された。企業の実情を無視した行政の干渉は，同グループを創業以来最大のピンチに陥し入れた。1994年2月から始まったビル

工事も，1996年7月で，中断せざるを得なかった。巨人グループの破産は，余儀なくされた。残されたのは，建設途中のビルと史玉柱の創業神話だけであった。

　もちろん，巨人グループの破産の原因は，ほかにもある。例えば，IT産業の過酷な競争への対応，多角化事業の選定，財務状況を無視した行政への妥協などが挙げられる。しかし，18階建てから70階建てへの変更という行政の干渉が，破産の最大の要因であることは明白である。

　行政主導の企業の経営権問題を深刻化しつつある要因は，極めて複雑である。まず，政治的な要因が挙げられる。あらゆる面で政治に左右されている中国においては，政治的に正しい方向を歩むことは何よりである。しかし，政治大国と呼ばれる中国は，意外に，政治的意思決定と行政指導が不足している。韓国をはじめ，シンガポール，マレーシアなどの経済発展で成功した東アジア諸国の基本特徴の1つは，政治が経済の先導役をするという点にあった。

　それに対して，中国の政治的意思決定は，過酷な政治的派閥の抗争に妥協し，短命に終わる緊急避難的な政策はあるが，長期的な規制効果を持つような健全な政策は乏しい[13]。このことは，企業に対しても，同じ傾向を示している。市場経済では，国有企業の経営権と所有権の分離は，経営権の行政からの独立を前提とするものである。従って，その場合，経営権を持つ企業と所有権を持つ政府との対立がもたらされる可能性がある。対立が起ったら，直接，「社会主義か資本主義か」，「公有制か私有制か」という問題に繋がることになる。それは，保守勢力に社会主義を裏切るものとして捉えられる恐れがあるから，政治的に明確な指示がない限り，行動よりも様子見という態度が主流をなした。こうした態度は，経済政策にも影響し，国有中小企業に対する経営権の改革政策においても，指導力が極めて乏しいという問題を残した。また，従来の企業に対する中央政府からの縦軸一本やりの管理体制は，経営能力よりも政治的指導を重視する傾向があるため，現場はともかく，企業の指導役である政府機関でさえも，国有中小企業の経営権について，曖昧な対応しかできない。他方，外資や個人経営をはじめとする非国有企業は，経営権に関して，より多

くの自主権を与えられている。その点で、これらの非国有企業の躍進の裏に，国有企業の躊躇がある。いつか突然に経営権を否定される可能性があるから，その政治的なリスクを回避するためにも，慎重論は全ての国有企業を支配してきた。

次に挙げられるのは，長年，中央政府は中小企業問題を軽視していることである。建国後，中国は覇権大国の米ソに対抗するため，中央政府が一方的な経済政策を策定し，フルセット型の基幹国有大企業を中心に発展してきた。そして，それらの大企業を通じて，中小企業をコントロールする形を採ってきた。すなわち，全ての企業は，行政の延長線上にあり，行政の末端となっている。中小企業に相応しい管理指導体制が整備されていないのである。現状では，問題が出てきたら場当たり的に対策を検討するか，あるいは，大企業への対応策で強引に処理するケースが殆どである。このような経緯に見られるように，「大きいことは良いこと」という伝統的な観念に支えられ，中小企業問題は軽視されてきた。さらに，国有中小企業であるがゆえに，経営資源の調達においては，政府に依存しているが，大企業並みの援助が受けられない。とくに改革開放後，政府の力にも限度があるので，全ての国有企業を救済することができないので，大企業優先になってしまっている。国有中小企業は，戸惑いながら，市場経済に直面しなければならない苦境に陥っている。

その他，企業の経営権の問題が深刻化しつつある要因は，地方政府，学界にもその原因はある。本来，中小企業支援の最先端に立つべく地方政府は，政治的な業績，地方政府のメンツ，役人及びその関係者（親族関係）の天下りなどを優先し，中小企業を育成・発展させるよりも，地方の業績のために，中小企業を飾りにすることが多い。地域の実情を無視し，中央政府の政策に盲目的に追随する事例は，数え切れないほどある。中央政府による鉄鋼産業を強化する政策に追随して，地方政府は豊かな農地を製鉄所に変身させる。また，中央政府が郷鎮企業を普及する政策をとると，地方政府は郷鎮企業を乱立させる。地域の経営資源を無視する教訓は，50年代の「五小企業」から，今日の郷鎮企業の過剰生産体制へと連綿と続き，改められていない。また，政治優先の学界

は，政府の政策の要求に応じて大企業ばかりを研究してきた。現状では，中小企業についての研究は軽視され，研究の蓄積も殆どないので，学界は中小企業の発展に何ら助言できないという状態になっている。

「乱収費」が，法律の面での欠如を露呈したのであれば，「政企分離」の困難は，行政の管理体制に問題があることを明らかにした。中国中小企業の健全な発展のためにも，中小企業関連の法律，及びそれに関連する制度の整備は不可欠であろう。

第2節　厳しい経済環境

1．厳しい金融事情

　中国中小企業の金融事情も相当厳しいものである。1998年専修大学商学研究所中国企業視察団が，上海無線電六工場を視察した際，工場長に「工場が今一番ほしいのは何か」と尋ねた。質問に対して，工場長は，「今一番ほしいのは資金だ」と答えた。国内でトップレベルの半導体中堅企業さえも，資金不足に悩んでいることは，国有中小企業においては，なおさらその資金難が想像できるであろう[14]。

　企業にとって，市場競争に打ち勝つためには，人材確保，社内教育，設備更新，技術開発など様々な面で資金が必要となる。もともと赤字経営を続けてきた国有中小企業には，これらの最小限必要な資金さえ不足し，資金の余裕などは無かった。従来，国有中小企業の資金調達は，政府主導の下で，国有銀行を通じて行われていた。改革開放後，政府は国有大企業を救済するために，殆どの財政支援を大企業に注入するため，国有中小企業は，自力で資金を調達するしかない。

　また，1993年からの金融改革により，国有商業銀行は，国有企業より非国有形式の企業を重視する傾向を見せはじめた。1999年3月，私は中国最大の商業銀行である交通銀行のある支店を訪ねた。そこの支店長は，「最近，国有企業よりも，外資企業や個人企業への融資を増やしている。国有企業に対しては，

ハイテク産業や，環境保護産業を除き，融資条件を厳しくしている。これから，銀行もしっかり金を稼がないと，……」と所有権別の企業融資戦略を説明していた[15]。ハイテク産業は国の科学振興政策の一環であり，環境保護産業は地球環境問題対策の世界的風潮にともなうものである。それら以外の融資は，銀行が自己判断で業務を進めている。もちろん，負債比率の高い国有企業は，国から特別の指示がない限り，敬遠されている。

さらに，民間金融機関の不在，三角債[16]の未解決等の問題は，国有中小企業の資金不足に拍車をかけている。一般的に，創業期・成長期に金融機関のバックアップなしでは成り立たない中小企業にとって，金融支援の強化は，死活問題である。国有中小企業の生死にかかわる金融支援の問題は，深刻である。

一方，三資企業を除き，国有企業以外の他の所有制中小企業も，同じ深刻な金融事情に直面している。中国工業総産出の半分を作り出している郷鎮企業の信用貸出は，全国の信用貸出の10％以下である[17]。

中国で，個人・私営中小企業が最も発達している温州市で，銀行からの融資についてのアンケート調査が実施されたことがある。その調査によると，同市の65％の中小企業は「難しい」もしくは「非常に難しい」と，15％の中小企業は「不可能」と，残りの20％の中小企業は「ケースバイケース」と回答した。また，湖南省の中小企業（200社）へのアンケート調査では，71％の中小企業は，資金難を最大の問題としていた[18]。

2002年公表された「中小企業促進法」の内容を見ても，中小企業金融についての項目は，かなり多く記載されたことが分かる。第二章の計十二ヵ条は，中小企業の金融支援を規定したものである。また，同法では，第三章創業支援の第二十五条，第四章技術創新の第二十九条，第六章社会支援の第四十条にも，中小企業金融について触れている。

以上のように，中国中小企業の金融事情は，極めて深刻である。今日，中国は，中小企業の直接金融（資本市場の建設），中小企業金融支援システムの実施が積極的に議論されている。そのさらなる推進への期待が大きい。

2．重過ぎる財政負担と社会負担

　ここで，また，国有中小企業の問題に戻るが，国有中小企業は，資金不足に苦しみながらも，過重負担を荷わなければならない。これは，単に負債の問題とは限らない。国有中小企業は，負債比率70％を背負って苦しみながら生産活動を展開しているから，度々「わが社は銀行に借金を払うために働いている」と述べている。

　しかし，もっと重い負担がある。それは，政府の財政負担と社会負担である。従来の計画経済で，国有中小企業は，経営資源が国から配分され，企業税も決められている。国家財政の大黒柱としての国有企業は，外資系企業や個人企業のように，減税あるいは免税の政策の恩恵は受けられず，重い企業税を払わなければならない。また，国や各地方自治体の様々な募金や基金に応じるよう義務づけられている国有中小企業は，国家教育資金や，資源補填資金から，一人子政策基金や，定年職員基金や，労働企画基金等までの非税収形式の財政負担で痛めつけられている[19]。さらに，社会安定のために雇用創出が任務付けられている国有中小企業は，企業活動が必要としない大量の余剰労働力を保持しなければならない。国有中小企業は，それらの余剰労働力を吸収する以上，雇用した従業員の社会保障，医療，住宅，子供教育まで費用負担せざるを得ない。ヴォルフガング・パーペは，「国有企業が負担しなければならない厚生費用の急速な拡大は，明らかに，国有工業部門における生産費用の急増と，またそれによって生じる営業損失の主要因となっている。」と指摘している[20]。特に，上海や東北地方のような中国の伝統的な工業中心地や建国直後に創立された企業では，現在すでに，厚生費用が賃金費用の80％以上にまで達している。対照的に，非国有企業は厚生費用の負担はかなり軽い。この大きな違いは，個々の企業の競争力格差を拡大させている。債務負担，財政負担，社会負担という3重負担の下にある国有中小企業は，企業運営よりも，これらをどう負担するかに忙殺させられている。

　他方，非国有中小企業の負担も決して軽くない。最も税金などで優遇されている三資企業さえも，それらの負担に頭を悩まされることがある。その代表的

なものは，強制的な社会余剰労働力の雇用である。賃金が安いからと言って，ついに予定定員を何十人もオーバーした三資企業は少なくない。中には，200人規模の会社で，30人もの警備員を雇った企業もあるという。

3．人情社会の落とし穴

周知のように，儒教思想が根強い中国社会は，人脈社会である。厚い人情に恵まれることは，大変嬉しいことだが，時には，その厚い人情は，意外なところで落とし穴を作っている。

その代表的なものは，「裙帯関係(ぐんたい)」である。「裙帯関係」とは，親戚，友人などの人脈の中で，一人が出世すると，周りの人間もそのおかげでよいチャンスがめぐって来るということである。分かりやすくいえば，その出世した人間の権力などによって，周りの人間は利益を得ることである。

2002年9月，ノーリツ鋼機株式会社の上海現地法人—諾日士（上海）電子設備製造有限公司を訪ねた際に，大西正一総経理は，中国の「裙帯関係」についての心得を語ってくださった。同社所在地のある地方政府の幹部は，自分の運転手の親戚を同社へ入社させることを言ってきたという。「幹部の親戚ならともかく，運転手の親戚まで面倒を見切れないよ」と，彼は，溜息を漏らした[21]。

また，国有企業，あるいは政府系の色がある集体企業において，「裙帯関係」は，さらにグレードアップしている。従来の計画経済の人事制度が改善されないまま，行政主導の企業活動は，政治人脈に基づく企業活動といっても過言ではない。それゆえ，企業と企業との交流は政治人脈作りに止まり，企業活動に必須の技術交流などを中心とする真の企業間ネットワークは，なかなか形成されにくかった。

4．社会的支援の欠如

計画経済での中小企業への軽視は，社会全体にも浸透していた。それゆえ，地域住民からの国有中小企業への支援も欠けている。ここでいう地域住民とは，人間をはじめ，その地域に在住する企業，機関，学校など経済活動に関わ

るものすべてを指す。

　まず，従来の業界別の企業への管理システムで，同じ地域に立地しながらも産業ごとに行動する企業は，企業間関係，特に，業界を越えるネットワークの構築が遅れている。言い換えれば，異業種交流は極めて少ない。

　また，中小企業は，学界とのつながりが少なく，学界からの助言を得ることもほぼ不可能である。計画経済下の中国においては，産学共同体制は作られていなかった。あったとしても，大企業を中心とする政府指名のプロジェクトに限られていた。学界の最新の研究成果は，中小企業に移転できなかった。しかも，学界では中小企業に関する研究が進んでおらず，中小企業の現状打破の理論上の指摘が極めて乏しい。確かに，近年，ハイテクベンチャー企業を輩出した中関村のような産学共同創業は，脚光を浴びたが，それもつい最近のことであった。また，その殆どは，大学などの研究機構の技術者自らの創業である。中小企業の要請を受けてからの協力がさほど多くないのが，現状である。

　そして，計画経済で形成された大企業と中小企業の格差は，「大きいことは良いこと」という考え方を生み出した。1980年代まで，交際の相手が国営企業の従業員か集体企業の従業員かで選択する風潮もあった（当時，集体企業は殆ど中小企業であった。）。国営企業の福利厚生は，集体企業よりかなり良かったためであった。今日でも，その考え方は根強い。社会保障制度が未完成の今日，大企業の福利厚生は，中小企業にとって幻の存在である。大企業に就職すれば，自分のみならず，家族の医療費用などまで，企業がその一部を負担してくれる。上海などの大都市で，現在医療制度の改革が実施されているのにもかかわらず，せめて，夫婦の一人は大企業へ就職すべきだという考え方は，普遍的である[22]。「大きいことは良いこと」の考え方は，中小企業に就職したくないという就労態度を生み出した。

　他にも，各種機関の経営資源などを含む情報公開の不充分，拝金主義による社会的な「奉公精神」の喪失などの問題は，中小企業に大きな影響を与えている。

第3節 『人民日報』から見る中国中小企業の方向性

　前述したように，中国の中小企業の発展には，それを取り巻く環境の整備が不可欠である。が，中国には，中国の特殊な事情があり，単純に先進国の真似をすることができない。その環境作りは，政府の使命であるゆえに，企業がいかにその環境に適合できるように工夫することが最も重要である。従って，政府の示した方向を正確に把握することが，絶対的な前提条件であり，企業発展の基本でもある。

　この節では，近年『人民日報・海外版』で載せられた主な中国中小企業に関する記事を分析し，中国政府が中小企業に示した方向性を探ってみよう（記事の中国語原文は添付資料2を参照）。記事を評論する前に，『人民日報』の位置づけを説明する必要がある。中国政府機関新聞紙という特別な身分で，載せられた記事は，政府の声として捉えられる。また，その記事の書き方も，ある程度政府辞令のようなものが多い。が，他の中国の新聞紙より信憑性が高いことは，疑い余地がない。以下は，記事の日本語訳である。

1．記事一（1999年4月19日）

「国が財政・税制・金融手段を用い，国内中小企業の扶助・支援を加速させる」

　中国国家経済貿易委員会は，昨年中小企業司（局）を設立した後，経営管理，資金調達，技術開発などの面から，中小企業発展のための援助政策への研究，分析，策定を急いでいる。特に，財政，税制政策の運用による扶助・支援と，金融政策のバックアップに力を入れている。

　最近，国家経済貿易委員会総合司馬建堂司長は，中国の中小企業の発展が，融資困難・人材不足・コンサルタント後進など多くの問題に直面していることから，いかに中小企業の発展を加速させ，大型国有企業が苦境から脱出できるようなゆとりのある経済環境を作り出すことが，至急解決しなければならない

課題であると，指摘した。

　現在，中国の中小企業の数は1,000万社を超え，企業総数の約99％を占めている。また，中小企業は，全国の工業総生産の60％，利益税収の40％，都市と町の雇用の75％を創り出している。毎年の輸出総額のうち，約6割は，中小企業に創出されている。

　中小企業は，中国経済の成長に巨大な原動力を提供したものの，普遍的に，「高，弱，難，重，悪，乏」などの問題を抱えている。具体的にいうと，「高」とは，負債が高いことである。かなりの中小企業は，資産より負債のほうが多いという窮地に立たされている。「弱」とは，資金調達のコストが高いのに，返済能力が低いことである。「難」とは，融資も，担保を探すのも難しいということである。「重」とは，企業の負担が重いということである。多くの企業は，失業，養老，医療保険にさえ加入できないので，従業員の基本生活保障が低い。また，各行政部門の乱立した費用徴収，費用の割り当てなどは，企業の負担を加重する一方である。「悪」とは，企業の経済効果と利益が悪いことである。「乏」とは，経営管理・技術人材が乏しいことである。企業は，正常のルートから必要とする人材を獲得しにくく，人材の誘致に有効な体制が欠けている。

　中小企業の発展を促進するため，中国の関係部門は，一連の推進措置を実施している。

　中小企業の政策的債務負担の解決から着手し，政策の調整に通じて，中小企業の債務問題を多様なルートから解決する。

　財政・税制政策による中小企業への扶助・支援を発揮し，中小企業の信用担保システムの設立を支持し，中小企業の融資環境を改善する。徐々に，条件が揃った都市で中小企業信用担保を試し，地方財政，中小企業の出資と社会寄付などのルートから資金作りをし，中小企業融資の比率担保と中小企業融資連合担保などの方法を実行する。中央政府は，中央財政歳出から，中小企業信用担保保険金を作る。実験を通じて，融資リスクの制御・分散方法及び措置を研究し，探索した上で，中小企業融資担保への指導意見を策定する。

金融政策のバックアップを高める。各商業銀行は，中小企業融資部門を作り，中小企業への融資比率を高める必要がある。都市の合作銀行，都市と農村の信用社（信用金庫）は，主な貸出資金を中小企業の発展に向ける必要がある。中小企業向けの融資を行う商業銀行は，不良債券準備金の比率を適宜に高め，規定に従って使用できる。これから，金融システム改革にあわせ，中小企業の発展に応じて，銀行は，中小企業のための決算，為替，振替，財務コンサルタント，投資管理などの全方位の金融サービスを提供する。

国家経済貿易委員会の関係者は，中国にとって，中小企業，とりわけ，非公有制の中小企業の発展を必要としていると唱えた。既存の中小企業を「小」から「大」へ，「弱」から「強」へ発展させ，絶えぬ新たな中小企業の創出を促進する一方，維持できない企業を整理させる。

2．記事二（1999年4月24日）

「新興市場と中小企業融資を課題に，本新聞社は専門研究討論会を主催」

1999年4月23日に，北京のアジア大酒店で，人民日報海外版中国上場公司研究センターは，第1回「新興市場と中小企業融資高級研究討論会」を主催した。

国家科学技術部，北京大学，北京科学技術リスク投資股分有限公司，国富通公司，香港連合交易所，米NASDAQ，香港巨亜発展公司などの国内外金融界，証券界，企業界からの200人を越す代表が，研究討論会に出席した。出席した専門家は，大陸の中小企業が香港の新興市場で上場するという問題について，その関連政策，管理制度，上場条件，手続き，米国のNASDAQおよび他諸国の新興市場の上場手順，YAHOOがNASDAQに上場した事例研究，中小企業の海外融資ルート，投資方式，投資条件などを含め，広範囲に渉って研究討論した。

専門家は，中小企業が国民経済の高度成長で重要な役割を果たし，技術革新，労働力吸収，景気回復の促進などの面で，大企業に比較できないほどの優勢を持つと指摘した。しかし，融資ルートの不備は，中小企業の発展の最大の

障害となる。融資能力の不足は，企業に多くの好機を失わせた。資金不足は，企業発展を抑制する主な要因である。1998年12月1日，香港連合交易所理事会が，新興市場の上場要求を認め，今年の第4期から正式に運営することになった。これは，資金不足で加速発展を持続できない国内の中小企業に，新たな直接融資ルートを作り出した。香港の新興市場の開設は，我が国の中小企業の発展にチャンスを与える。

専門家は，香港新興市場に上場を希望する中小企業に対する営利水準，業務記録，最低額面などの面での規制は，一部市場よりも緩く，上場の手続きも簡単だと指摘した。だから，それは，中国の中小企業の直接融資の重要なルートになりうる。

3．記事三（2000年11月4日）
「国有中小企業は専業化で勝ち取る」

中国共産党中央政府は，「国民経済と社会発展の第10の5ヵ年計画の策定に関する意見」で，中小企業，とりわけ，科学技術型企業を積極的に扶助，支援し，中小企業を「専，精，特，新」の方向に発展させるように促進すると指摘した。国家のマクロ政策調整の下で，市場メカニズムを十分に発揮させ，徐々に，大企業を主導に，中小企業の協調発展の局面を形成させよう。五中全会の意見は，中小企業の加速発展に方向を示したが，どのようにすれば，中小企業が健康に発展できるのか。

中小企業の体制改革を加速させなければならない。改革を通じて，政治と企業との分離を実行し，体制を切り替え，市場経済へ移る。中小企業は，企業の歴史と現状に応じて，適合する資産組織形式と経営方式を選択する。組織の改編，合併，貸出，請負経営，株式，株式合作，売り出しなどの多様な形式を通じて，主に2つの問題を解決する。1つ目は，企業の所有者に責任を持たせ，真に企業の存亡に関心を持つ人間を確立させることである。言い換えれば，企業が儲かる時に関心を持ち，損する時に焦り，破たんする時に心配する人がいなければならない。なぜならば，所有者の経済効率と利益への追求は，企業の

原動力となり，所有者のリスク回避への慎重さは企業への制約となる。2つ目は，中小企業の内部で，従業員の経営参与，監督を強化し，企業の主体である従業員の力を発揮させることである。企業経営の公開を実施し，従業員代表大会制度を充分に利用し，企業経営に対して，ヒト，カネ，モノから，幹部ひとり一人の廉潔状況まで，全面的に監督する。経営者に対する民主的な評価制度の展開を堅く支持し，上級組織評価，企業機関幹部評価および従業員民衆評価を結合した評価方法を用い，企業およびその経営者に，客観，公正且つ真の評価を与える。マスコミの媒体機能を充分に発揮し，興論監督を実施し，企業経営の不祥事を即時に摘発し，批判する。

中小企業の科学技術革新体制を作り上げよう。持続的に革新することは，中小企業成功の鍵である。政府は，各種のルートを通じて，中小企業創立・応用・研究基金と科学技術地区を励まし，科学技術援助を提供し，中小企業と科学技術開発部門との協力を促し，中小企業の技術創造革新能力を高め，特に，中小企業内部の革新と品質管理の能力を培うことに注力する。1つは，製品の創造革新である。つまり，技術変化の下で，製品を商品化する。全く新しい技術による新製品の商品化でも，技術発明による既存製品の改良でも，それに当たる。2つは，工程創造革新であり，プロセス創造革新とも呼ばれる。それは，新しい工程，新しい設備，新しい経営管理と組織方法の創造革新を含む。3つは，技術の拡散である。技術拡散がなければ，創造革新の技術は最大限に経済利益を創出することは不可能である。中小企業は科学技術への投入を増やし，絶えず科学技術開発能力とマーケティング能力を強化し，企業の技術優位と市場の迅速発展を保証しなければならない。

中小企業の専業化経営を強化せよ。中小企業は実力が弱いため，大企業のように多角化経営により経営リスクを分散させることができない。しかし，中小企業は，自身の優勢を集中し，有効に企業の長所を発揮できる市場メカニズムで専業化経営を選択できる。中小企業は，その力を集中し，国際市場に進出し，有限の資源を目標市場に集中し，重点的に投資し，専業で特色のある製品を発展させ，企業の知名度とシェアを高め，企業の発展をもたらすことができ

る。中小企業がこのような戦略を採るのは，1つ，生産規模の拡大によって，専業化と製品品質を高め，規模の経済性を発揮し，市場で一席を獲ることができる。2つ，需要の多様化と専業化の特化に伴い，大企業もこれらの中小企業から部品を調達することを望むようになる。中小企業は，「小」だから生き生き，「専」だから勝ち取るような良性な発展に導かれる。もちろん，この種の戦略も中小企業に大きな経営リスクをもたらす。この種の企業は，ある種の製品，あるいは技術に頼りすぎる傾向がある。一旦，市場が変化し，消費者ニーズが移し，もしくは，有力の競争相手が現れると，その企業は存続の危機にさらされることもある。だから，中小企業は，長所を生かし，短所を避け，新製品の改良と模倣を重ね，大企業との合同生産を試み，所持製品を発展の潮流にあわせ，長期的の企業競争力の補強に努めなければならない。

4．記事四（2000年11月13日）
「大，中，小企業の基準を改定すべき」

　国家経済貿易委員会中小企業司によると，我が国の現行の大型，中型，小型の企業分類基準は改定されるそうである。新たな基準は，国際基準に合わせ，政策の実施にも便利性を果たす。

　報道によると，1988年，国家経済貿易委員会を筆頭に，6部門の委員会が連合し，現行の企業分類基準を策定した。それは，計画経済体制の下で，生産能力，固定資産原価などによって企業を分類したものであり，指標が雑で，低い。

　新たな分類基準は，国際慣行に従い，企業の資産総額，売上高，従業員数などの指標に基づき，企業を分類する。我が国以前の分類基準で，資産総額と売上高が比較的に低いが，新基準は，高くなるだろう。国家経済貿易委員会が新たに策定した基準は，以下のものになりそうである。5,000万元を境に，資産総額と売上高が共に5,000万元以下である企業は，小企業に属し，資産総額と売上高が共に5,000万元～5億元である企業は，中型企業に属し，資産総額と売上高が共に5億元～50億元である企業は，大型企業に属し，資産総額と売上

高が共に50億元以上である企業は,特大型企業に属する。ほか,業界によって,規模別での分類には,差が出ることもある。例えば,紡績,化学工業,軽工業企業は,鉄鋼企業と大きく異なる。新たな分類基準は,業界によって,区分する。

5．記事五（2001年8月13日）

「中小企業が信用システムの成立を急ぐ」

今日,国家経済貿易委員会主任,全国中小企業発展促進工作リーダーチームの李栄融チーム長は,中国が中小企業信用システムの成立を今年の企業工作の重点にすると語った。

中小企業信用システムの成立を推進する措置の一環として,李栄融は,前日の記者会見で中国中小企業情報ネット（WWW.CHINASMB.GOV.CN）の開通を宣言し,同サイドを通じて,初めて「契約を重視,信用を厳守」する100社の企業リストを公表した。

と同時に,同サイドでは,調査で製品品質不合格の中小企業20社のリスト,倒産させるべき「五小企業」（小石油精錬所,小セメント工場,小ガラス工場,小火力発電所,小鉄鋼工場）の4,964社のリスト,及び中小企業信用担保機構104社のリストも公表された。

李栄融は,信用は市場経済の重要な基礎であると強調した。中小企業信用システムの成立を加速させるには,優秀且つ強い中小企業の発展を扶助・支援することが,重大な意義を持つ。4つのリストの公表の目的は,中小企業の信用意識を高め,信用を厳守するものを励まし,信用を失うものを懲罰することにある。と同時に,顧客の検索に便宜を与える。

中小企業信用システムの成立を推進するため,国家経済貿易委員会などの10部門の委員会が今年4月に連合で発表した「中小企業信用管理工作増強に関する若干意見」は,中国中小企業信用システム建設のスタートを切ったと,彼は言う。今,具体的な実施意見は,研究起草中である。

紹介によると,2000年6月末まで,全国30ヵ省（直轄市,自治区）が設立し

た中小企業向けの各種信用担保機構は，260社を超え，計76億元の担保資金を集め，400〜500億元の中小企業融資を担保できると予測されている。

6．記事六（2001年9月4日）
「中小企業は経済に巨大な活力を注ぐ」

最近，中小企業を主管する中国政府幹部は，中国は，中小企業が中国経済発展の重要な原動力になるように多方面の措置を採り，中小企業の発展を扶助し，励ましていると語った。

国家経済貿易委員会中小企業司狄娜副司長は，世界経済成長の減速を背景に，中国政府は，引き続き経済政策を調整し，中小企業の活力を充分に発揮させることを内需拡大と経済成長維持の重要な手段の一つとしていると，記者に発言した。

中国の改革開放の20数年間，中小企業の発展は著しい。統計によると，今日，中国の中小企業の数は，800万を超え，全国の企業総数の99%を占めている。過去10年間，76%以上の工業新産出，75%の都市と町の雇用を創り出したのは，中小企業であった。

著名な経済学者の呉敬璉は，非公有制経済を主とする中小企業が中国経済成長で果たした役割は極めて重要であったと指摘した。

現在，世界経済成長の減速による中国の輸出への影響が出始め，国有企業の改革の浸透に伴い，中小企業が国有企業のレイオフ従業員の吸収，内需の拡大，及び科学技術の創造革新などの面での能力と効果は，ますます顕著になりつつある。

中国政府による中小企業への重要視，扶助も前例のないレベルに達している。最初の「抓大放小」（大企業を重要視し，小企業を放置する）から，「放小扶小相結合」（小企業の放置と扶助を結合させる），「堅持発展大企業集団与扶持中小企業並挙」（大企業集団の発展を堅持しながら，中小企業を扶助，支援する）までの政策転換は，中国政府による中小企業発展への扶助，支援政策が補強されつつあることを表している。

国務院は，1998年7月に，中小企業事務の専門の管理機構，すなわち，国家経済貿易委員会中小企業司を設立し，2000年8月に，建国50年以来初の中小企業発展に関する専門の公文書を通達した。それは，「関与鼓励和促進中小企業発展若干政策意見的通知」（「中小企業発展の奨励・促進に関する若干政策意見の通知」）であった。

国務院発展研究センター林家彬研究員は，現行体制が高度成長の中小企業に対応できなくなってきたと指摘し，また，中国がWTO加盟後も，関連規則によって，政府管理，金融サービス，法律法規に対して，調整しなければならないと主張した。

狄娜は，融資困難が国内外の中小企業が普遍的に直面している難しい問題であると指摘した。この問題を解決するため，今日，世界の48％の国と地域が中小企業信用担保システムを設立しているが，中国も，全国範囲で中小企業信用担保システムの実験を進めている。現在，中国の30ヵ省は，すでに担保機構を設立している。うちの18ヵ省は，再担保業務を展開し，76億元の資本金を提示し，中小企業に400～500億元の担保融資を可能にした。中小企業向けの直接金融，新興市場も計画され，適宜の時期に幕を開けることになっている。

国務院発展研究センター企業所の王玉从総合室主任は，中小企業は，資本が少ないため，市場に対応する能力が弱いから，情報交流，技術支援，マーケティングサービスなどの面で政府による指導と扶助を必要としていると語った。

国家経済貿易委員会の李栄融主任によると，中小企業を主管する国家経済貿易委員会は，すべての企業が迅速な情報サービスを利用できるように，インターネットを通じて関連する政策と情報を発信することで，公文書と制度の公開を検討しているようである。

中小企業が自身の科学技術創造革新の主導的な効果を発揮できるよう，中国は，「国家科学技術型中小企業技術創造革新基金」を設立し，無利息融資，無償資金援助，資本投入などの方法を通じて，科学技術型の中小企業を扶助している。2000年末まで，全国約2,000のプロジェクトは，その基金から14億元の援助を受けていた。

狄娜は，中小企業融資信用問題の解決は，健全な法律とその法律の忠実な執行によると主張した。中小企業に公平良好な市場競争環境を与えるため，中国政府は，市場経済秩序の整頓と規範化に努め，経済犯罪を厳しく取り締まっている。現在，国家経済貿易委員会は，初めて，「契約重視信用遵守」企業100社のリストを公表し，中小企業信用システムの建設に努めている。全国人民代表大会財政経済委員会も，「中小企業促進法」を起草している。

7．記事七（2001年9月22日）
「外資による中小企業の買収を許可」

先日，厦門で開かれた「中国—EU中小企業投資協力研究討論会」で，国家経済貿易委員会外国貿易経済司副司長の徐鳴は，中国政府の関係部署が，国有企業の株を外国企業に売買できる規定を研究，作成していると公表した。この規定によって，一部の特殊領域を除き，外国企業が，中国企業の株の購入，中国中小企業の買収を可能にする。これは，中国が海外資金の吸収に用いる有力な方式の一つとされている。

統計によると，現在，中小企業の企業数は，800万を超え，全国企業総数の99％を占めている。中小企業の工業総産出，利益税金，輸出総額は，それぞれ全国総額の60％，40％，60％を占めている。中小企業が提供した就業機会は，全国都市，町の雇用総数の75％を占める。ゆえに，中小企業は極めて重要な存在である。しかし，先進諸国に比べ，我が国の中小企業は，競争力，活力が弱く，世界的範囲での合弁，買収に直面する今日において，競争能力を高め，発展を加速しなければならない。

中小企業の今後の発展における中国の設計は，中小企業を「専」，「精」，「尖」の方向への発展を求めるものである。政府は，国有大企業の海外融資を励ますと同時に，中小企業の海外融資を支持し，条件をクリアした中小企業を選び出し，海外への上場を支援する。この中で，最も直接的且つ有効な政策は，外国投資家のリスク投資，中国企業の株の購入，中国中小企業の買収を促進するものであろう。このため，政府はこの政策の作成に手掛けた。このこと

は，中小企業の発展において，ひとつの契機になりえる。

関係者は，中国のWTO加盟につれ，中国中小企業の係わる領域を広げ，他国の中小企業の中国市場進出にもチャンスを与えたと指摘した。中国は，多様な方式を採り，我が国の中小企業向けの海外投資を吸収し，外資による中国リスク投資に良好な環境を整備する。外国企業が中国企業の株を売買し，中国中小企業を買収できる日は，遠くないだろう。

8．記事八（2001年11月5日）
「中小企業のために『道』を探そう」

近いうち中国がWTOに加盟する。それにつれ，莫大な数の中小企業は，経済のグローバル化の波にさらされる。北京亮馬河大厦，国連開発計画署，国家経済貿易委員会と中国国際経済技術交流センターが共同主催の「中小企業発展国際討論会」で，各国政府官員，学者，企業家は，連日，経済のグローバル化の中で中小企業発展の推進のため，政策と措置を研究していた。

(a) 国連は「鎮江プロジェクト」を評価

1997年，中国政府と国連開発計画署が設立した「中小企業改革と発展」プロジェクトは，江蘇省鎮江市で実験され，国連開発計画署から，87.9万ドルの援助を受けた。プロジェクトの内容は，鎮江実験に基づき，全国の中小企業発展扶助政策の枠組みの制定，鎮江で中小企業社会サービスシステム，中小企業信用担保システムの建設を含む。

3年余りの実験で，「鎮江プロジェクト」は，優秀な成績を収めた。江蘇省鎮江市は，我国初の国際規範に基づく中小企業信用担保センターを設立し，全国各地の信用担保機構の設立に見本を提示し，拍車をかけた。中小企業が直面する最大の困難は，融資困難である。また，融資困難の最大の障害は，担保困難である。信用担保は，担保困難の問題を解決し，中小企業融資困難の解決の突破口となる。今まで，我が国の中小企業信用担保機構は，200を超えた。1999年末，鎮江市は，中小企業サービスセンターを設立し，全国の中小企業サービスシステムの建設に貴重な経験を積んだ。「鎮江プロジェクト」の成果と

経験は，我国の中小企業発展政策と措置の策定を，積極的に促進した。

あらゆる面において，「鎮江プロジェクト」の成果は，模範性があり，広げる甲斐があるから，我国の中小企業発展の促進の政策と措置の完成に当たって，積極的な促進効果を発揮したと評価した。国連開発計画署の中国駐在代表のライトナは，UNDPは今後も引き続き，中国の中小企業がより競争的，弾力的に発展できるように，支持を与えると唱えた。

(b) 各国は中小企業に本腰を入れる

一部の専門家，学者は，中小企業を「最も活躍的な経済細胞」に喩えている。事実上，20世紀70年代から，世界範囲で中小企業の価値が再認識され，各国はそれに応じて政策，措置を打ち出し，中小企業に活気を入れた。二日間の「中小企業発展国際討論会」で国連開発計画署などの国際組織の代表，及び各国政府の官員，学者，企業家は，各国が中小企業発展を扶助する有効な方法を研究し討論した。

ドイツ。銀行の融資と企業収入準備金は，中小企業の主な融資元である。中小企業は，融資の担保に必要とする充分な所有権資本を持ってないため，また，銀行に企業の財務状況を知らせたくないため，利息率の高い短期金融に融資してもらうしかない。ドイツ政府は，現在，中小企業経済発展を促進する計画を650件も持っている。これらの促進計画は，二種類がある。つまり，既存投資への投資，新企業創設への援助である。財政援助の形式は，補助，融資，担保，人件費コスト補助である。財政援助のほか，政府は起業家に広範囲の経済促進計画を提供し，新企業が必要とする各種の支援，特に，顧問，コンサルタントなどに努めている。

アメリカについて。中小企業を発展させるのは，アメリカの文化と経済の重要な部分である。中小企業向けの融資を促進するため，アメリカ政府は，1993年に，一連の措置を採り，金融機構の企業への融資を改善させた。例えば，4つの連邦金融監督コントロール機構は，金融機構から中小企業向けの融資を許可し，CAMEL信用評価で1級，2級をクリアした企業に対して，安全且つ手続きの完備を前提に，金融機構の融資手続きの簡略化を許可した。そのほか，

監督コントロール機構は,融資が拒否された企業の上訴を処理する係員を設置した。

カナダについて。カナダ経済は,中小企業を原動力にしているため,技術創造革新は,小型,もしくは,零細企業で展開されている。政府にとっての最大な挑戦は,市場の枠組みの保証,監督コントロール政策のビジョンにある。中小企業の技術創造革新を支援するため,カナダは,中小企業に良好な経済環境を創り出すための政策を数多く制定した。これらの政策は,経済成長に有利なマクロ経済条件の創出,経済開放に基づく自由貿易の促進,基礎教育の普及から人,研究への投資,公衆資金援助の研究開発プロジェクトの効果の上昇などを含む。

フランス,イタリア,ロシア,韓国,日本,香港なども,中小企業発展に有利な政策と措置を確立していた。

(c) 中小企業が好局面に向かう

改革開放以来,我国の中小企業は,迅速に発展し,国民経済発展を推進し,市場繁栄を促進する重要な力となった。統計によると,現在,我国の中小企業の企業数は,800万を超え,全国企業総数の99％を占めている。中小企業の工業総産出,利益税金は,それぞれ全国総額の60％,40％を占めている。中小企業が提供した就業機会は,全国都市,町の就業総数の75％を占める。

しかし,他の発展途上国と同じように,中国中小企業は,技術創造革新,融資,発展環境などの面で,観念,体制などの問題を抱えている。特に,中小企業の融資空間が限られたこと,融資コストが相対的に高いことは,中小企業の迅速な発展の最大の障害となっている。上海で1,000社の中小企業を調査した結果,69％の中小企業は,中小企業発展を遅らせた最大の要素は,融資困難であると認識している。また,金融機構が好む北京の中関村では,総額270億元の融資を希望する8,000社の科学技術型中小企業の内,僅か400社が総額16億元の融資を入手しただけであった。

有識者は,中小企業の融資困難を解決するのに,総合的な措置を採る必要があると主張した。それは,中小企業向けの中小金融機構の育成,中小企業扶助

の財政支援，中小企業信用担保基金の展開，信用公証制度の導入などを含む。

　国家経済貿易委員会李融栄主任は，近日，中国の関連部門が，中小企業信用担保システムの建設を研究していると公表した。また，彼は，全国人民代表大会常務委員会に審議される「中小企業促進法」が可決された場合，中小企業融資困難の難題の解決には，極めて積極的な促進効果があると期待した。具体的に，以下の方法があげられる。リスク投資基金の設立によって，科学技術型中小企業の扶助と育成を図り，その技術創造革新能力を高める。中小企業信用システムと信用担保システムの建設を加速させ，中小企業，特にレベルの高い新技術企業の融資環境，債券発行条件を緩和させ，中小企業の直接金融ルートを増やす。社会化サービス体制を健全化し，政策，技術，市場，人材，情報などの提供で，中小企業に便宜を与える。WTO規則に従い，関連する法律法規を修正し，新規参入，国際貿易，財政税収政策などの面で，各種の中小企業の発展に平等な競争環境を創り出す。

9．小　　括

　以上の記事は，1999～2001年まで『人民日報』で発表されたものである。中小企業という枠組みでの議論が少ない中，これらの記事は，中国中小企業の実態の把握，政策の方向性などにおいて，非常に貴重な資料ともなっている。

　記事一は，中小企業政策についてのものである。記事二と記事三は，中小企業金融について書かれた。記事三は，中小企業の専業化を薦めた。記事四は，企業の規模別に関するものである。記事六は，中小企業が国民経済における重要な役割を強調するものである。記事七は，外資の導入についての問題を捉えた。記事八は，これからの中小企業を模索したものである。

　これらの記事から，以下のことが明らかになった。

　まず，中国では，中小企業が国民経済における重要性がますます重要視されつつある。政府は，財政，金融などのマクロ政策を提示しながら，中小企業が健康に発展できるような環境作りに力を注いでいる。

　次に，中国中小企業政策の整備は，欧米日などの先進国と比べ，かなり遅れ

ている。これを一から（企業別の定義を含め）やらなければならない。もちろん，政策というものは，もともと問題が出てから作られるものである。日本でも，「中小企業基本法」の改定を重ねてきたからこそ，強い中小企業の基盤を築いたわけである。中国では，中小企業が話題となったのは，近年のことであるので，今後の中小企業政策に期待がかかる。

　また，中国中小企業の将来像は，まだ模索段階にある。国内の成功例の紹介や，海外資金の導入や，中小企業の専業化などの提言は，いくつかのモデルを提示した。

　そして，中国中小企業の現状は極めて厳しい。記事は「高，弱，難，重，悪，乏」を使って，中国中小企業が抱えている問題点を総括した。それは，高い負債，弱い返済能力，困難な融資，重い負担，悪い経済効果と利益，乏しい人材を指している。この総括は，ある程度正確に中国中小企業の共通の弱点を指摘した。厳密に言えば，中国国有中小企業の共通の弱点である。

　さらに，記事での「大型国有企業が苦境から脱出できるようなゆとりのある経済環境を作り出すこと」，「『小』から『大』へ」などの表現は，今までの大企業重視，中小企業軽視の政策があったことを思わせる。しかし，これらの記事から，政府が中小企業に目を向け，真面目にその政策を考えるようになったことは明白である。言い換えれば，政府が中小企業の重要性を認識し，中小企業のために動き出したこと自体は，大きな意義を持つことが間違いない。というより，今日の中国の中小企業は，政府が注目しなければならないほど発展してきた。ここで確認しなければならない点は，中小企業の問題は，国民経済の発展に伴う永遠の課題であることである。たとえ，今日既存の中小企業がすべて大企業に成長し，あるいは倒産しても，また，新たに大量な中小企業が生まれてくる。従って，中小企業政策を講じる場合，当面の政策課題だけではなく，長期的なビジョンを持たなければならない。それは，国民経済の基盤として考慮されなければならない。もちろん，記事にも述べられたように，政策の策定，法制度の完備，金融機関のバックアップなどは，不可欠である。

　最後に，強調しなければならないのは，中小企業の発展には，企業自身の努

力も不可欠である。いくつか提示されたモデルが，それである。私が注目したのは，中小企業の専業化である。2000年1月に提出した修士論文「中国中小企業の現状と改革―中国にも強い中小企業の基盤を作るには―」では，中国の中小企業の成長において技術の掘り下げによる専業化が不可欠であると主張した。その考え方は，2000年11月4日に発表された記事三「国有中小企業要以専取勝」(「国有中小企業は専業化で勝ち取る」)と，偶然にも一致した。また，先述した「中小企業促進法」も，第十三条で中小企業の専業化を言及し，それを奨励する政府の観点を示した。すなわち，中国では，私が主張した技術の掘り下げによる専業化中小企業の育成は十分可能である。中国政府も，そのような強い企業が生存できる環境創りを研究している。第8章では，筆者が主張する新たなモデルの導入について，詳しく分析する。

注：
1 陳乃醒主編『中国中小企業発展与予測―全球経済一体化与中小企業競争力―』，民主与建設出版社，2001年，349頁。
2 呂国勝編著『中小企業研究』，上海財経大学，2000年，295頁。
3 矢吹晋『「朱鎔基」中国市場経済の行方』，小学館，2000年，13頁。
4 関満博『現代中国の地域産業と企業』，新評論，1992年，32頁。
5 張浩川「商学研究所上海調査報告」，『専修大学商学研究所報第125号』，専修大学商学研究所，1998年，55頁。
6 呉敬璉（凌星光・陳寛・中屋信彦訳）『中国の市場経済―社会主義理論の再建』，サイマル出版社，1995年，235，236，247頁。
7 謝玲麗・黄躍民・陳兆忠・李咏今編『上海発展研究―現代企業制度論』，上海遠東出版社，1994年，3―6頁。
8 劉小玄・韓朝華『中国企業的民営化―中小企業改制的選択』，中国経済出版社，1998年，20―22頁。
9 李文龍・陳宏・魏国辰編『国有小企業改革操作指導』中国税務出版社，1997年，103―153頁。
10 劉小玄・韓朝華，前掲書，1―7頁。
11 劉小玄・韓朝華，前掲書，13頁。
12 劉冀生・劉伊偉・王書成主編『中小企業経営戦略』，中国人民大学出版社，1999年，116―117頁。
13 ヴォルフガング・パーペ編（田中素香・佐藤秀夫訳）『東アジア21世紀の経済と安全保障』，東洋経済新報社，1997年，98―101頁。

14 張浩川,前掲論文,52頁。
15 1999年3月の直接インタビューによる。
16 「三角債」とは,国有企業間の売掛の債務不履行により,形成された回収不能な不良債権である。
17 陳乃醒主編,前掲書,77頁。
18 林漢川・魏中奇主編『中小企業発展与創新』,上海財経大学出版社,2001年,61頁。
19 これらの基金は,中央政府の各部門が策定し,徴収する。他にも,各地方自治体の多数の基金がある。国有中小企業はこれらの基金に応じる義務がある。
20 ヴォルフガング・パーペ編(田中素香・佐藤秀夫訳)前掲書,93頁。
21 2002年9月の直接インタビューによる。
22 医療改革:従来の企業が全額負担に代えて,個人も一部負担する改革で,企業の厚生負担の軽減を目的としている。

第7章 中国中小企業の実態

第6章は,中国中小企業を取り巻く環境を分析したが,この章では,中国中小企業の経営がかかえている問題点を見てみよう。

第1節 中国中小企業の特徴

中国中小企業の経営の問題点を分析する前に,まず中国中小企業全体の特徴を整理しておこう。

中国中小企業は,絶対的な数的優位を持ち,かつ,広範囲に存在し,狭隘な市場内の少ない顧客に対して,激しい競争を繰り返している。その一方で,中国中小企業は,極めて複雑な所有権形式を有し,資本市場の利用も少なく,技術格差が拡大しつつある。

1.圧倒的な存在

「表11:1999年工業企業主要指標における中小企業の比重」で分かるように,

表11:1999年工業企業主要指標における中小企業の比重

	全国統計	小企業
企業数(万社)	793.0 (100%)	790.8 (99.7%)
総生産高(兆元)	12.6 (100%)	8.5 (67.2%)
従業員数(億人)	1.39 (100%)	1.05 (75.5%)

※データの出所:陳乃醒主編『中国中小企業発展与予測―全球経済一体化与中小企業競争力―』,民主与建設出版社,2001年,71頁。

1999年，中国全国793.0万社の工業企業のうち，小企業は，790.8万社で，99.7%を占めた。また，これらの小企業は，全国工業企業の総生産高の67.2%に当たる12.6兆元を作り出し，全国工業企業の従業員数の75.5%となる1.05億人を雇用していた。

新たな中小企業定義（量的規定）が未定の今日，2冊目の中小企業白書として，陳乃醒主編の『中国中小企業発展与予測—全球経済一体化与中小企業競争力—』で公表されたデータは，最も信憑性が高いものと思われる。このデータを見れば，中国中小企業が国民経済に対し，圧倒的な存在であることが分かる。

2．複雑な所有権形式

歴史的に形成された中国中小企業の所有権形式は極めて複雑である。改革開放後，従来国有企業一辺倒の所有権形式構造が崩れ，私営・個人，集体，三資，及びそれらから派生した所有権形式が，台頭してきた。

1998年，各種所有権形式の小企業が全国小企業に占める割合は，私営・個人企業が75.9%で，集体企業が22.2%で，三資企業が0.8%で，国有企業が0.6%であった[1]。

従って，中国中小企業は，極めて所有権形式が複雑な企業群である。

3．広い分野進出

中小企業は，少ない投資で，短期間に経済効果が得られるという一般的な特徴を有している。従って中小企業は，消費財，特に生活必需品に手がける傾向がある。

中国中小企業も，石油，鉄道，国防など国有資本が独占するごく一部の分野を除き，各分野に幅広く分布している。特に，消費財・生活必需品分野への進出が，目立っている。1995年の全国第3次工業調査によると，食品，製紙，印刷の70%以上，服装，皮製品，文房用品，スポーツ用品，プラスチック製品，金属製品の80%以上，木材，家具の90%以上は，中小企業によって生産されて

いた[2]。

　この幅広い進出分野は，中国中小企業が国民経済における重要性を示す一方，中国中小企業の問題を，より一層複雑化にしている。

4．広げた技術の格差

　北京中関村で，1日あたり約2社のハイテクベンチャー企業が誕生する。高学歴の青年は，コンピュータによって世界トップ基準の製品を作っている。一方，北京郊外の一角で日系メーカーの包装パックにシールを貼る手作業の町工場がある。これが，中国中小企業の日々広がりつつある技術の格差の現状である。最先端の技術と遅れた生産方式が，中国中小企業に並存している。

　このような現象は，中国政府の経済発展政策の産物である。中国は，決して日本，韓国，台湾のように軽工業，重工業，ハイテク産業の順で発展していない。中国政府は，強大な基礎科学力と巨大な市場で，全般的に推し進めている[3]。だから，中国では，最先端科学技術における強大な研究開発力と工業生産における劣悪な技術力が同時に存在している。

　また，最近公布された政府の中小企業資金援助などの政策は，明らかにハイテク産業に傾いている。このことによって，この技術力の差は，中国中小企業を極端に二分化させ，現在の中国社会における所得格差のように，ますます広がっている。

5．少ない資本市場利用

　改革開放後の20数年間で，中国中小企業の数は，20倍も増加したにもかかわらず，都市の信用社，農村の信用社を含む小型金融機構の数の増加は，2倍ほどにとどまっている。また，従来各地で中小企業をターゲットとしていた都市の信用社の多くは，都市商業銀行に変身し，規模の拡大につれ，次第に中小企業を離れ，大中企業へと移りつつある[4]。

　第6章ですでに分析したように，中国中小企業は厳しい金融事情におかれている。また，前述した『人民日報』の記事や「中小企業促進法」においても，

見られるように，中小企業の社会的な資金調達は，今日，中国政府にとって，最も重大な課題となっている。

6. 激しい競争

中国中小企業は，過当競争に直面している。

中国中小企業は，国有大中企業のように，大量の客層を持つことができないため，狭い市場で，少ない顧客に対して，激しい競争を繰り返している。もともと大企業の隙間を狙っているだけに，市場も限られているのは現実である。それゆえ，顧客側の変化や，市場相場の変動や，また，技術革新の進歩などが与える影響は，想像以上のものとなる。一歩間違えると，企業生命に関わる危機になり得る。

また，改革開放後，全国各地で地域経済の振興のため，重複的に創業する傾向があった。その結果，全国的に過剰生産体制を産み出した。供給が需要をはるかに超えた産業も少なくない。特に，家電分野では，テレビ，洗濯機などの熾烈な値下げ競争が起き，中小企業を苦戦に強いた。中国側主催のメッセで，海外メーカーが夢にも思わなかった安い部品展示され，その後安価な部品調達が可能となった背後には，単に低賃金労働力のみならず，こうした過剰生産による過当競争も大きく作用している。

第2節 中国中小企業の経営の問題点

中国経済に圧倒的な存在を示した中小企業は，今，苦しい立場を強いられている。1999年の全国中小企業（工業企業）のうち，66％の企業は赤字であった[5]。そのような苦境に立たされたのは，すでに分析した外部の要因が挙げられるが，中国中小企業内部の問題も見逃せない。

1. 経営者の問題

港徹雄は，「中小企業の経営上の特性の第1は，大企業に比較して非組織的

意思決定の役割が相対的に大きいことにある。」と指摘し，さらに，その非組織的意思決定の役割を演じているのは，企業家の強力なリーダーシップであると説明した[6]。また，『日経産業新聞』の特集『小さな巨人』中で，金融機関が融資する際，「規模が小さくても高く評価できる企業の要件とはなにか」についてのアンケートを行ったが，リーダーシップ・先見性・決断力・人脈などの「経営者の資質」が首位を占めていた[7]。

すなわち，中小企業の成功を左右する最大の要因は，中小企業の経営者なのである。中国中小企業の場合も，同じことがいえる。「中国人は商売上手だ」と，よくいわれているが，実際には，中国中小企業の経営者のレベルは決して高くないのである。

歴史上の原因で，ここで，また，所有権別で中国中小企業の経営者を見なければいけない。まず，国有中小企業の場合，国有中小企業の民営化を主張する劉小玄は，国有中小企業経営者の失敗要因を，①人事権を持たないこと，②政府主管部門との矛盾，③従業員との矛盾，④収入・奨励問題と要約した[8]。言い換えれば，中国にも優秀な経営者が大勢いるのに，外部環境の影響で，彼らの力が充分に発揮できないのである。果たして，そうであるか。中国には，リーダーシップ・先見性・決断力・人脈などの資質を持つ経営者が本当に大勢にいるのだろうか。

確かに，中国中小企業の経営者を論ずる場合は，その経営者の資質よりも，周囲の環境などの外部要因が重視されている。しかし，改革開放後，国有企業改革の試金石とも例えられる国有中小企業で，「両権分離」がいち早く実施された。各地方政府も，他の所有権形式の企業よりも，優先的に各種の優遇政策を出してきた。それでも，66％の国有中小企業は，赤字であった。

この問題について，陳乃醒は，中国中小企業，特に，国有中小企業の管理水準の低下について，最大の要因は経営者の質にあると指摘した[9]。その指摘のように，国有中小企業の経営者の多くは，それらの資質を持っていない。人事権を持たないことと，政府主管部門との矛盾は，その人脈作りが政治人脈を中心とするものであるからだ。従業員との矛盾は，むしろリーダーシップの欠如

していることの表れである。

　社会主義計画経済から社会主義市場経済への転換は，まだまだ国有中小企業の経営現場に浸透していない。従来の経営管理手段が市場経済に不適切であることは明らかであるが，新たに市場経済に対応した経営管理を導入しようとしていないのが現状である。従来の行政の国有中小企業人事への干渉などの負の遺産によって，経営陣が，すでに，経営に必要な専門知識よりも上層部への政治感覚を重視するようになっているため，それに左右されやすく，優柔不断で決断力が不足しているなどの問題も存在している。また，管理職の移動が激しいので，徹底的な経営問題の解決よりも，目前の利益と次の昇進ばかりに目を奪われる経営者が後を絶たない。その結果，職場は「自己実現」（政治面・経済面）の手段となり，しだいに汚職の温床ともなっている。さらに，管理職の平均年齢が年々高まる一方，最後まで権力を放さない官僚思想（名利思想の影響）が定着しているので，管理職の世代交代がなかなか進められず，それに比例して管理水準が低下しているのである。

　また，集体企業の場合，個人の請負が多く，その企業よりも，請負人の利益を最優先することが続出している。3年間，あるいは，5年間の請負期間終了後，無責任な経営で企業を破産寸前に追い込んだケースも少なくない。

　一方，私営企業の場合，大企業を目指す質の高い経営者が存在する反面，法整備の不完備に便乗し，偽商品を製造し，暴利を獲得する経営者も少なくない。ここでいう偽商品は，一般にいう「海賊版」CDのようなコピー商品ではなく，品質など全く考慮せず，単に正規の商品に近い形で作った低劣な商品のことである。特に，食品分野における被害が大きい。また，その手口は，実に巧妙である。上海名物の上海蟹を偽商品と区別するために，業者が最初に使ったのは，偽造防止のシールであった。しかし，そのシールは瞬く間に偽造された。業者は，特製の番号付きの金属ラベルを甲羅につけることで対抗した。金属ラベルの偽造を断念させられた偽商品業者は，今度はその金属ラベルの回収に目をつけた。彼らは，回収した金属ラベルを偽の上海蟹につけたのである。現在，本物の上海蟹業者は，最後の手段としてレーザーを使い，蟹の甲羅に直

接に商品番号をつけているという。

　さらに，悪質なのは，人命さえも構わず，工業用のアルコールを回収された酒の空き瓶に詰める業者，色素で染められた野草をタバコにする業者なども存在する。日本でも，中国から持ち込まれた偽の漢方薬で死者が出るという事件が発生した。このような悪質商売が中国中小企業に大量に存在している。その根本的な原因は，低劣な中小企業の経営者にある。

　従って，中国中小企業の経営者の多くは，まだ真の企業家とはいえない。これから，中国中小企業の経営者は，先進国の中小企業経営者の経験とノウハウを勉強し，一刻も早く先に述べた経営資質を身に付けるべきである。中小企業における非組織的意思決定の役割を担う企業家の自らの経営知識の習得は，その企業を成長に導くカギであるからだ。もちろん，その習得は，企業に対する責任をはじめ，リーダーシップ，先見性，決断力，人脈などの資質を対象にしなければならない。

2．人材不足の問題

　2002年，上海市社会労働保障局の調査によると，同年上海市で，給料の最も高い職業は，①中高層の管理職，②専門職員と市場開拓の営業マン，③専門特殊技能に優れる技術工，④汎用技術の技術工であった[10]。

　中国では，転職は一般的である。転職が頻繁に行なわれる職業は，次第に給料が上がる傾向がある。従って，給料の最も高い職業は，転職も最も頻繁に行なわれている。世界各国の企業が雲集する上海では，人材不足が生じるのは想像できるが，③専門特殊技能に優れる技術工と④汎用技術の技術工が，不足していることは，生産部門の第一線の技能工の不足を浮き彫りにした。

　中国中小企業において，この人材不足の問題は，なお一層深刻である。中国で中小企業が最も発達している温州市のデータは，この問題の深刻さを物語っている。同市の郷及び郷以上の工業企業の従業員のうち，工人（見習いを含む）が71.51％を，技術者が5.02％を，管理職とその他が23.47％占めている。短大以上の学歴を持っている従業員は，僅か2.06％に過ぎない。それに対して，

中学校及びそれ以下の学歴の従業員は，76.57％も占めている[11]。

国有中小企業の場合，永年にわたり，人事権が政府にあるから，従業員の水準も政府に決められている。大企業を最優先とした企業政策の下で，中小企業が採りたい人材は採れない上に，採りたくない人も断れない。特に，雇用対策の一環としての地方自治体からの強制的な人員配分は，中小企業に大きなダメージを与えた。

また，経営に専念しない経営陣からの悪影響で，従業員も「奉公」よりも「自己実現」に暴走している。さらに，全国の教育水準の低下や，企業の資金不足によって企業内教育の不可能であることなどの問題によって，国有中小企業の従業員水準がますます落ちる一方である。

他方，郷鎮企業の場合，その従業員の構成が農民を中心としている。農村地域の低い教育水準は，殆どの郷鎮企業を単純作業の労働集約的企業に制限している。昨日まで鎌を持ち，農家の仕事をしていたのに，何の職務訓練も受けないまま，一夜明けて，工場の管理職や従業員へと変身するというのは，日常茶飯事である[12]。今後も数十年間，中国中小企業全体も，引き続き農村の余剰労働力を吸収しなければいけない。このような現象は，まだまだ続くだろう。

同じことは，三資企業にもみられる。安価な賃金を求め，中国に進出している一部の外国企業は，沿岸地域に拠点をおき，貧困な内陸地域から大量の労働力を集め，手作業で商品を作り続けている。100メートルを超えるラインに部品を組み立てる女性従業員，1,000平方メートルの工場でうなぎの炭火焼きをしている従業員，その人海戦術の現場は，かなり壮観である。しかし，組み立てをしているのに図面が分からない，炭火焼をしているのに味わったことがない，というのが，一般的である。このような企業では，最も単純な手作業を最も教育水準の低い労働者に教えるだけである。つまり，健康な身体さえ持っていれば，だれでもできる仕事である。

以上のように，本来教育水準の低い労働者に，会社での再教育を殆ど行なわずに，単純作業を押し付ける経営は，中国中小企業で広範囲に存在している。これは，中国中小企業人材不足の最大の要因である。

人材不足について，ここで，特に指摘しなければならないのは，中国の戸籍制度も地方の中小企業における人材不足に拍車をかけている点である。
　すでに紹介したように，中国には，厳しい戸籍制度がある。市民か農民かの区分，またそれによる健康保険，社会保障，子供の教育水準などは，都市部と農村部の格差を広げた。しかし，中国では，日本のように自由に戸籍を変えることは禁じられている。特に，地方の住民は，戸籍上，大都市へ移住することはできない。現在，戸籍制度の規制は緩和されつつあるが，北京，上海などの大都市への移住は，まだ厳しい。
　金を出して，市民権を買うことができるが，そのような財力を持っている人はごく僅かである。多くの地方住民が市民権を獲得する唯一のチャンスは，都市の大学に進学することである。すなわち，大学に入学できれば，戸籍は無条件にその大学の所属都市の市民に変えることができるのである。このため，地方の進学競争が激しくなる一方，地方人材の流出は深刻である。また，近年都市大企業が市民権の贈与を条件に地方の企業から人材獲得を仕掛け始めたことは，もともと人材の少ない地方中小企業に在籍する人材の都市への流入に拍車をかけている。今後，地方の中小企業が在籍している人材をいかに確保するかが，ますます重要となってくるだろう。
　この問題の解決は，中央政府をはじめ，社会全体が真剣に取り組まなければならない。また，大学などの高等教育機関の都市集中も，すぐには解決できない。現段階では，地方政府の協力を得て，地域外に流出した人材のUターン誘致活動を行なう他，地方の中小企業は自ら人材確保策を考えなければならない。そして，在籍している人材に，大企業にない，より良い仕事の環境を提供することも大切である。すなわち，人材が働きやすい環境作りである。言い換えれば，人材が求める仕事環境を知り，そのような仕事環境を提供することである。もちろん，その人材確保策は，中小企業独特の地縁，血縁などの優位性を十分に発揮し，各企業の事情に応じて講じられるべきであろう。

3. 技術力の問題

中国中小企業の技術水準は低い。また，温州市を例としてみると，殆どの中小企業は，70～80年代の生産設備を使用しており（そのうち，中古の設備も少なくない），企業として，独自に技術を開発する能力がない[13]。

中国国有中小企業の技術水準の低下は，広く知られている。従来，国有中小企業は，小さな生産規模で，旧い生産設備を利用し，少品種の少量生産しかできない。特に，改革開放後，国からの設備投資を殆ど打ち切られ，資金繰りに苦しむ国有中小企業が，非国有形式企業との競争で勝ち抜くためには，従来の設備の改良と生産技術の革新を抜本的に図るしかない。しかし，有能な技術者・技能工の人材不足がこれを遅らせた。経営陣と従業員のレベルの低さは，技術革新の能力を喪失させている。

また，専門知識を持つ新入社員の入社も貴重な人的財産として期待されているが，大学の進学率が7％未満の中国では，毎年，大卒は国有の大・中堅企業に吸収されてしまうので，国から国有中小企業に回される可能性はゼロに近い。しかも，非国有形式のライバル企業は，より良い雇用条件での人材獲得で先行している。国有企業全体の人材不足の状況が続くなか，国有中小企業の研究開発部門は，年に何人かの専門高校の卒業生にすべてを依存する結果になったケースが全国で見られる[14]。現状打破意識があっても，技術者と管理者の不足は，致命的である。

優秀な人材が集まらず，必要な発展資金も足りず，市場への対応についても政府に頼れなくなっている国有中小企業は，自社内での開発能力の陶冶はもちろん，現有の生産能力の改善さえできない状態にある。このような現状では，より良い製品・サービスの提供は極めて困難である。それゆえ，企業の本来満たすべき条件をクリアできない国有中小企業は，先鋭的な設備をもつ外資企業や基盤を固めつつある私営企業に苦戦を強いられている。

一方，非国有中小企業の場合も，同じ傾向にある。前述した温州市は，私営企業・個人企業の急成長で全国に知られているが，同市の中小企業の技術水準の低下は，目立っている。

また，すでに経営者の問題と人材不足の問題で指摘したように，目前の利益を最優先する短期的な経営方針や，優秀な人材の不在などは，中国中小企業の技術進歩を遅らせている。

私は，上海フォルクスワーゲンなどの中国のトップ企業を訪ねた際，中国の強い企業が満たすべき条件を以下のように総括した。つまり，絶えず技術革新を行い，そのために，人材確保や人材育成を先行させ，さらに，品質向上を徹底し，より良い製品，より良いサービスを提供することである[15]。確かに，これらのことは，先進諸国においては，常識ともなっているごく普通のことである。だが，中国中小企業の多くは，すでに，これら企業本来の満たすべき条件を失っている。このことは，競争が日々激化しつつある今日で，中国中小企業にとって致命的な問題となって現出している。

注：
1 陳乃醒主編『中国中小企業発展与予測―全球経済一体化与中小企業競争力―』，民主与建設出版社，2001年，74頁。
2 陳乃醒主編『中国中小企業発展与予測―全球経済一体化与中小企業競争力―』，民主与建設出版社，2001年，75頁。
3 徐宗懋『変貌する中国企業―中国の企業家と戦略―』，河出書房新社，1995年，13頁。
4 呂国勝編著『中小企業研究』，上海財経大学出版社，2000年，293頁。
5 林漢川・魏中奇主編『中小企業発展与創新』，上海財経大学出版社，2001年，59頁。
6 清成忠男・田中利見・港徹雄『中小企業論』，有斐閣，1996年，36頁。
7 『日経産業新聞』，1994年3月1日。
8 劉小玄・韓朝華『中国企業的民営化――中小企業改制的選択』，中国経済出版社，1998年，43―47頁。
9 陳乃醒『中小企業経営与発展』，経済管理出版社，1999年，158頁。
10 「上海市労働市場給料増の4業種」，電子マガジン『中国最新情報・』180』，『中国最新情報』編集部，2002年8月27日，http//www.jckc.com。
11 陳乃醒主編『中国中小企業発展与予測―政策導向与中小企業発展（2002～2003)』，経済管理出版社，2002年，39頁。
12 陳乃醒主編『中国中小企業発展与予測―全球経済一体化与中小企業競争力―』，民主与建設出版社，2001年，77頁。
13 陳乃醒主編『中国中小企業発展与予測―政策導向与中小企業発展（2002～2003)』，経済管理出版社，2002年，39頁。
14 中国では，殆どの国有企業に「技術員」という職があるが，企業規模によって，その

企業の「技術員」の能力レベルが違うことになる。また，公務員制度の下で，そのレベルの差は，給与にも関わる。中小企業の「技術員」は主に専門学校の卒業生より構成されている。
15 張浩川「商学研究所上海調査報告」『専修大学商学研究所報第125号』，専修大学商学研究所，1998年，55頁。

> # Ⅲ．中国中小企業への提言
>
> 　これまで，中国中小企業の存在意義，歴史及び現状を分析してきた。ここでは，中国中小企業の発展の方向とその可能性を考えてみよう。
> 　強い中小企業基盤を持つ日本，イタリアなどの先進国においては，確かに中小企業は明確な所有権を持ち，経営の自主権が与えられている。だが，その華々しい業績の裏で，中小企業経営陣の計りしれない努力，長年蓄積された経験とノウハウが無視できないだろう。それらの努力，経験とノウハウこそ，企業を成功に導く最大の要因である。

第8章　新モデルの導入
―「小さな」世界企業からのメッセージ―

　1990年代に入り，日本経済は長引く不況に陥っている。この不況の中，多くの中小企業は苦しんでいる。一方，それをものともせず，すぐれた企業活動を展開し，世界的に著名な企業にまで成長した中小企業も存在している。その明暗を分けたものこそは，中国中小企業への最高のメッセージであろう。

第1節　「小さな」世界企業とは

1．「小さな」世界企業の定義

　「小さな」世界企業は，溝田誠吾，塩見治人，宮崎信二をはじめとするの研究チームが1990年から，日本各地を基盤に独自で個性的な経営方法を駆使して成功し，世界的に著名になった中堅企業への企業調査を重ね，ネーミングした

企業群である。

　以降，日本各地でそうした企業群への研究が活発化した。「小さな強い会社」，「小さな大企業」，「小さな世界一企業」，「トップシェア企業」，「日本の中の世界一企業」などが登場した。また，研究対象を地域的に限定したものもある。例えば，「川崎元気企業」，「中部のナンバーワン企業」，「四国のナンバーワン企業」などがある[1]。

　「小さな」世界企業の定義は，「自らの得意とする製品分野に事業を絞り込み，製造技術を掘り下げて独自の製品に仕立て上げ，世界市場を相手に10％以上を輸出（現地生産を含む）するとともに，相当の世界シェアをもつ，売上高500億円以内，資本金10億円以内，従業員数1,000人以内，未上場で，独立系で，フルライン型ではない専業の中堅企業」，である[2]。

　添付資料の「付表1：『小さな』世界企業リスト（2003年）」は，「小さな」世界企業の定義に当てはまる企業のデータである。「小さな」世界企業のデータの作成に当たっては，東洋経済新報社の『会社四季報・未上場版』を採用している。その理由は，『会社四季報・未上場版』で，「小さな」世界企業としての研究対象の情報入手が可能なためである。「小さな」世界企業の定義は，詳細である。それは，企業の性質上に「世界市場を相手に，未上場，独立系，フルライン型ではない専業の中堅企業」を明示した上，「輸出比率，売上高，資本金，従業員数」などを量的に具体的な規定をしている。従って，これらの総合的な企業情報のデータの収集が必要となる。日本全国には株式会社，有限会社などの法人は約250万社あるといわれているが，その中で，一般的に企業情報が入手できる対象会社は，証券取引法により企業情報開示が厳しく義務付けられ，『会社四季報』に掲載されている株式公開企業3,700社程度だけに過ぎない。1983年から刊行された『会社四季報・未上場版』は，その数を増やしながら，2003年現在，7,000社ほどの企業情報を提供している。特に，輸出比率，主力製品の業界シェアなどの情報を提供しているのは，同書のみである。これらの情報が「小さな」世界企業のデータ分析に大いに役立つことから，先の研究チームは，『会社四季報・未上場版』からのデータ収集をしている。

しかし，このリストは，すべての「小さな」世界企業を網羅することができない。まず，後に紹介する樹研工業のように，『会社四季報・未上場版』でデータの公開を行なわない企業が存在している。また，従来「小さな」世界企業であったにもかかわらず，様々な企業事情で，定義の枠組みをはみ出した企業も少なくない。日亜化学工業のように，企業活動の展開により大きく成長し，量的規定を超えた企業，いわば，「小さな」世界企業の卒業生が存在している。他方，ユニオンツールのように，量的規定に満たしているが，経営上の都合で上場した企業も存在している。さらに，リードケミカル，近江鍛工，日幸電機製作所のように，輸出比率が僅か1％の差で基準に満たしていない企業も存在している。とはいえ，これらの企業も，「小さな」世界企業の趣旨に適していることには違いがない。

すべての企業のデータ収集が不可能であることは，「小さな」世界企業の研究においての最大の難問である。従って，『会社四季報・未上場版・2003年下期』を元に作成した「付表1：『小さな』世界企業リスト（2003年）」では，191社しか呈示してない。また，企業の実情が多様であるために定義の枠をはみ出した「小さな」世界企業の研究は，今後の課題として残されている。とはいえ，今日，日本全国では，「小さな」世界企業に相応しい企業数がおおむね500社ほど存在しているというのは，研究チームのメンバーの共通認識である。

2．「小さな」世界企業と中小企業

すでに前述したように，日本の「中小企業基本法」は，2回にわたり，時代の変化に応え，改正を重ねてきた。現在の日本の中小企業の定義は，以下のようになっている。

「中小企業基本法において『中小企業』とは，おおむね，資本金3億円以下又は常時雇用する従業者数300人以下の会社及び従業者数300人以下の個人企業を指す。ただし，卸売業の場合は，資本金1億円以下又は従業者数100人以下，小売業の場合は，資本金5,000万円以下又は従業者数50人以下，サービス業の場合は，資本金5,000万円以下又は従業者数100人以下のものとしている。ま

た,『小規模企業』とは,従業者数20人以下の企業を指す。ただし,商業及びサービス業については,従業者数5人以下のものとしている。」[3]

とはいえ,「小さな」世界企業は,完全に現行の中小企業法の枠組みを離脱したわけでもない。「付表1:『小さな』世界企業リスト(2003年)」でのデータを分析してみると,現在の日本の中小企業の定義に適した「小さな」世界企業は,多く存在していることが分かる。

まず,資本金で,3億円以下の企業は,133社であり,全体の69.6%を占めている。次に,従業員数で,300人以下の企業は,105社であり,全体の55.0%を占めている。さらに,「資本金3億円以下又は常時雇用する従業者数300人以下の会社及び従業者数300人以下の個人企業」は,154社にも達し,全体の81%を占めている。つまり,「図2:『小さな』世界企業と中小企業」で示されたように,「付表1:『小さな』世界企業リスト(2003年)」で網羅された「小さな」世界企業のうち,8割以上の企業は,現在の日本の中小企業の定義を満たした中小企業である。

従って,中小企業にとって,「小さな」世界企業がさほど遠い存在ではなく,ごく身近なものである。つまり,企業自身の努力によって,中小企業でも「小さな」世界企業に変身できるのである。言い換えれば,「小さな」世界企業は,中小企業の最高の形であり,中小企業という企業群の頂点に立っている。

このことは,世界的に著名な中堅企業を追いかける研究チームのうれしい誤算でもある。従って,「小さな」世界企業の定義でいう「中堅企業」とは,従来の「中堅企業論」での「中堅企業」とは,違う意味を持っている。

そして,「図3:『小さな』世界企業の立地」で分かるように,地方立地の「小さな」世界企業も少なくない。所在地別で見ると,東京に68社,大阪に39社,名古屋に6社,と大都市に集中していることが明らかである。それは,日本経済の大都市集中傾向と地方の過疎化の影響であり,予想できるものである。しかし,残りの78社,全体の4割を超えた企業が,地方に立地し,独自技術で,世界を相手に事業展開していることは注目すべきであろう。大都市に集中する形で経済成長を成し遂げた日本において,地方でも,世界一流の中小企

図2：「小さな」世界企業と中小企業

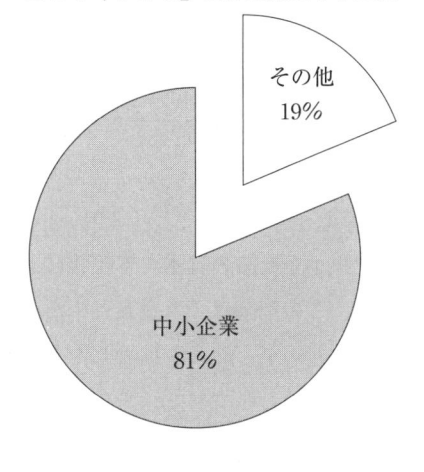

- その他 19%
- 中小企業 81%

図3：「小さな」世界企業の立地

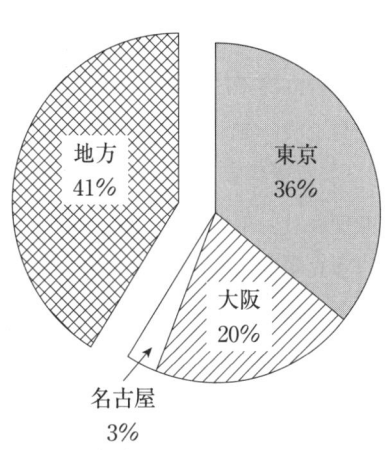

- 地方 41%
- 東京 36%
- 大阪 20%
- 名古屋 3%

※「付表1：『小さな』世界企業リスト（2003年）」のデータにより作成。

業を育てられることは，地域に立地する数多くの中小企業に新たな夢を与えている。また，大都市に立地する企業の中に，情報収集及び営業活動のため，本社機能を地方から大都市に移転しながらも，地方に工場を持つ企業も少なくないことが留意すべきであろう。

3．「小さな」世界企業論と従来諸理論との比較

「小さな」世界企業論は，従来の中小企業の理論と異なり，中堅企業理論とも違う。

「二重構造論」，「三層格差構造」[4]をはじめとする従来の中小企業理論において，中小企業は，常に，弱者としての立場で登場している。それに対して，「小さな」世界企業は，独自の技術を持ち，日本国内のみならず，世界でも業界の巨人として君臨している。研究チームは，よく次の比較を用い，それを証明している。日本の巨大企業の代表ともいわれるトヨタの世界シェアが10％未満に対して，多くの「小さな」世界企業が世界でトップシェアを持ち，また，そのうち，寡占，もしくは，独占する企業も少なくない。実際には，多くの日

本の大手企業の裏方でその技術を支えているのは,「小さな」世界企業である。「小さな」世界企業の独自の製品（部品）がなければ,大手企業の製品が作れないこともある。つまり,これらの「小さな」世界企業は,すでに大手企業と同等の立場で,商談できるようになっている。だから,「小さな」世界企業は,立場上で,従来の中小企業理論で論じる中小企業とは異なっている。

「二重構造論」について,中村秀一郎は,次のように指摘した。つまり,「いわゆる『二重構造論』は,従来の独占資本論や中小企業論の日本資本主義における企業構造分析の通俗化である。周知のようにこの理論は,大企業と中小企業との間の,付加価値生産性,賃金などの面での断層を,それが拡大したとみるにせよ縮小したとみるにせよ,全くこえがたいものとしており,このシェーマによっては,第三の企業グループの動向を分析することはできないのである」[5]。

その上,彼は,その「第三の企業グループ」を中堅企業と名づけ,「中堅企業論」を唱えた。同理論における中堅企業は,以下の基本的諸特徴を持つ。すなわち,①「中堅企業とは,巨大企業またはこれに準ずる大企業の別会社,系列会社でなく資本的にはもとより,企業の根本方針の決定権を持つという意味での独立会社であり,たんに中小規模を超えた企業ではない」,②「中堅企業とは,証券市場を通じての社会的な資本調達が可能となる規模に達した企業であり,その意味で第二市場上場の有無はそれを中小企業から区別する一つの基準といえる」,③「中堅企業は,社会的資本を株式形態で動員しうるとしても,なおそれには制約があり（たとえば高配当率の必要性),個人,同族会社としての性格を強くあわせ持つという点で,大企業と区別される」,④「中堅企業は中小企業とは異なる市場条件を確保している」,ということである[6]。

この4つの特徴を持つ中堅企業を「小さな」世界企業と比較してみると,次のことが分かる。両者の共通点は,独立と独自技術で獲得した高いシェアにある。独立系について,中堅企業は,「企業の決定権を持つ独立会社」と表現したのに対して,「小さな」世界企業論は「独立系」としている。この両者の一致は,日本の産業構造に根強い系列会社への打破を示唆する出発点の一致とも

捉えられるだろう。

　また，独自技術で獲得した高いシェアについて，中堅企業は，「その製品は独自の技術，設計考案によるものが多く，必要な場合には量産に成功し，それぞれの部門で高い生産集中度・市場占有率を持ち，独占的性格を持つものも多く，特定の購入者に依存せず，大企業の購入独占に対抗する力を持ち，使用総資本純利益率の高いものが多い」と，詳しく説明した[7]。それに対して，「小さな」世界企業は，「自らの得意とする製品分野に事業を絞り込み，製造技術を掘り下げて独自の製品に仕立て上げ，世界市場を相手に10％以上を輸出（現地生産を含む）するとともに，相当の世界シェアをもつ」と，解釈している。つまり，両者とも，独自技術による高いシェアの獲得を重要視している。

　両者は，以上の共通点を持ちながらも，相違も存在する。

　まず，中堅企業は「中小規模を超えた企業」を対象としているが，「小さな」世界企業は，中小企業を含む「売上高500億円以内，資本金10億円以内，従業員数1,000人以内」の企業を対象としている。「図4：『小さな』世界企業と中堅企業」で分かるように，中堅企業は，大企業と中小企業の中間に位置するいわば「第三の企業グループ」の一部を占めている。つまり，中堅企業は，中小企業とは別の企業群であることである。それに対して，「小さな」世界企業は，中堅企業の下層部と中小企業の上層部に位置づけられている。すなわち，「小さな」世界企業の中にも中小企業があるということになる。前述したように，「小さな」世界企業の8割を占めているのは，中堅企業に区別された中小企業である。

　次に，中堅企業は「第二市場上場の有無」を中小企業から区別する一つの基準としているが，「小さな」世界企業の殆どは，むしろ未上場である。確かに，中堅企業論では，「現実には，中小企業から中堅企業への過渡的形態を示すものも少なくなく，またすでに中堅企業の枠をこえて大企業に発展している企業，中堅規模に到達していながら上場会社とはならず，個人資本としての性格を依然として維持している企業などが存在している」と補足した[8]。しかし，「小さな」世界企業において，むしろこのような現象は普遍的に存在している。

図4:「小さな」世界企業と中堅企業

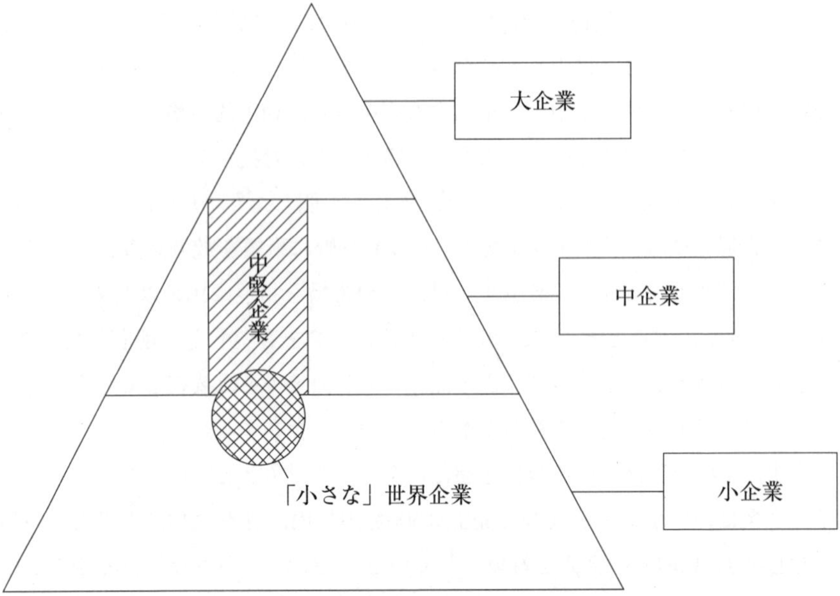

※溝田誠吾『小さな世界企業』,プリント版,NRI野村総合研究所『中堅企業白書・ミドルサイジング時代の企業経営(1992年)』,野村證券,1992年を参照作成。

　特に,『会社四季報・未上場版』からのデータ収集は,両者の違いを鮮明化にした。そもそも,上場か否かの問題は,社会的資本の調達を意味する。現に,「小さな」世界企業の多くは,上場を望んでいない。その理由は,単なる個人・同族経営の継承だけではない。ほかに,社会的資本の調達の必要性が全くないことや,上場による技術情報の漏洩などが挙げられる。先述したように,『会社四季報・未上場版』へのデータの未公開企業もある。また,すでに上場を果たした「小さな」世界企業のうち,社会的資本の調達を目的にせず,人材の獲得のために上場した「小さな」世界企業も少なくない。

　そして,中堅企業と「小さな」世界企業との最も異なる点は,世界市場にある。中堅企業は,高いシェアの獲得に注目したにもかかわらず,国内市場にとどまり,国内の大企業への同等な立場での対話を重要視している。それに対して,「小さな」世界企業は,世界的に進出していることを強調している。「小さ

な」世界企業は，早い段階で，もしくは，最初から世界を視野に入れ，グローバルな企業活動を展開している。中には，本田技研，ソニーのように，海外から日本への逆輸入成長コースを歩んできた企業もある。

4．「小さな」世界企業の意義

まず，前述したように，「小さな」世界企業は，中堅企業の下層部と中小企業の上層部に位置している。そのことは，多くの中小企業に夢を与え，つまり，「自らの得意とする製品分野に事業を絞り込み，製造技術を掘り下げて独自の製品に仕立て上げる」ことによって，中小企業でも，世界市場を相手に，事業展開できるのである。「小さな」世界企業という世界への夢は，長引く不況と系列にあまんじている日本の中小企業のみならず，多くの発展途上国の中小企業にも有意義な示唆を与えている。

この意味では，「小さな」世界企業の事例研究は，それらの企業が独自技術による真の独立への経験とノウハウを明らかにし，中小企業の頂点に辿りつく道のりに光を当ててくれるのである。

また，ここで，特に指摘しなければいけないのは，「小さな」世界企業の独自技術が必ずしも世間でいわれるハイテクではないことである。世界市場を視野に入れることを考える場合，人々がハイテク産業などに目を奪われることが多い。しかし，実際に，後の事例研究で取り扱う企業でも見られるように，「小さな」世界企業は，ハイテクよりもローテクの最先端で成功を収めたことが多い。つまり，ある特定の既存技術に絞り込み，それを深く掘り下げることによって，他人の真似できない独自技術に仕上げることである。言い換えれば，それは，一般技術を独自技術へと進化させることである。

このことは，「小さな」世界企業の理論を，1990年代の第3次ベンチャー・ビジネスブームとも区別することとなる。ベンチャー・ビジネスとは，デザイン開発を含む広い意味での研究開発型の新規開業企業，既存の企業では満たすことのできない新しい需要を満たす企業，新しい事業機会を創造した特徴のある新規開業企業をいう[9]。常に新しいものを求めるベンチャー企業と対照的

に,「小さな」世界企業の殆どは,むしろ,既存のものにこだわり,長い歳月をかけて絶えず改良に改良を重ね,世界市場でも通用できる独自の技術に仕上げた。研究チームの合言葉ともなっている「絞り込んで,掘り下げて,世界が謳う」というのは,まさにそのことである。

最後に,「小さな」世界企業理論の形成の時代背景にも,留意しなければならない。「中堅企業論が重化学工業化の急激な進行に伴う大企業体制の強化の時期に提起されたのに対して,ベンチャー・ビジネス論は,重化学工業化の成熟と脱工業化の時代に,いいかえれば,大企業体制の矛盾と限界がようやく表面化してきた時代に登場した」のである[10]。

それらの理論に対して,「小さな」世界企業の理論の登場の背後には,「規模の経済性→範囲の経済性→連結の経済性」[11]への企業側の転換,中央集権から地方分権への時代の変化,高付加価値を目指す日本製造業の変革,世界経済の牽引役として期待される経済大国日本製造業の奮起がある。

第2節 「小さな」世界企業の事例研究

「小さな」世界企業研究チームは,今まで,多くの企業を考察し,事例研究として蓄積をしてきた(第3節で詳しく説明する)。

塩見治人は,「小さな」世界企業について,ファッション産業,新ベンチャー産業,伝統産業でなく,一般産業においても,「柔らかい専門化」ができると指摘した[12]。つまり,ローテク産業においても,製品・技術の掘り下げによって,一般技術から最先端技術への昇華が可能である。

同じような見解は,近年,幅広く論議されている。赤池学は,このような技術の昇華を「ローテクの最先端」と名づけた[13]。NHKは,伝統技術から進化してきた最先端技術を「ジャパンインパクト」番組を放送した。その内容をまとめた『ジャパンインパクト・伝統の技が未来を開く』も,出版された[14]。

このような視点で,本書は,中国中小企業の現状を考慮し,私が調査した「小さな」世界企業の中から,一般産業で,ローテクの最先端に走っている樹

研工業，カメヤマ，ユニオンツールの3社を事例研究として取り上げ，その成長過程への研究を通じて，「小さな」世界企業の強さの実態を明らかにする。

1．株式会社樹研工業

愛知県豊橋市に，真黄色に染められた建物群が目立っている。それは，樹研工業である。1965年に創業した同社は，資本金4,400万円，従業員70名，年間売上高24億8,800万円の「小さな」世界企業である。1/1,000,000gの歯車をはじめとする同社の超微細プラスチック歯車製造技術は，世界の頂点を極めた[15]。

現在，同社の各生産部門が法人ごとに細かく分かれているが，実際には，事業部制のように運営されているようである。

① 文系社長による創業

1960年に愛知大学経済学部卒業した松浦元男社長は，5年後，自ら精密小型プラスチック部品を設計し，個人事業として創業した（「表12：樹研工業の歩み（1965〜2003年）」を参照）。

社会科学系の出身にもかかわらず立派な技術者としてスタートを切ったきっかけは，大学に教室間違いで，違う授業を受けたことであった。「あの偶然は私の一生を変えた」と，松浦社長は，今でも懐かしく当時のことを振り返る。その授業でヒントを得た彼は，設計に興味を持ち始め，独学で精密部品の設計技術を習得した。このことについて，松浦社長は，「人間は頑張れば，できるもんで，君達もたまに違う授業を受けてみたら」と冗談を交じりながら，私達に語った。その爽やかな笑顔の裏に，彼の並外れの努力と自信が秘められている。

「重厚長大」時代に創業したにもかかわらず，松浦社長は，「軽薄短小」という製品の発展方向を先見し，小型プラスチック部品（歯車）分野に絞り込み，試行錯誤を重ね，精密小型プラスチック部品成形の専業メーカーとして創業した。

表12：樹研工業の歩み（1965〜2003年）

年代	国内展開	海外展開	技術進歩
1965	創業		合成樹脂小型部品製造
1972	樹研工業に改組，資本金500万円		
1973	資本金2,200万円へ，本社及び工場を現住所に移転，金型工場設立，ジュケンファインツール，金型制作部門発足		省エネ，省力化，ハイサイクルの成型機開発
1975	ジュケンマシンワークス，成型機開発生産部門誕生		JMW001型成型機20台製作
1982	成型機開発部門を分離独立し，ジュケンマシンワークスを設立，金型設計部門を分離独立し，ジュケンファインツールを設立		
1984	ジュケンマシンワークスは，中外貿易，モダンマシナリーと業務提携		小型射出成型機エムジェック-10
1985	資本金4,400万円へ，宮城事務所，東北地区生産拠点を設立，ジュケンマシンワークスは，丸互とエンジニアリングプラスチック成型トータルシステムに関する技術援助契約		小型精密金型用モールドベース
1987		西独にACCUROMM P&E GmbHを設立	
1988		英国にACCUROMM(UK)LTD，台湾に台湾樹研，韓国に韓国樹研工業を設立	
1989	合成樹脂小型精密部品成型を主業務とする樹研精密加工を設立	米国にACCUROMM U.S.A INCを設立，英国に駐在員事務所を開設	回転抜き及びインサート成型
1990			第8回豊橋科学技術賞受賞
1992		シンガポールにJUKEN TECHNOLOGY SINGAPORE PT LTDを設立	
1995		韓国にSEOUL樹研，香港に樹研香港，中国に珠海市樹研を設立	
1996	合成樹脂小型精密部品成型を主業務とするジュケンタイニーパーツを設立，ジュケンネットランナーサービスを設立，金型メーカーサンワインタックに資本参加し，経営権取得		1/10,000gの歯車発表，0.001g以下の極小部品の成形品のみの製造，焼入れ研磨型の生産
1997		タイに樹研THAILANDを設立	
1998		マレーシアにJUKEN TECHNOLOGY MALAYSIA SDN. BDH.を設立	
1999	サンワインタックにJMW小型成形機及び中型成形機を設備，成形工場も併設		1/100,000g歯車発表
2000	愛知県豊橋市に神野工場を設立		
2002		中国に樹研科技（蘇州）を設立	1/1,000,000g歯車発表
2003		中国，インドに新会社設立準備中	

※株式会社樹研工業の資料によって作成。

② 精密金型に絞り込んだ事業展開

1973年，同社は，重さ１ｇの精密歯車の開発に成功し，一躍注目されるようになった。同年，現住所に本社及び工場を移転した同社は，金型製作部門を発足させ，金型工場を設立した。後に，この金型製作部門は，有限会社ジュケンファインツールとして独立した。

この100人足らぬ中小企業の１生産部門は，次々と世界を驚かせた精密歯車を発表してきた。１ｇの歯車の開発成功以降，同社は，1/10g，1/100g，1/1,000g，1/10,000gと相次いで微細歯車の量産に成功した。その度に，大手メーカーは，後を追い，テレビチューナー，８ミリビデオ，時計部品を小型化してきた。

歯車を測る単位は，本来，内径，外径の長さでcm，mmがよく使われているが，同社の歯車は，あまりにも微細のため，重さを測る単位のグラムで表示するしかない。1999年，同社は，計画から10年間をかけ，約２億円の研究開発費用を投じた1/100,000gの歯車を発表した。それは，外径0.2686mm，歯数９枚のポリアセタール樹脂製のピニオン歯車である。同年，その1/100,000gの歯車を太陽歯車とする外径1.24mmの超小型遊星歯車回転機構も完成された。さらに，その僅か３年後，同社は，外径0.149mm，５枚の歯を持つポリアセタール樹脂製の1/1,000,000gの歯車を発表した。米粒に載せられた色取り鮮やかな製品は（「図５：樹研工業の超微細歯車」），肉眼で見えないほどである。1/100,000gと1/1,000,000gの２規格の歯車について，当分，用途はないが，マイクロロボットの動力源などの応用に期待し，同社は，いつでも量産できるように，生産体制が整えているという。

なぜ想像を絶するこのような小さな歯車を作ったかを聞いてみると，松浦社長は，「地方の中小企業には，なかなか皆さんが見てくれない」と中小企業の事情を素直に認め，「中小企業が目立ちたいなら，自らの技術を極め，何か他社ができそうもないものを作らなければいけない。いわば，一種の売名行為でしょう」と言った。彼が目をつけたのは，超微細プラスチック歯車であった。創業以来，精密小型プラスチック部品にこだわり続けてきた松浦社長は，得意

図5：樹研工業の超微細歯車

※樹研工業松浦社長の名刺から。

とする精密金型の設計・製造技術を掘り下げた。「極限を狙い，限界を進む」という社是の下で，同社は，精密小型プラスチック部品の最先端へ走り出した。

　実際には，その超微細歯車の開発の裏には，同社製品の大転換が隠されている。1/10,000gの歯車の発表まで，松浦社長の予見通りの展開で，日本の大手電機メーカー各社は，電気製品などの小型化を進めてきた。10年前まで，同社の売上高の約7割が，大手電機メーカーへの部品提供で稼いでいた。

　しかし，人件費の高騰や円高などによって，生産拠点を海外へ移り始めた日本の大手メーカーは，次第に海外の現地で部品調達するようになった。一方，発展途上国は，特に，家電などの分野で，猛烈な追い上げを見せた。日本企業の電気製品の限界に不安を感じた松浦社長は，密かに1/100,000g歯車の開発を取り込み，その開発で世界へアピールするとともに，新たな販売ルートを模索し始めた。

　松浦社長の予見は，また，見事に的中した。家電メーカーへの納品は，1990年代に入り，急激に減少し，1998年に最低水準に陥った。ソニー，松下への売上は，ピーク時の数千万円から数百万円へ，アルプス，東芝への売上は，数千万円から0円まで落ち込んだのである。普通の中小企業なら倒産を余儀なくさ

れるこの最大のピンチだが，松浦社長は，鋭い先見性と積極的な独自技術への掘り下げで，切り抜いた。

1999年に発表された1/100,000gの歯車は，日本国内のみならず，世界中の注目を集めた。世界中からの引き合いの中，松浦社長が期待していた新たな販売ルートが現れた。それは，自動車部品の提供である。モジュール化が進む自動車産業は，スピードメーターの構造の改造が行なわれていた。コストが1/4まで低下できる中心に永久磁石をおく時計のような新装置が，求められていた。従来，SWATCHなどの時計メーカーと取引していた同社は，その経験とノウハウを生かし，最先端の技術を持って，その新装置の部品提供に一番乗りを果たした。今日，同社の歯車を搭載しているスピードメーターは，世界の3,000万台の車に乗せられ，実際に50%の世界シェアを獲得している。10年前から計画された販売ルートの大転換も，順調に進められてきた。2002年の売上高の70%は，時計と自動車部品によって，作り出されていた。「世界シェアの100%は，経営者としてのロマンである」と，松浦社長は，自動車部品分野でのさらなる躍進に夢を抱いている。

現在，ジュケンファインツールは，小型精密金型の設計製作，精密金型専用モールドベース製作販売を行なっている。高速加工・高精度加工・超細密加工の技術で作られた耐久力を持つ高精度の金型は，200万ショット以上を保証している。日本中小企業の1生産部門は，世界に誇る最先端技術を持ち，完全に標準化されたモールドベース（JFT規格）と，3次元CAD，CAMを駆使する職人集団に変身したのである。

③ 自社設備から機械製造へ

松浦社長の精密部品へのこだわりは，創業期から，同社を単なる成形加工企業ではなく，部品成形に必要な金型設計製作，射出成形機の開発まで自社で手掛けられる企業に導いた。樹研工業の敷地内，黄色と青色で塗装された機械設備が随所に見られる。近づくと，「JMW」のマークが目に付く（「図6：樹研工業の内製機械『JMW』」）。それらの機械は，すべて同社の内製設備である。

自社設備を内製する理由は，他社の真似できない微細部品を作るため，より

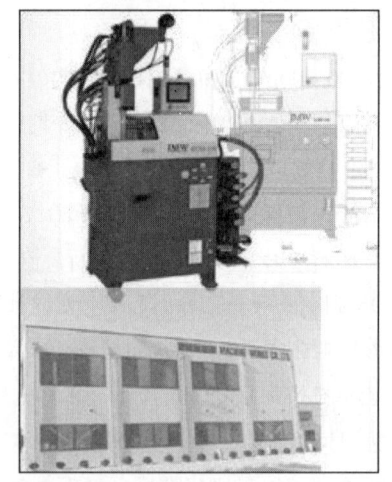

図6：樹研工業の内製機械「JMW」

※http://www.juken.com/jmw_info/info.html

　最適な金型，成形機械を自分で考えるしかなかったほか，1973年のオイルショックにもあった。当時，原油価格の上昇を2割増しと予想した松浦社長は，電気代上昇の対策として，省エネの内製設備を取り組んだ。1975年，同社は，成形機開発生産部門を設立し，後に株式会社ジュケンマシンワークスとして独立させた。「JMW」は，その略である。

　1975年，試作機1号が誕生して以来，同社は，今日まで，2,000台以上の機械を製造してきた。1980年代から，自社生産用の設備が他社にも注目され，注文を受けるようになった。特に，高精度な小型部品を効率良く成形するための専用機である「JMW」の小型成形機は，業界で好評を博している。

　今日のジュケンマシンワークスは，小型精密成形機，成形周辺合理化機器設計，製作，販売を行い，小型部品成形のための専門プラントとして，自動ネジ抜き専用機，完全自動インサート専用機，超小型部品（1/1,000g）専用機，除湿乾燥機，製品取り出し機，キャビティ—別管理，生産ロット管理，コンピューターによる遠隔管理操作等の設計，製作を行なっている。

　「JMW」の機械は，裸（普通の歯車製造用）なら約560万円で，オプション付

き（ピン入り歯車などの製造用）なら約2,500万円で取引されている。近年，僅か7人のジュケンマシンワークスは，年間グループ全体の1/3に当たる7―10億ぐらいの売上を作り出している。

④ ファミリー理念で海外展開

国内の電子部品の供給に限界を感じた松浦社長は，上述した自動車部品への事業転換を図りながら，次第に海外に視線を移した。1987年，同社は，合弁で西ドイツにACCUROMM P&E GmbHを設立し，海外への第1歩を踏み出した。以来，同社は，中小企業と思えないほどのハイペースで，海外進出を進めてきた。

1988年，同社は，英国にACCUROMM (UK) LTD，台湾に台湾樹研股份有限公司，韓国に韓国樹研工業を設立した。翌年，同社は，米国にACCUROMM U.S.A INCを設立し，英国に駐在員事務所を開設した。さらに，同社は，1992年にシンガポールにJUKEN TECHNOLOGY SINGAPORE PT LTDを，1995年に韓国でSEOUL樹研，香港で樹研香港有限公司，中国に珠海市樹研精密塑膠有限公司，1997年にタイに樹研THAILAND，1998年にマレーシアにJUKEN TECHNOLOGY MALASIASDN.BDH，2002年に中国に樹研科技（蘇州）を設立した。現在，同社は新たに，中国，インドで新会社の設立を準備している。従業員70人の中小企業は，僅か15年間で，世界の10ヵ国（地域）に現地法人を設置した。

樹研工業の海外進出には，4つの同社独自の原則がある。それは，①すべての海外事業を現地の企業と合弁企業とする，②株占有率を49％以下に押さえる，③技術指導料及びその他のノウハウに関する料金を取らない，④株式配当を禁止することによって，自己資本比率を確保する，のである。

松浦社長は，これらの海外進出の原則で，海外企業との共存共栄の理念を明らかにした。世界各国には，それぞれの事情がある。だから，現地企業との合弁で，速やかに現地に溶け込むことを計る。また，相手企業を支配しないことは，現地企業の活力を最大限に引き出す。そして，Pなじシステムの導入は，海外事業と本社との良好なファミリー関係を構築する。もちろん，松浦社長

は，安定経営を最優先とする自らの経営哲学も原則として，組み込んでいる。

　また，同社の海外進出に，もう1つの特徴がある。それは，海外進出を現地出身の方に任せることである。同社が10ヵ国（地域）に進出しているにもかかわらず，松浦社長は，あまり海外に行っていない。実際には，設立してから一度も足を運んだこともないところもある。松浦社長は，「海外のことは，その事情を熟知する方に任せたほうがいい。そこで節約した時間と精力は，我が社の技術のさらなる発展に注げられる」と解釈し，また，そうした一任する方法で，現地の企業とより良い信頼関係が築けると強調した。実際には，中国進出について，彼は，中国事情に詳しい華僑に一任した。最近設立されたばかりの樹研科技（蘇州）でも，中国出身の社員に一任したという。

　現地の事情を熟知する者に任せることによって，より早く，よりスムーズにその地域で事業を展開できる。また，その過程で築かれた信頼関係は，人と人の信頼関係を越え，海外法人と本社との信頼関係まで発展し，樹研工業ファミリーの強固な土台を構築した。

⑤　**派手な経営者に導かれ，最先端技術へ**

　真黄色の建物群，黄色と青色の機械，樹研工業は，訪問者に派手な印象を与える。松浦社長は，自らのアイデアについて，「私は，目立ちたいから，派手なものが好きだ」と，笑いながら語った。名刺に自社製品を仕込んだのも，用途のない製品の売名行為も，日本経済に対する痛烈な批判も，6時間半延々と続く講演も，その性格の現れであろう。

　松浦社長は，会ったすべての人に強烈な印象を与える。「あれだけ物事を直接に言う経営者は，松浦社長しかいないよ」と，人々は口を揃えた。同じく豊橋に立地する「小さな」世界企業の本多電子株式会社の本多洋介社長は，「私は，松浦社長のように成れないが，経営者として好きなタイプです」と，松浦社長に敬意を表した。

　目立ちたい経営者に導かれ，樹研工業は，常に最先端を走っている。同社は，1996年に，合成樹脂小型精密部品成形を主業務とする有限会社ジュケンタイニーパーツを設立したほか，独自のコンピューター・ネットワークを構築す

第8章　新モデルの導入　155

るため，有限会社ジュケンネットランナーサービスを設立し，金型メーカーサンワインタック株式会社へ資本参加も試みた。

　現在，同社は，すでに次のステップへのスタートを切った。それは，液晶，非球面レンズといった磨くことのできない1ナノの世界への挑戦である。

　そのため，同社は，2001年に，0.1ミクロ制御できる1ナノ製作機械を導入した。同機械は，トヨタの関連会社で作られた世界最高の制御精度を持つものである。超精密機械のため，年に1台しか作れないという。松浦社長は，他社に先駆け，迷わず3台を予約した。また，最高の精度を確保するため，温度差をプラスマイナス0.001度に抑えることが前提条件である。0.001度というのは，60キロ人間が部屋に入った瞬間の室温変動に相当する。同社は，超精密に温度管理できる施設を敷地に建てた。僅かの揺れも許さないため，建物の下に3mものコンクリートを詰め，さらに，地盤沈下防止のために，コンクリートの下に様々なパイプを下敷きにした。超精密機械は，温度差をプラスマイナス0.1度に抑えた大部屋の中に作られた温度差をプラスマイナス0.001度の小部屋に置かれている。機械，施設をあわせて，3億5,000万円を投じたビックプロジェクトである。部品メーカーでありながら，完成品メーカーをリードしてきた同社は，またも，最先端の技術に走り出した。

　「新たなことに挑戦し数多くの失敗を積み重ねることが，ほかに波及する新技術を生み出すことにつながる」という信念で，松浦社長は，「日本中最後に倒産するのは，我が社だ」と，自信を溢れさせている。

⑥　ユニークな人材育成

　樹研工業の採用制度は，驚くほど簡単であり，つまり，「先着順」である。「先着順」だから，学歴は，ともかく，国籍さえも問わない。現在在籍の中国人従業員について，松浦社長は，「採用後の初対面で，始めて外国人に気づき，マアー，頑張ってくださいと言っただけ」と，気にする様子を全然見せなかった。

　このユニークな採用制度を可能にしたのは，同社の独自の人材育成方法でもある。「地方の中小企業だから，なかなか優秀な人材を取れない」と，松浦社

長は，中小企業の現状を認めながらも，「しかし，大事なのは，来てくれた若者を我が社の有能な人材に育てることだ」と，人材育成の重要性を言った。

工場の敷地内に，暴走族によく使われる大きなバイクが，何台か並ばれている。松浦社長は，「確かに，我が社の従業員のうち，以前暴走族に所属していた人もいるけど，入社した瞬間，彼らは，もう暴走族から脱皮し，技術者に，職人に変身した。」と，自社の人材育成に自信を示した。

「先着順だから，暴走族のほうが早く着く」と，松浦社長は，ジョークを口にしながら，「暴走族は，技術，技能の継承に必要とするものを持っている」と，持論を展開した。高価のバイクを購入しているため，暴走族の多くは，金がないので自分でメンテナンスを行なっている。バイクを修理することによって，機械への興味を持つものも多い。また，暴走族は，上下関係がはっきりしている厳しい組織であるから，「基礎ができるまでYESで行け，基礎ができてから文句を聞いてやる」といった職人の世界に向いている。松浦社長は，技能工を職人と呼び，暴走族から職人への改造を試みた。その読みは，正しかった。入社した暴走族の若者は，大体2年間で落ち着き，本気に職人への道を歩み始めるという。

樹研工業の新入社員が一人前の職人になるまで，3—5年がかかるという。最初の半年は，焼入れの訓練である。焼き加減が自動に知らせてくれる電気炉をわざと使わないで，バーナーで訓練するのは，樹研方式である。手作業に通じて，新入社員は，目，手，肌，体で，焼き加減を覚え，職人の独特なカンを築く。次の半年は，内径1/10,000mmの誤差を要求する内研の訓練である。これも，理屈より感覚を重視するもので，指先の微妙なコントロールが求められる。最初は，なかなかうまく行かないものの，半年が立てば，成功率も当初の4，5％から100％まで上昇するという。1年間の職人感覚の陶冶を受けているうちに，若者の心も落ち着きを見せ始めた。そこから，新入社員は，各精密金型グループに配属され，2/1,000gの部品の製作のために，初めてデジタルの金型の世界に入る。少人数のグループで，先輩とともに，グループのプロジェクトの実践で，設計から製作まですべての工程を習得していく。2年以上，試

行錯誤を重ね，彼らは，やっと一人前の職人になれる。アナログからデジタルへ，ライン上の分業ではなく，設計を含むすべての工程を一人で完成させる。これこそ，樹研工業の人材育成法である。「今，セル方式が話題になっているが[16]，30年前から，我々がすべての作業を一人でやってきた」と，松浦社長は，自社の技術継承の妙を語り，「それは，高付加価値商品を目指す日本の中小企業が勝ち抜ける唯一の道だ」と，日本製造業の復興に期待している。

樹研工業の職人養成方法は，暴走族の若者だけでなく，職人世界とは無縁だといわれる女性にも実を結んでいる。実際に，現場で顕微鏡を使って，精密金型を操作している女性も少なくない。高校で数学の成績が 1（赤座布団＝0点より悪い点数）であった女性従業員は，金型に興味を持ち，一人前の職人になり，同時に，高校の数学もできるようになった。また総務に勤務した女性従業員は，現場を希望し，自分で購入した最新のCAD機械を現場に持ち込み，職人の世界に飛び込んだ。彼女達は，従来と一味違う女性ならではの繊細な金型を次々に生み出している。ちょっとした工夫は，アナログで表現できない微妙な違いを表した彼女達の製品は，実に上質な金型である。樹研工業の職人養成方法は，技術の継承とともに，従業員一人一人の理解能力，表現能力を引き出したのである。

技術者にじっくり時間をかけて養成するのと異なり，営業職，事務職に対して，樹研工業は，短期間教育を徹底している。技術者のサポート期間が1年としているが，顧客データの管理システムに基づき，担当範囲，取引先回りなどの業務の引き続きは，1週間以内で完了することが要求されている。「一生懸命勉強すれば，誰でもできる」と自信を見せている一方，松浦社長は，「人が集まることは，企業の運である。中小企業は，大企業のように，毎年の決まった時期に人を採用することは良くない。むしろ，取りたい時に取るべきだ」と独自な見解を唱えた。

そのため，樹研工業は，新入社員の研修のような制度よりも，従業員への日々の教育に力を注いでいる。その人材育成は，技術，業務のみならず，人間性も重要視している。松浦社長は，社内用テキストとして，自ら執筆し，1997

年に『21世紀に生きる』,1998年に『21世紀に生きる(続)』,さらに,1999年に『日本のビジネスは変わる——99'樹研工業は21世紀に向かって変革をする——』を発表した。

　松浦社長の独創的な人材育成方法で育てられた従業員は,次第に,個性を製品に生かせるようになってきた。と同時に,彼らも社長のように,自分の意見を言えるようになってきた。面白いことに,同社は,自己評価制度を一時的な実験的に導入したが,育成した従業員に圧倒され,松浦社長は,結局,従業員全員に最高の評価をつけるしかなかったという。

　真黄色の建物,黄色と青色の設備といった派手な色に陶冶され,独特の先見性で強いリーダーシップを発揮する経営者に導かれ,樹研工業の従業員は,家庭的な雰囲気にいながら,自分の使命を覚悟し,自分の役割を果している。樹研工業は,このような企業である。

2．カメヤマ株式会社

　三重県亀山市は,名古屋からJR関西本線で1時間あまりを走ったところにある。1時間1本の電車しか来ないこの辺ぴな町には,世界に名を知らせた「小さな」世界企業がある。それは,カメヤマ株式会社である。今日,本社を大阪に移転した同社は,依然として,発祥地を亀山本社工場と位置づけ,企業の歴史と独自の技術を継承し,世界最高のブランド・カメヤマローソクを作り続けている。カメヤマの成長過程をふりかえてみよう(「表13：カメヤマの歩み(1927～2002年)」を参照)。

① 信仰心がもたらした創業

　1927年の創業から,75年間の歳月を経て,今日のカメヤマは,資本金7,000万円,年間売上高82億円,従業員550人を抱える日本ローソク業界のトップとなっている。

　同社は,日本国内普通ローソクの約50％,ローソク全体の約30％のシェアを占めている。現在,全日本ローソク工業会に加盟したローソクメーカーは,45社があるが,規模が小さいゆえ,海外展開している企業は殆どない。円高,人

表13：カメヤマの歩み（1927～2002年）

年代	国内展開	海外展開	製品・技術
1927	谷川兵三郎により創業		普通ローソク製造
1937			輸出美術ローソク研究着手
1938	天皇・皇后から光栄	米国向け第一便積出し	
1946	法人組織に改組・谷川成士社長就任		
1949		米国D社と加工貿易契約	
1951	大阪支店開設（心斎橋）		
1952	東京支店開設（王子）		
1964	大阪支店移転（住吉区へ）		
1968	久居ローソク（株）設立		
1969	大洋ローソク（株）設立		
1971	東京支店移転（練馬区へ）		
1975			スウェーデン王立研究所絶賛
1976		マレーシアに協力会社	線香開発着手
1980	マス商事（株）設立		
1982	福岡支店開設（嘉穂郡）		
1983	金沢，横浜，北海道，埼玉支店開設		
1984	九州カメヤマ（株）設立・仙台，高松，新潟支店開設		
1985	広島，札幌，鹿児島営業所，銀座店を開設		
1986			線香発売
1989	カメヤマ株式会社設立		
1992	東北工場（北上）設立		植物ローソク開発
1993	カメヤマ株式会社合弁設立		
1994	本社大阪へ移転		
1995	東京支店移転（台東区へ）	米デザインアイデアズ社との日本総代理店契約・ベトナムに協力会社	
1996		オランダモルカ社との日本総代理店契約	備長炭入り製品開発着手
1997	東京，大阪，名古屋，広島，福岡，仙台にキャンドル事業部・東京ショールーム開設		
1998	カメヤマ物流センター開設・大阪ショールーム開設		
1999	亀山市ショールーム開設		
2000	横浜営業所開設・キャンドルハウス事業部札幌事業部及びショールーム開設・仙台ショールーム開設・キャンドルハウス事業部東京本部及びショールーム移転（北青山へ）		
2001			備長炭製品発売
2002			クリ・オ発売

※カメヤマ株式会社が提供された資料によって作成。

件費の高騰，長引く不況にもかかわらず，今なお年間5％の輸出率を維持しているカメヤマは，もちろん群を抜いている。

日本ローソク業界の巨人のカメヤマは，宮大工であった谷川兵三郎が創業した。宮大工で培った信仰心は，彼に，「信仰関連で何か人様に役に立てる他の仕事をしたい」との考えをもたらし，やがて，彼に馴染みのある神仏用のローソクを作ることを決意させた。作り方が簡単だからローソクを，亀山にあるからカメヤマを社名にしたという。

一般的に，ローソクは，原材料のパラフィンの溶解，ゴム型，石膏型，金型などの型への流入成型，ローの凝固，型抜き，といった流れで作られている。このシンプルな製造工程で，違いを見せるなら，流入成型以前に芯を差し込むか，ある程度固まったところで芯を差し込むか，とのことであろう。

カメヤマは，シンプルな作り方で，ごく普通の商品を製造し，人情味がある静かな町でスタートを切った。

② 海外への契機

1937年，後に2代目社長に就任した谷川正士は，海外の美術ローソクに魅せられ，輸出向けの美術ローソクの研究に着手した。それが，カメヤマの世界への第一歩となった。

美術ローソクは，型抜きまで成型用の型の種類を豊富にさせる以外，一般的なローソク製法と同じ流れである。その後，ローソクのバリ取りをし，絵付けをする。従来の製造工程と比べ，手作業による部分がかなり多くなるほか，絵付けや化粧箱への包装などに，繊細さ，審美センスが問われることになる。

研究熱心で有名な谷川正士は，その美術ローソクの製作に没頭した。1年後，カメヤマで開発された美術ローソクがアメリカ向けの船に積み込まれた。その美術ローソクは，たちまち諸外国で好評を得た。その情報が日本にも伝えられ脚光をあびた。カメヤマは，昭和天皇・皇后両陛下により数回にわたり美術ローソク台覧の光栄に浴すことになった。

しかし，当時の日本は，欧米と違い，ローソク文化が殆どなかった。強いていえば，神仏用のみであった。欧米では，花とキャンドルの使用量がその国の

文化水準を表すバロメータだとも言われている。現在，日本のキャンドル年間使用量は，フランスの26.6％に過ぎない。キャンドル年間使用量のトップのイタリアは，日本の17.5倍ものキャンドルを消費している[17]。欧米の文化を積極的に取り込んでいる今日の日本でも，欧米と大きな差が生じているが，当時の日本には，美術ローソクの需要も殆どなかった。

　そのような事情があって，カメヤマは，市場を海外へ求めた。戦後の1949年，カメヤマは，米国のD社と加工貿易契約をし，戦前の輸出志向の伝統を引きついた。

③　世界に認められたブランド

　カメヤマが世界を驚かせたのは，40年前の出来事であった。1956年に，スエズ運河の国有化をめぐり，エジプトで動乱が起きた。当時，ヨーロッパに向けて美術ローソクを輸出していたカメヤマも，その動乱に巻き込まれた。西ドイツに届くはずのローソク2貨車分は，船積みされたまま，閉鎖されたスエズ運河の船倉で7年間，放置されていた。後に，スエズ運河の閉鎖が解かれて，保険会社が箱を開けてみると，キャンドルは，スエズ運河の炎熱に耐え，まったく変質してなかったので，そのまま顧客の元へ届けられた。受け取った顧客は，カメヤマの高品質に驚き，カメヤマにその旨を伝えたという。

　1977年に，そのできごとは，新聞で大きく報道された。当時の記事は，事件を詳しく報じ，その秘密が主原料の「カメヤマワックス」にあると，カメヤマローソクに賛辞を惜しまなかった。

　それと同じ頃，カメヤマが世界に認められた重大な発表があった。1975年，スウェーデン王立研究所は，世界一のローソクを決定するため，各国の製品を1年間実際にテストした。その結果，カメヤマが最高であった。後に，経済誌を通じてその結果は，公表された。

　ローソクの良さは，曲がらず・たれず・くすぶらず，の「三ず」で決まるといわれている。カメヤマのローソクは，その「三ず」を見事に実現した逸品である。現在，ローソクは，一般的に，原材料のパラフィンワックスを溶かし，135度の適温で各種の製造機械に注入して作られる。「三ず」を左右する決め手

は，原材料のパラフィンワックスの調合の良し悪しである。メディアに絶賛された「カメヤマワックス」は，カメヤマと日本石油（株）との共同開発で作られた製品である。「カメヤマ＃90」と名づけられた同製品は，素材メーカーの日本石油（株）の研究と製品メーカーのカメヤマの職人技のノウハウとの結晶である。それは，最初から世界市場を視野に入れ，世界のあらゆる気候を考慮し，プラス・マイナス30度まで対応できる製品として完成した。今日においても，その品質を越えるものはない。

　上記のことが，カメヤマを世界最高のブランドに押し上げた。それを契機に，世界2位のドイツのギース社，3位のアメリカのレノックス社をはじめ，世界中のローソクメーカーは，日本の亀山工場に集まってきた。今日，ギース社も，レノックス社も，いずれの製品も一部は，カメヤマにOEM生産を委託されている。

　今，円高や日本国内の賃金の高騰などで，輸出比率は5％程度まで落ち込んだが，「変動相場制以前，90％以上は輸出だった」と，近藤悟副社長は，輸出好調期を懐かしく語った。とはいえ，ローソク業界の輸出比率の計算自体は，極めて複雑である。公表された5％の輸出比率も，概ねの数字に過ぎない。また，OEM生産などを考慮し，実質的な輸出比率は，もっと高いだろう。

　もちろん，カメヤマが世界に認められたのは，高品質だけでなく，その美しいデザインも世界的流行となった。今日，世界中に見られるテーパーキャンド

図7：カメヤマのローソク

※スパイラル　　　　　　　　※テーパー

ル（先が細い）とスパイラル（螺旋状で渦を巻いている）は，カメヤマのオリジナルなのである（「図7：カメヤマのローソク」を参照）。

カメヤマは，その高品質美しいデザイン，その独自の技術も世界に拡がっている。1976年にマレーシア，1995年にベトナムの企業と技術提携を結び，現地企業への技術指導を行なっている。

また，欧米のキャンドル文化の日本への導入を積極的に取り込む同社は，米国のデザインアイデアズ社，オランダのモルカ社と日本総代理店契約を結び，キャンドルスタンドをはじめの欧米のキャンドル周辺製品の輸入を通して，日本のキャンドル文化を育てようと努めている。

④ 日本への「逆輸入」

日本企業のうち，海外で成功し，日本に戻り，大きく成長した「逆輸入」企業は少なくない。本田技研，ソニーなどはその代表である。同じ現象は，「小さな」世界企業にも生じている。輸出をし続けたカメヤマは，同じく，欧米の文化を積極的に吸収すると同時に，日本への導入をも模索し続けていた。

欧米で，最高のもてなしとされるキャンドルを灯した正式なディナーに日本的なアレンジを加え，カメヤマは，日本の披露宴でのキャンドルサービスの導入を企画した。1955年に，明治記念館では，カメヤマの企画を採用し，日本初のキャンドルサービスが行われた。その華々しい独創的なイベントは，たちまち好評を博し，続々と各披露宴式場に導入されて行った。しかし，人々の目線は，新婚夫婦に集められ，キャンドルサービスの原型を提案したローソクメーカーのカメヤマまで届かなかった。

1980年代カメヤマの名を再度知らしめたのは，オーストラリアに客員教授として滞在していた日本人作家であった。彼は，オーストラリアのキャンドル専門店で「KAMEYAMA」のラベルのキャンドルが大人気を博していることに気づいた。そして，人々が高価な輸入品を意識せずに，大量に買っていることに驚いた彼は，その思い出をエッセイにし，雑誌で発表した。

偶然にも，同じ時期に，視察に出かけたある大手百貨店の社長は，海外の一流百貨店のキャンドル売り場での「KAMEYAMA」製品の多さに感心した。

帰国後，彼は，「KAMEYAMA」というメーカーを探し出し，これまでの海外輸入をやめ，カメヤマからの仕入れに切り替えた。

さらに，1988年の日曜日の朝にNHKが放送していた「シルクロードの旅」という番組で，カメヤマローソクが取り上げられた。日本人スタッフがジープに乗り，シルクロードの旅の途中，ある砂漠にたどり着いたところ，「ジャパン，ジャパン」と声をかけながら，たくさんの現地の人達が寄ってきた。彼らは，カメヤマローソクの箱を手に，「このローソクはナンバーワン」と言っていた。シルクロードの気候は極めて厳しいものである。日中45―50度の高温でも，夜間マイナス5度まで，急激に下がるという。このような激しい温度差に耐え，曲がらず，溶けないローソクは，カメヤマしかないと，現地の人々は口を揃えていた。全国ネットでの放送は，何よりの宣伝となり，日本中にカメヤマの名を更に広げた。

カメヤマは，その知名度の上昇により1989年にカメヤマ株式会社を設立し，1993年に既存のカメヤマローソク（株），カメヤマ（株），九州カメヤマ（株），大洋ローソク（株），久居ローソク（株），マス商事（株），計6社の関連会社を統合し，翌年，本社を大阪に移転し，新たに出発した。

今日，カメヤマは，1つの自社物流センター，8つのアートキャンドル事業部，5つの工場，5つの直営店，13ヵ所の営業所を構え，日本全国を網羅するネットワークを構築し，この自社ネットワークで，年間総売上の約30％を達成している。また，小売業者とも深い信頼関係を築いた同社は，各大手スーパー，量販店を通じて，約60％の売上を上げている。残りの10％ほどの売上は，20店の神仏専門店（問屋）を通して，消費者に届けられている。

カメヤマの売上の80％は，ローソクである。用途別では，白ローソク（神仏用），クリスマスキャンドル，ブライダルキャンドル，バースデーキャンドル，葬式用ローソク，の5つに分けられている。

ローソクは，かつて原材料が貴重であった経緯もあって，一般的に重さで規格されている。白ローソクだけでも74アイテムをもつカメヤマは，1号〜60号までのローソクを量産している。2キロもある500号まで迅速な対応が可能で，

図8：カメヤマの機械（ローソク）

※YKMSE156
http://www.jp/kyoiku/kyouzai/MDBHTML97/MANU/MANU34/3401.HTM。

時には，特注で20キロ以上のものも生産する。自社製YKMSE156と名づけられた白ローソク用の製作機械は（「図8：カメヤマの機械（ローソク）」を参照），毎日2,000ケース以上の白ローソク（常用品）を生産している。この機械で，適温で溶かしたパラフィンは，芯（糸）が張られた型に流れ，冷まされてから，ボーリングのリセットのように，持ち上げられ，尻部分で芯をカットされ，自動検査を通し，完成品となる。同機械は，フル回転時，一回で2,000本ものローソクを生産できる。その一回の所要時間は，わずか4分間である。

　手作りの製品を含め，2,000以上のアイテム数をもつ同社は，多品種大量生産を日常に行っている。そして，工場敷地に聳える200トンものパラフィンを蓄積できる自社タンクは，同社が日本ローソク業界のトップであることの何よりの証である。国内ローソク業界のリーダー企業として，国際情勢の緊迫などに備え，国内市場への影響を最小限にし，2ヵ月分の原材料を常備している。実際には，湾岸戦争の時も，カメヤマは，納品を遅らせたことがなかった。

⑤　ローソクと線香との両立

　ローソクのほか，カメヤマを支えるもう1つの柱は，線香である。ローソクと線香，一見，神仏用品であるため，つながりがあると思われるが，実際には，ローソク業界では，両立が不可能とされてきた。その理由は，規模が小さ

図9：カメヤマの機械（線香）

※YKMSE086（練り合わせ）　　　　　　※YKMSE016（押し出し成型）
http://www.mpec.tsu.mie.jp/kyouzai/MDBHTML97/MANU/MANU34/3403.HTM。

いローソクメーカーがまったく違う製造工程の線香に手を出す余裕がないからである。線香は，原材料の練り合わせ，整形，乾燥・成熟の各工程によって，作られる（「図9：カメヤマの機械（線香）」を参照）。その原材料は，植物の粉（百壇・丁子・沈香など），接着剤（蜜・松脂など），整形材，着色剤などであり，石油製品（パラフィン）を主原料とするローソクメーカーにとって決して馴染みの深いものではない。

しかし，カメヤマは，その不可能とされてきたローソク業界の常識を破った。1986年，カメヤマは，研究開発を開始してから11年目に，線香の発売に踏み切った。新規参入を成功させるために，同社は，家屋構造の変化とともに煙が少なく残香の良い線香へと消費者のニーズの変化に対応し，いち早く花の香りをブレンドした線香であるハーブ系の「花げしき」シリーズを発売した。最初は，線香業界での知名度がないため，なかなか浸透できなかったが，テレビCM放映などの宣伝で，徐々に市場を切り開いた。特に，全シリーズを有煙と煙少の2タイプを提供することは，顧客の心をつかみ，大好評となった。「花げしき―ラベンダー」は，線香業界への進出の有力商品となった。

カメヤマの新規参入は，線香業界で新たな旋風を巻き起こした。各社の追い上げにもかかわらず，2001年，同社は，無煙無臭の線香を求める新しい消費者ニーズに応え，顧客の健康を配慮した，備長炭入りの線香―「葵の舞」を発売

した。「花げしき」の研究開発で蓄積された経験とノウハウを生かし，5年間で新製品「葵の舞」を世に送り出す快挙を成し遂げた。気密化された現代住環境で，備長炭の脱臭除湿の能力が，線香という形で部屋の匂いを中和し，空気を清浄する。また，備長炭のマイナスイオンを発生する特性は，線香を通じて，人々の健康に良い環境を与える。このように，煙の量を極力微量に抑えた「葵の舞」は，線香文化を継承しながら，新たな生命の息吹を吹き込んだ。

その成功で得たマイナスイオンに関する経験とノウハウは，同社のローソクにも応用されている。今日，マイナスイオンとローソクとの癒し効果も科学的に証明された。カメヤマは，消費者のニーズを的確につかみ，全く違う製造工程の製品を両立させ，ローソクと線香の技術の相乗効果で，違う業界で次々とヒット商品を出している。

⑥ **独自技術による新商品開発**

2002年，カメヤマは，また業界の常識を破り，植物性原料で作られるローソク―「クリ・オ」(クリーンオーガニック) を発売した。

今日のローソク業界において，石油製品のパラフィンを原材料とすることは常識である。確かに，石油が開発される以前のローソクは，植物性原料が使われていた。しかし，従来の植物性原料は，多くの不純物を含んでいるほか，温度変化にも対応できず，製造コストも高く，石油の使用につれ，容赦なく，パラフィンに代替された。

「クリ・オ」は，環境問題を意識し，次世代へのローソクとして，10年間で研究開発された自信作であった。同製品は，不純物を一切含まない100％純粋な植物性原材料を使用したため，スス（油煙）が殆どでないし，それゆえに，自然環境への悪影響も殆どない。また，火を消した後の臭いも気にならない。さらに，独自の製法により，夏場の曲がりや油のにじみがない。この「クリ・オ」は，従来のカメヤマの製品と同じように，高品質を保持しながら，自然を大切にするカメヤマの心が込められている。

カメヤマは，これまで開発した普通のローソクから，世界でも名高い美術ローソク，ブライダルキャンドル，「花げしき」，「葵の舞」，「クリ・オ」，常に業

界の最高品質を誇り，業界を先駆けた製品を提供してきた。その最高品質を支えたのは，独自の製品・製造技術への掘り下げである。「花げしき」は10年間，「葵の舞」は5年間，「クリ・オ」は10年間をかけて開発された。こうした開発年月は，同社の技術への断えざる掘り下げを行っている。

　カメヤマの技術への掘り下げは，前述した原材料のパラフィンへの研究に象徴され，さらに，ローソクの1本1本の炎の燃え具合まで，研究し尽くしている。

　ローソクは，炎の届く範囲まで蝋を溶かし，燃え進む。だから，芯糸が太い（炎が大きい）と周りの蝋をすべて溶かしてしまい，芯糸が細い（炎が小さい）と周りの蝋は残る。このようなローソクへの基礎研究は，ロマンティックな灯りを演じる外側が燃えずに中身のみ燃える透明なローソク，時間が立つにつれ様々な色の蝋が重なり合い偶然のアートを作り出す蝋を溢し垂れるローソク，などのカメヤマのオリジナル商品を生み出している。ほかにも，ゼリー状のローソク，フローティングキャンドル（水に浮くローソク），ボーティブキャンドル（コップなどの容器に使うローソク），ボール型ローソクなど，その種類は，極めて豊富である。これらの商品は，すべて炎の研究のこだわりから生まれたのである。

　簡単な製造工程の一つ一つを丹念に分析し，少しずつ改善を加えることによって，カメヤマは，平凡なローソクを彩りの鮮やかな花舞台に変身させて行った。今日でも，10数名の研究開発人員は，上述した様々な地味な研究を続けている。近いうち，それらの研究で培った独自の技術を持って，新たな分野への進出も検討されているという。

⑦　内製機械に染められた若草色の強さ

　カメヤマは，多品種大量生産のメーカーとはいえ，決して大企業ではない。その大量生産を支えたのは，100％内製の自社機械である。すでに紹介した同社の機械で分かるように，工場内のすべての機械は，「YKMSE」シリーズである。その「YKMSE」は，カメヤマの内製機械を意味する。工場の至るところに，若草色に染められた「YKMSE」機械が整然と並べられている。

第 8 章　新モデルの導入　　169

　自社設備の内製は，創業以来継承されてきたという。特に，美術ローソクに目をつけた 2 代目社長の谷川正士は，機械製作にも熱心だった。オリジナル製品の製造ノウハウ，技術の流出の防止，メンテナンス上の便宜などが，内製の理由である。現在，25人の職人で構成される機械開発チームは，工場機械一角で，自社設備の研究・開発・メンテナンスを行っている。

　すでに紹介したYKMSE156は，まさに，76年にも及ぶ会社の歴史とともに蓄積されたローソク作りノウハウの結晶である。その機械は，短時間で大量生産できるだけではなく，5つの検査項目を瞬時に完了する機能をも備えている。量産されたローソクは，「尻欠け，折れキズ汚れ，芯糸短，頭欠け，尻穴」といった検査項目をクリアしてから，初めて完成品と見なされ，箱詰めの工程に移される。4分後，次の製品が流されてくるので，2,000本の製品の検査は，4分以内に行われなければならない。計算してみると，1本の製品の1項目の検査に当たる時間は，わずか0.024秒である。その検査は，肉眼が追いつけないほどの速さで実施されている。

　自動ラインで50アイテムを生産しているほか，工場では，顧客の様々な注文に応じて，残りの2,000以上のアイテム数を手作業が行われている。カメヤマ本社工場の太田晴也工場長は，「何気なく作業をこなしている従業員達だが，実に絶妙なタイミングでローソクを一本一本処理している」と，職人技の妙を語った。特に，手作業で行われる三つ葉・四つ葉の美術ローソクの現場で，丁寧に葉を一枚ずつローソクに貼り付けていく女子従業員の姿は，印象的であった。一日で300個以上をも普通に処理する彼女達の笑顔には，器用な手先だけでなく，温度変化への対応を含むローソクのすべてを知り尽くした自信の表情のように見えた。

　若草色に塗られた機械と洗練された職人技で支えられているカメヤマは，これからも，人々に癒しの炎と健康な香りを提供し続けるだろう。

3．ユニオンツール株式会社

　ITバブル後，IT産業全体は新たな局面に直面している。それは，更なる革

新による次のステップに移行することである。プリント基板の技術革新は，IT産業の根幹事業として，従来から重要視されてきた。そのプリント基板を生かすには，穴あけのドリルが不可欠である。また，基板素材の多様化・複合化及び新素材の開発・進化，製品の小型化などをバックに，IT革命の進展，IT関連機器の開発・普及を陰で支えているのは，超硬ドリルである。日本には，超硬ドリルの世界トップメーカーがある。

ユニオンツール株式会社は，29億9850万円の資本金を持ち，641名の従業員を有し，海外7ヵ所の生産販売拠点を設置する超硬ドリルの世界トップメーカーである。

① 苦難の船出

業界の巨人までの成長の道は平坦ではなかった。

東京理科大学で物理を専攻し，戦時中，軍の無線を担当した経験を持つ片山一郎会長は，1960年，東京大田区の一角に，ユニオンツールの前身，株式会社ユニオン化学研究所を設立した（「表14：ユニオンツールの歩み（1960～2002年）」を参照）。

発足後，同社は，国産第一号として，歯科用カーバイドバーを生産した。片山会長は，当時日本で歯科用カーバイドバーが輸入品一色であったことに目を付け，新しいビジネスとして日本への導入を試みた。しかし，日本の歯科業の実態は国産品を受け入れなかった。米国では，歯科用カーバイドバーは使い捨てで，需要が多かったが，日本では，使いまわしが主流であった。それにより，設立まもなく，生産中止が余儀なくされた。熟慮した上での船出は，遭えなく座礁した。

企業存続の危機に，思わぬ救世主が現れた。それは，超硬ドリルであった。超硬材を生産する素材メーカーである三菱マテリアル社から，超硬ドリルの生産の可能性が打診された。当時，超硬ドリルを作れる国内メーカーはなかった。日本初のモノづくりにこだわっていた片山一郎は，即座に，それを引き受けた。

試行錯誤を重ね，1963年に，片山一郎は，プリント配線基板用超硬ドリルを

第8章　新モデルの導入

表14：ユニオンツールの歩み（1960〜2002年）

年代	国内展開	海外展開	製品展開＆技術進歩
1960	株式会社ユニオンツール化学研究所設立		
1961			国産第一号歯科用カーバイドバー製造
1963			プリント配線板用超硬ドリル・ロータリーバー開発・販売
1970	本社ビル新築		プリント配線板用超硬ドリル本格販売
1971	ユニオンツール株式会社と改称		ドリルポインター開発・販売
1975			直線運動軸受クロスローラーガイド開発・販売
1976	クロスローラーガイドの専用旧長岡工場開設		
1979	長岡第一工場新設・移転		
1980	長岡第一工場増設		
1981		（米）MEGATOOL INC設立	ローラーテーブル開発・販売
1982	大阪営業所開設		
1983	本社ビル増設，長岡営業所開設		デジタル測定器シリーズ開発・販売
1985	長岡第二工場新設	台湾佑能工具股份有限公司設立	ダイヤモンドドリル開発・販売，直線無限軌道軸受トルーガイド製造・販売
1986		UNIONTOOL EUROPE S. A設立	プリント配線板用極小径ドリルMDシリーズ開発・販売，ユニマックスシリーズ（超硬エンドミル）本格販売
1987			サブミクロデジタル測定器シリーズ開発・販売，非接触型ドリル径測定器オプテックM開発・販売
1988	厚木営業所開設，長岡工場熱処理棟新設		小型デジタル測定器ミクロファインS1M開発・販売
1989	店頭市場へ株式公開		
1990	東京工場新設，移転		
1991	長岡第三工場新設		光学式スピンドル振れ測定器オプテックR1開発・販売
1992			専用機センタレスグラインドCGシリーズ／転造盤RF-20開発・販売
1994	名古屋営業所開設		シンニングドリルNTシリーズ開発・販売／PCBドリル部門でISO9002認定
1995		佑能工具（上海）有限公司設立	プリント配線板厚測定器TM開発・販売
1996	東証二部上場，本社移転，三島研究所開設	佑能工具香港有限公司設立	
1997	長岡第四工場新設		PCBドリル・超硬エンドミル・直線運動ローラー軸受部門でISO9001認定
1998	東証一部上場		
1999			測定器部門でISO9001
2000	環境マネジメントシステムISO14001認定	UNIONTOOL SINGAPORE PTE LTD, UNIONTOOL UK LIMITED設立	
2001	長岡第五工場新設		
2002		中国で新生産拠点と販売会社の設立準備	

※ユニオンツール株式会社資料により作成。

開発し，試作に成功した。自ら作り上げた試作品に，彼は，新たなビジネスの確立と企業の再生を確信した。

その成功にすばやく反応したのは，意外にも世界の巨人，IBMであった。しかも，片山一郎に持ち込まれた商談は，数万本単位の注文であった。しかし，下町の町工場にとって，数万本単位の注文は，とても受注できる数字ではなかった。品質が認められても，量産できない現実に，片山一郎は，注文を断わるしかなかった。

しかし，涙を呑み，不本意にもIBMの注文を断わった片山一郎は，IT時代到来の足音をはっきり聞こえた。「これからの時代は，超硬ドリルを必要とするに違いがない。わが社を超硬ドリルの専業メーカーへ導こう」と，片山一郎は決意した。

その後，小さな町工場に設備投資が行われ，量産体制が整備された。1970年に，同社は，切削工具の基礎技術を持って，新興産業に参入し，プリント配線基板用超硬ドリルの本格的生産，販売を始めた。

表15：超硬ドリル市場のシェア

順位	メーカー	月間売上高量(万本)	日本シェア(%)
1	ユニオンツール	920	45
2	TCT（台湾）	400	15
3	RTW（ドイツ）	200	7
3	三菱マテリアル	200	7
3	東芝タンガロイ	200	7
6	京セラTYCOM	150	6
6	HAWERA（ドイツ）	150	6
8	住友電工	110	4
*	その他	350	14

※ユニオンツールから提供された2001年データにより作成。

② **超硬ドリルの巨人**

「表15：超硬ドリル市場のシェア」で分かるように，現在，ユニオンツールは，月間920万本の超硬ドリルを量産し，国内の45%，世界の34%のシェアを占めるトップメーカーとなった。

町工場から世界のトップメーカーへの飛躍の鍵は，超硬ドリルへの絞込みにあった。

超硬ドリルの原材料である超硬材は，極めて高価なものである。超硬材を生産しないユニオンツールにとって，素材メーカーでもある三菱マテリアル，東芝タンガロイ，住友電工などとは，立ちうちできない。原材料を生産できないから，仕入段階で競合他社に劣る。素材の研究開発ができないから最新の素材を原材料とする製品を他社に先駆けて発表しえない。ユニオンツールには，劣勢を生産過程で，逆転する道しか残されていない。

そこで，同社が真っ先に目を付けたのは，ドリルの構造であった。一本のドリルは，切削機能を持つ先端部分と固定機能を持つ後部部分で構成される。超硬材のメーカーでもある三菱マテリアルなどの他社のドリルは，原材料からの一本削り（ソリッドタイプ）である。しかし，実際に切削に使う部分は1/3に過ぎない。超硬材メーカーなら，廃棄されたドリルを回収し，溶かしてからリサイクルによる超硬材を作ることができるが，ユニオンツールにはできない。そこで，一本のドリル全部に高価な超硬材を使う必要はないと，ユニオンツールは考えた。それがコストを削減し，仕入の劣勢補うユニオンツール独特のドリルスタイル——コンポジットタイプを生み出した。

ユニオンツールのドリルは，ダングステンカーバイドとステンレスシャンクから構成される。ドリルの先端部分であるダングステンカーバイドは，超硬材が使用され，刃と溝で切削機能を持つ。ステンレスシャンクは，後部部分でステンレスが使用された。それは，穴あけ機によってドリルに，固定機能を持たせる。ダングステンカーバイドをステンレスシャンクに差し込むことによって，切削機能と固定機能が統合し，ユニオンツールの独自のドリルが生まれた。分かりやすくいうと，ダングステンカーバイドは筆先であり，ステンレス

シャンクは握りであり，筆先を握りに差し込むことによって，書く機能と固定機能が揃う一本の筆が完成される。そこで用いたのは長年にかけて培ってきた焼き嵌め技術であった。高価な超硬材を避け，同じ機能をするステンレス製のシャンクの使用は，超硬材メーカーでもある三菱マテリアルなどの他社との仕入劣勢を見事に逆転し，足場を固めた。

独特なドリルスタイルを持つユニオンツールは，着実に成長を成し遂げた。1976年の長岡第一工場開設以来，別工場の新設，増設を重ね，今日，長岡には，5工場，計540名の従業員を持つ国内有数の生産体制を整えた。また，1982年に大阪，1983年に長岡，1988年に厚木，1994年に名古屋に営業所を開設し，全国販売ネットも構築した。

他方，ユニオンツールは，IT化の波に乗り，海外にも積極的な展開を果した。同社は，1981年に米国に現地法人MEGATOOL INC.を，1985年に，台湾に現地法人台湾佑能工具股份有限公司を，1986年にスイスに欧州現地法人UNIONTOOL EUROPE S.Aを，続々と設立し，海外での製造・販売網を拡大した。

ユニオンツールのドリルは，独特なドリルスタイルだけに止まらなかった。IT業界の小型化，企業の多国籍化の下で，ユニオンツールは，業界トップの技術革新をすすめながらも，発展途上諸国からの追い上げに直面している。さらに，独自性を製品に付加しないと，今までの優勢がなくなるとの危機意識は，もう一つの絞り込みを生み出した。それは，細径ドリルの投入である。切削設備さえあれば，ドリルは作れるが，世界で一番細いドリルを作れるなら，大きな付加価値（加工費用）が生まれ，他社との差別化や，人件費などの劣勢に対して補填できる。

1986年に，ユニオンツールは，プリント配線板用極小径ドリルMD（マイクロドリル）シリーズを発表し，ユニマックス（エンドミル）シリーズとして，本格的に販売を開始した。これは，見事に成功した。コンピュータの小型化によるパソコンの普及などを中心とするIT産業には小型の配線板のみならず，携帯電話まで折畳めるような配線板（フレキシブル）を必要とした。

1994年に，ユニオンツールは，シンニングドリルNTシリーズを開発し，販売開始し，PCBドリル部門でISO9002認定を取得した。1997年に，同社のPCBドリル，超硬エンドミルは，ISO9001認定を取得した。

1963年の超硬ドリルの試作成功から，今日のユニオンツールは，人間の髪よりも細い径0.1mmの超硬ドリルの量産達している。あまりにも細いので，折りやすい。従業員の不注意で，ドリルに刺されたら，病院に顕微鏡で取り出すしかない精密性である。さらに，同社は，径0.05mmの超硬ドリルの開発にも成功した。当面，用途はないが，いつでも量産できるようにすでに準備ができている。

独特なスタイルと極小径ドリルで成功したユニオンツールは，1995年に中国に現地法人佑能工具（上海）有限公司を，1997年に香港に現地法人佑能工具香港有限公司を，2000年に英国に現地法人UNIONTOOL UK LIMITED，シンガポールに現地法人UNIONTOOL SINGAPORE PTE LTD．を続々と設立し，グローバルな製造・販売ネットワークを構築した。世界のIT製造センターに変身しつつある中国において，ユニオンツール自身のさらなる飛躍を図るため，同社は，広東省東莞市に大規模な工場建設と，上海市において新たな販売会社の設立をすすめた。

このように，ユニオンツールは，独特なドリル持って，町工場から「小さな」世界企業へと変身した。

③ **自社製設備100％の商品化**

原材料メーカーや海外の競合相手と競争するためには，独自技術の新開発が不可欠である。

ユニオンツールの独自技術は，ユニオンカラーと呼ばれる水色の自社製品に凝縮されている。長岡の工場に入ると，ユニオンカラーで塗られた機械が並べられている。ユニオンカラーは，単に工場の整理整頓のために機械の色を統一したのではなく，自社製製品のシンボルでもある。実は，工場内，50種類2,000台を超える各種製造機器は，殆どユニオンツールが開発し，製造したものである。

自社製設備の比率を聞かれると,「工場で自社製設備ではないものは, ドリルテスト用の穴あけ機三台と荷物運搬用のロボットだけ」と, 総務課の平井課長は答えた。その回答に, ユニオンツールの自信が見える。

町工場から出発した操業段階で, 資金繰りには余裕がなかったので, 経費節約のために, すべての製作機械は手作りされた。原材料の切削から, シャンクへの差込, 先端加工, ボディ仕上げ加工, 防錆, 中間検査, 溝あけ, 先端刃切り, 最終検査, 包装までの各工程の機械は, すべて自社製である。

驚かされるのは, 第2工場の防火設備である。人件費の高騰により, 日本の工場は無人化が進められてきた。ユニオンツールにも, 全自動の生産設備が次々と導入された。第2工場では, 溝あけ, 先端刃切りなどの工程を担う。ユニオンカラーで塗装された機械は, 一台一台ガラス製のテントに入れられ, その天井に自社製の消火装置がつけられている。それは, 市販の消火器に自社製のセンサーをつけ, テントの温度が80℃に達したら, 自動的に消火する装置である。世界市場の約半分を占めるユニオンツールに, 火災が起きたら, IT産業全体に及ぶ影響は計りしれない。だから, 世界を視野に入れた時から, ユニオンツールは, 防災管理をさらに強化してきた。一般的な建築物の天井に仕込まれる消火設備を採用しない理由には, もちろん, 自社製設備へのこだわりがある。しかし, その自動消火装置には, さらなるメリットが隠されている。一般の工場の天井に設置された消火設備が作動したら, 工場全体の生産停止は余儀なくされるほか, 機械浸水の対応, 試運転などの復旧作業も相当な時間がかかる。それに対して, ユニオンツールの防火装置は, 機械ごとに対応しているので, 一台の機械が火事を起こしても, 全フロアの生産停止が免れる。まさに, 現場でのノウハウと知恵の結晶である。

このようなことは, ユニオンツール工場内で, 随所見かけられる。実は, これら自社製機械は, 商品化されたものも数多くある。今, 自社設備から商品化されたものは, ドリルと並び, 同社事業の二本柱の一角を担っている。

1971年, 現社名への変更と共に, ユニオンツールは, ドリル製造の周辺機器, ドリルポインターの開発・販売を開始した。直線運動軸受クロスドローラ

ーガイドは，最初に商品化された自社製機械である。同製品は，生産用の自社設備として開発され，1975年に，商品化され，販売された。

以降，ユニオンツールは，1981年にローラーテーブル，1983年にデジタル測定器シリーズ，1985年にダイヤモンドドリルと直線無限軌道軸受トルーガイド，1987年にサブミクロンデジタル測定器シリーズと非接触型ドリル径測定器のオプテックM，1988年に小型デジタル測定器ミクロファインS1M，1991年に光学式スピンドル振れ測定器オプテックR1，1992年に専用機セタレスラインダCGシリーズと転造盤RF—20，1994年にシンニングドリルNTシリーズ，1995年にプリント配線板厚測定器TMIを，次々と独自の商品を作り出し，市場に投入した。

自社製設備比率100％というのは，ユニオンツールの経営理念である。自社の独自技術を経営理念を明確にする企業は珍しい。長岡工場で働いている540名の従業員の内，100名以上が，自社製設備の開発，組み立て，オーバーホールに配置されている。国内のみならず，米国，台湾，上海で設立した100％の子会社で稼動される機械も，すべてこの自社製設備グループによって作られた。

平井課長は，現在工場に古い型の製品を古い機械で作っている職人が数十名ほどいることについて，「採算はともかく，重要なのは現場で物を作っていることに意味がある」と語った。現場で累積されつつあるノウハウと職人の熟練から生まれる知恵は，ユニオンツールの独自技術を培ってきた。その成果は，ユニオンカラーである。その爽やかな水色には真の技術力が表現されている。

④ 新たな挑戦

業界のトップに躍り出たユニオンツールは，町工場から脱皮し，株式の上場を目指した。独自の製品開発，堅実な国内外展開を持つユニオンツールは，1989年に日本証券協会店頭市場へ株式を公開し，1996年に東京証券取引所二部上場を果たし，1998年に同一部上場を達成した。現在，同社は，切削工具，直線運動軸受，エンドミル，測定機器などの金属加工機械の製造販売の業界大手まで成長した。

上場の理由について,「ズバリ,人材獲得にある」と総合企画部の大平部長は言った。地方に生産拠点を立地する企業は,上場しない限り,広範囲での人材獲得は困難であるからだ。今日,同社の技術部には,60名の技術者を揃えている。内,大卒以上の学歴者は9割を占め,大学院卒は,半分を占める。

　しかし,一部上場を果したが,無借金経営を貫いたユニオンツールにも,困難な時期があった。IT不況などの外部環境に翻弄され,売上高が187億円から138億円まで急落し,株価も低迷した。同社は,製品の統廃合,海外に新生産基地の設立などを積極的に行い,2003年度まで売上高を最高水準に引き上げ,2005年度には200億円の突破を目標としている。

　また,発展途上国の猛烈な追い上げも頭が痛い大問題である。独自技術を量産するユニオンツールは,特許申請をしない方針を持っている。なぜなら,特許を申請することによって技術の公開は余儀なくされるからのである。技術公開しないのにもかかわらず,海外メーカーのコピー製品が氾濫しているのに,特許申請したら,そのコピー製品の氾濫を一層押し進めることになりかねないと,同社は見ている。極細超硬ドリルのためにユニオンツールが開発した二段階式ウェブテーパのドリルは,台湾のメーカーに真似され,そのメーカーは台湾で特許を取得してしまった。真似商品に対し,品質で勝負しかないと,ユニオンツールは覚悟した。すべての製品に最高の品質を保つため,一本一本のドリルは,出荷まで20項目を及ぶ測定,検査が行なわれる。1日当りドリル250,000本以上を生産する同社は,このような万全な品質管理で,1997年にプリント配線板用超硬ドリル,超硬エンドミル,直線運動ローラー軸受部門,そして1999年に測定器部門で,国際品質保証規格ISO9001を獲得した。現在,日本国内のみならず,サムスンなどの海外IT大手もユニオンツールのドリルしか採用していない。

　ユニオンツールのドリルの競争相手は,真似商品だけではない。ドリル業界全体を覆す可能性を持つものがある。それは,レーザーである。プリント配線板は,1969年までは,従来型の紙基材フェノール樹脂が主流だったが,その年を境に,1966年に開発されたガラス基材エポキン樹脂に移行した。紙基材フェ

ノール樹脂に強いドリルは，ガラス繊維に弱い。そこで，レーザーの穴あけ技術が導入された。しかし，レーザー技術の未熟で，レーザーによってあけられた穴は，精度に欠けるほか，重ねられたプリント基板に穴あけることができなかった。今日，レーザーとドリルは，ワンセットで使われる場合は多い。「プリント配線板の基材は，ますます複合化されているので，レーザーとドリルの住み分けは不可欠になるでしょう」と，大平部長は予測し，そして「もちろん，それは，ドリルの穴あけ精度上の優位を保った上の話で，ユニオンツールは，業界の先駆けとして，その責任は重大で，全力で尽くします」と付け加えた。

　このような日新月歩を遂げる業界で，常に優位を保つには，他社より早い最新技術の開発と導入が，絶対的条件となる。東京証券取引所二部上場直後，ユニオンツールは，静岡に三島研究所を設立し，研究開発に力を注いだ。設立以来，三島研究所は，数多くの新製品を開発してきた。最近，新たにエンドミル用の振れ測定器の開発にを行ないし，販売を開始した。新製品は，エンドミル振れ測定器「EDR—S／D10」である。その測定器は，赤外LED（発光ダイオード）を工具に照射し，受光部で測る仕組みで，マシニングセンターなど加工機に取り付けたエンドミルを回転させながら刃の振れ具合を測定する。エンドミルの測定はマイクロメーターを使う方法が一般的だが，計測時接触して刃先が欠ける問題があった。新装置は，非接触で測る上，実際の工具を使用している状態で調べられるため，加工機の運転誤差も同時に分かる。これまで計測が難しかった奇数刃のエンドミルの測定を可能にした。最初は金型加工業者や自動車メーカー向けに年間百台を売り込もうとやや控えめの販売計画を立てたが，すでに自動車メーカーなどに30台を納品し，上々の滑り出しを見せた。これまで測定器事業は，プリント回路基板用ドリルなどドリル用計測器だけを取り扱い，プリント回路基板穴あけ機メーカー向けであった。今回の開発・販売には，IT関連業界が低迷から脱していない厳しい業界の中，超硬ドリル技術の派生技術で生まれたエンドミルの測定器で，新規の戦略があった。新規事業の開拓というよりも，既存技術に基づいた新規需要の開拓といった方が適切かも

しれない。それによって，今まで年商3億円しかなかった測定器事業の拡大，また，その波及効果で年商10億円に止まっているエンドミル事業のさらなる拡大が期待できそうである。

更に，ユニオンツールは，地方の大手企業として，地域の環境保全にも力を入れている。同社は，地下水空調などの環境マネジメントシステムを導入し，2000年にISO14001を取得した。また，地域の祭り，コンサートなどへの支援を通じて，積極的に地域社会との交流を深めている。

ユニオンツールは，一本の超硬材ドリルの試作から始まり，今日，ドリル，その製造機器，及び周辺機器まで製品化する超硬ドリル業界の巨人にまで成長した。これは，専業化による独自技術を身につけ，それを武器に，「小さな」世界企業の典型例であろう。

第3節　ケース・スタディ

1990年代初頭，スタンフォード大学の教授ジェームズ・C・コリンズとジェリー・I・ポラスは，世界の大企業36社を独自に調査し，ビジョナリー・カンパニーという概念を打ち出した。ビジョナリー・カンパニーとは，「ビジョンを持っている企業，未来志向の企業，先見的な企業，業界で卓越した企業，同業他社の間で広く尊敬を集め，大きなインパクトを世界に与え続けてきた企業」である[18]。興味深いことに，ビジョナリー・カンパニーの定義においても，「小さな」世界企業の姿が見えてくる。違いといえば，ビジョナリー・カンパニーは，「大きな」世界企業に与えられた名称であるのに対して，「小さな」世界企業は，規模で劣っているだけである。それは，偶然ではなく，真の強い企業の定義でもある。

第2節では，「小さな」世界企業の事例研究として，樹研工業，カメヤマ，ユニオンツールの3社の成長過程を詳細に分析した。もちろん，企業は「生き物」であるゆえに，全く同じではない。「小さな」世界企業は，様々な面で各社独特な展開を行なっている。例えば，製品戦略で，吉田金属工業は，刀身と

ハンドルを一体化し，完成品を一体化した。それに対して，ユニオンツールは，全く逆に，ドリルの先端部分と握り部分を分割化し，完成品を分割化した。また，スガツネ工業のように，卸売業からメーカーに転身した企業も存在している。

　従って，「小さな」世界企業の研究においては，実証研究が極めて重要である。その実例研究は『専修大学経営研究所報』の第105号，第108号，第154号で，特集として掲載された[19]。これらの論文では，テイボー，星野楽器，バルダン，エンケイ，ホーユー，フジミインコーポレイテッド，アイコクアルファ，カイ・インダストリーズ，ホシザキ電機，旭サナック，シャチハタ工業，ヤオハン，ノーリツ鋼機，ユニオンツール，リンナイ，パロマ，計16社が取り挙げられた。ほかにも，袁凌雲は，ニデック，旭サナック，ヒロボーを，都筑

表16：「小さな」世界企業の類型

類型	多品種対応型	多市場対応型	新商品コンセプト型
特徴	製品の掘り下げで，同じ顧客の様々なニーズへの対応	技術の掘り下げで，同じ技術による多様な顧客への接近	新商品コンセプトで，世界商品への育成
企業	ユニオンツール（169） 吉田金属工業（182） タイツウ（184） 三木プーリ（186） スガツネ工業（186） タキイ種苗（190） メニコン（190） ニデック（191） **中埜酢店**（192） サカタのタネ（194） **島精機製作所**（196） **ノーリツ鋼機**（197） リンナイ（198） パロマ（198）	樹研工業（147） 竹中製作所（184） 進工業（185） 明和グラビア（187） 福井鋲螺（188） 旭サナック（189） イシダ（192） フジミインコーポレーテッド（193） **大同工業**（195） ディスコ（196）	カメヤマ（158） ヒロボー（183） フェザー安全剃刀（188） **ポッカコーポレーション**（194）

※この表は，本書で取り上げる事例研究とケース・スタデイの計28社の企業を分類したものである。分類の方法は，溝田誠吾『小さな世界企業』，プリント版，151，158頁を参照。（　）は，本書において，同社を紹介する頁を表す。**太字**で表示された企業は，「小さな」世界企業の卒業生である。

暢晃は，白鳳堂，フェザー安全剃刀，吉田金属工業，ディスコを，それぞれの論文で実例研究として紹介している[20]。

また，前述したローテクの最先端という視点のほか，「表16：『小さな』世界企業の類型」で示されたように，「小さな」世界企業の研究チームは，市場・顧客志向の戦略で，「小さな」世界企業を多品種対応型，多市場対応型，新商品コンセプト型，3つの類型に分けている[21]。多品種対応型の「小さな」世界企業は，同じ顧客の様々なニーズへ対応し，多品種対応力でアイテム数を増やし，市場の拡大を実現した。ユニオンツール，テイボー，カイインダストリーズなどが，その代表である。また，多市場対応型の「小さな」世界企業は，同じ技術による多様な顧客への接近を試み，多市場対応力で，市場を拡大した。樹研工業，アイコクアルファ，フジミインコーポレーテッドなどは，その類型に属している。そして，カメヤマ，ヒロボー，フェザー安全剃刀をなどの新商品コンセプト型の「小さな」世界企業は，新たな商品コンセプトの開発によって，新たな世界標準と市場を確立した。

ほかにも，「小さな」世界企業について，後述する海外展開における分類や，地場（伝統産業）産業の分析などが，行なわれている。

以下，私が調査した企業の中から，未上場16社，店頭上場1社，一部上場8社，計25社の「小さな」世界企業（「小さな」世界企業の卒業生）を取り上げ，ケース・スタディ（成長過程，独自技術，海外展開などの要約）として紹介する。これらの異なる「小さな」世界企業の紹介に通じて，中国中小企業に対し示唆を与えられるだろう。

ケース・スタディ1

会社名：吉田金属工業株式会社
所在地：新潟県西蒲原郡　　　　　　設立年月：1954年12月
資本金：40百万円　　　　　　　　　従業員数：53名
売上高：1,200百万円（2001年）

　金属加工の地場産業として発足した同社は，創業から家庭用・業務用包丁や洋食器の製造に携わり，60年代に包丁分野に絞り込み，ステンレス加工技術を掘り

第 8 章　新モデルの導入　　183

下げ，文明銀丁，GLOBALなどの世界ブランドを生み出した。
　「職人の技をメーカーの技術に」という発想から，同社は，従来人間の目，耳，肌で判断する部分が多かった熱処理工程を機械化し，地元の刀名人岩崎重義のアドバイスを謙虚に承り，ステンレスの素材美を究極させ，1983年に，集大成のGLOBALシリーズを発表した。
　GLOBALは，今までの常識を破り，刀身とハンドルを溶接し，オールステンレス一体構造の包丁である。「刀身とハンドルとの接着部分に雑菌がたまらない」，「さびにくい刃物用素材を使用し，サブゼロ処理，入念な刃付により，力を入れずによく切れる」と高く評価された同製品は，「イタリアのデザイン，ドイツの堅牢，日本の精密」を有する傑作と賞賛された。
　日本のみならず，オランダ，イギリス，ドイツなど海外でも数多くの勲章を博した。60年代の文明銀丁の輸出以来，GLOBALなどの同社の製品は，世界各国で好評を博し，輸出先の税関で担当の役人に盗まれるほどの人気である。
　「職人から一歩前進しないと，日本がなかなか世界で認められない」という持論で，渡辺勇蔵社長は，53人の小さな町工場を世界的企業に導いた。

ケース・スタディ 2

会社名：ヒロボー株式会社
所在地：広島県府中市　　　　　設立年月：1949年10月
資本金：80百万円　　　　　　　従業員数：120名（単）
売上高：2,965百万円（2002年9月）

　同社は，無線操縦式模型ヘリコプターの世界最大手である。社名が示すように，広島紡績（株）として発足した会社である。
　2代目社長松坂敬太郎は，70年代の繊維不況を見極め，果敢に新事業の開拓に着手した。企業存続のため，彼は，電子部品の下請けに転換し，通産省選定のグッド・デザイン商品，住宅用分電盤エレキ・アイなどの主力商品の開発に成功した。また，「中小企業は，誰も手をつけていない分野に進出しなければ駄目だ」という経営戦略に従い，同社は，1973年に，ラジコン模型分野の開発に成功した。
　4年後，同社は，繊維事業を全面的に撤退し，電子部品の下請けとラジコン模型の2分野に絞り込んだ。ラジコン模型，とりわけ，ラジコンヘリは，国内市場の60％，世界市場の35％を獲得した。現在，そのラジコンヘリを使った空撮事業にも着手している。更に下請けからの電子部品技術はパソコン部品向けプラスチック成形技術にまで進化した。
　斜陽産業を見極める先見性，未開拓分野へのチャレンジ精神，日々重ねた技術

革新は，繊維名門企業を見事に復活させた。

現在，同社は，ベルギーに生産拠点をおき，北米，アジア，欧州，豪州，アフリカの14ヶ国で積極的に事業展開をしている。輸出比率は，15%である。

ケース・スタディ3

会社名：株式会社竹中製作所
所在地：大阪府東大阪市　　　　　設立年月：1948年6月
資本金：46百万円　　　　　　　　従業員数：150名（単）
売上高：1,959百万円（2002年9月）

　1935年に艦船用ネジの製造で創業された同社は，60数年間に渡り，ネジ一筋で，成長してきた。同社の独自のネジ熱間鍛造技術とメッキ技術は，樹脂コーティングボルトナット，弧面コーティングボルトナット，落橋防止用緩衝装置，焼付防止金属材料及びその製造方法など，多数の特許・実用新案を獲得した。

　特に同社が開発した低LCCを実現する防錆防食システムTAKECOATは，450度の高温と6,000時間を耐え，半永久金属製品として，世界各地のビックプラントに欠かせない部品ともなっている。

　150人の中小企業を世界に認めさせることは，容易ではなかった。日本の企業事情を熟知した同社が，まず，着手したのは，アメリカ市場への売込みであった。アメリカに認知された同社は，ようやく，アメリカ3社のOEM先の日本企業に出荷するようになった。いわば，逆輸入の成長コースを歩んできた。

　後，テレビ朝日の「サンデー・プロジェクト」の放送で同社の知名度は，一気に高まった。現在，同社は，特殊鋼精密フッ素樹脂コーティングネジで，圧倒的な強さを見せている。月産400トンのネジは，殆ど受注生産である。10%の製品は，海外に輸出されている。

ケース・スタディ4

会社名：株式会社タイツウ
所在地：神奈川県川崎市　　　　　設立年月：1951年5月
資本金：95百万円　　　　　　　　従業員数：154名（単）
売上高：4,909百万円（2002年3月）

　同社は，パソコンなどの映像機器向けのプラスチックフィルムコンデンサ専業メーカーとして，製品の7割以上を輸出している。

　マイカコンデンサの製造から始めた同社は，「間口を狭めて奥深く」という製品

戦略で，コンデンサに絞り込み，独自の製造技術で，高圧，中圧，低圧の各種フィルムコンデンサを次々と開発し，豊富な品揃えにとる製品差別化で業界をリードしている。同社の歴史はフィルムコンデンサの新製品開発の歴史なのである。

26歳で創業し，すでに70歳を超えた谷口正彦社長は，「製造業の状況は厳しい，利益が1円未満の製品も出ているが，我々は決してそのような製品を見捨てない。そこには，我々の原点があり，技術の根本がある」と，基礎技術の重要性を強調した。

基礎技術への掘り下げは，30KVクラスの世界シェアの65％，15KVクラスの世界シェアの100％をもたらし，同社は世界のトップメーカーとなった。

また，同社は，1967年に台湾で合弁会社を作り，早くも世界市場を視野に入れた。現在，同社は，台湾以外にも，米国，シンガポール，マレーシア，韓国，中国に進出しており，グローバルな最適調達・生産・開発・販売ネットワークを構築した。

ケース・スタディ5

会社名：進工業株式会社
所在地：京都府京都市　　　　　設立年月：1964年7月
資本金：931百万円　　　　　　 従業員数：193名（単）
売上高：3,411百万円（2002年3月）

創業以来，同社は，「しっかりした基礎研究に裏付けされた独自製品の開発」を掲げ，その実現に努めてきた。基礎研究のテーマは，薄膜であった。同社の理念は，「真の意味でのオリジナリティがあり社会に役立つ製品は，基礎技術の研究なしに開発することができない」である。同社は，現在でも，年間売上高の1.5％を薄膜の基礎技術研究に，同8％を独創的製品の開発に，惜しみなく投入している。

薄膜の製造技術から，さらに蒸着，スパッタリング，エレクトロンビーム，イオンプレーティング，計4種類の物理的成膜方法と，プラズマCVD，プラズマ重合反応，電解メッキ，無電解メッキと計4種類の化学的成膜方法の独自の技術で業界をリードした。

その優れた薄膜製造技術で作られた小型表面実装対応部品，移動体通信機器・マルチメディア機器向けの薄膜抵抗器は，国内外でも好評を博している。現在，同社の輸出比率は，46％に達している。

今日，同社は，日本国内で，2つの工場，3つの営業所，1つの研究所を有する一方，アメリカ，フランス，台湾，韓国，ベトナム，シンガポールなどに積極的に海外展開をしている。

ケース・スタディ 6

会社名：三木プーリ株式会社
所在地：神奈川県川崎市　　　　　　　設立年月：1939年10月
資本金：96百万円　　　　　　　　　　従業員数：305名（単）
売上高：10,048百万円（2002年3月）

　1954年，従業員数人の小さな工場で考案されたベルト式変速機は，無断変速機としての特許を取得した。それは，同社の技術的原点であり，オートメーション化を先取りした。以降，同社は，伝動・制御機器分野に絞り込み，サーボモータ，インバータ，電磁クラッチブレーキなどの速度・トルク・位置制御機器をはじめ，軸継手，軸固定要素といった伝動機器など，様々な製品を作り出してきた。今日，同社は，無断変速機の世界3大メーカーにまで成長した。
　「速度を変える，位置を決める，回転を伝える」といったシンプルな発想から，あらゆる状況に対応できる機器の製造技術を開発，変速制御，位置制御，回転制御の3つの製品群を世に送り出し，さらに，伝動・制御を融合したシステムを構築した。60年間にわたる実績で培われた確かな開発・技術力を持ち，時代を読み取り伝動業界をリードしてきた。
　現在，台湾，米国，韓国，中国の現地法人が稼動しているため，輸出比率は5％に止まっているが，同社は，ドイツ，スイス，スウェーデン，タイ，シンガポール，マレーシア，オーストラリア，ニュージーランド，インドネシア，ブラジル，イタリアにも事業展開を行なっている。

ケース・スタディ 7

会社名：スガツネ工業（株）
所在地：東京都千代田区　　　　　　　設立年月：1943年11月
資本金：400百万円　　　　　　　　　 従業員数：385名（単）
売上高：14,078百万円（2001年12月）

　1930年に創業した同社は，欧風家具金具の輸入から始まり，今日の家具・インテリア金具のトップ企業にまで成長した。
　1949年に金具を製造し始めた同社は，従来の商社活動で蓄積された金具の経験とノウハウを生かし，独自の生産技術を磨き上げた。その製品は，平成天皇のご成婚に高級特殊金物を納入するほどである。1972年に12ヵ国で特許を取得したワンタッチドアーホルダーは，発展途上国のメーカーがコピーするほどのヒット商品であった。また，独自に開発した「ラプコン機構」は，折りたたみ式携帯電話，

ウォッシュレット便器，格納ベッドなどに幅広く採用されている。
　現在，同社は，25シリーズ計2万点アイテム数を多品種少量生産行なっている。金具という小さな部品に絞り込んだ同社の商品販売戦略は，世界一の「重い」カタログを生み出し，金具の総合メーカーとして世界的企業にまで押し上げた。
　その業界をリードする強さは，長い歳月で培った製造技術と圧倒的な研究開発にある。年間5億円の研究開発費用と60名の研究スタッフは，業界を先駆ける製品を常に送り出している。
　また，1949年椅子用金物の米国輸出以来，同社は，1982年に米国に現地法人を設立し，世界の37ヵ国と取引を行っている。

ケース・スタディ8

会社名：明和グラビア株式会社
所在地：大阪府東大阪市　　　　　　　設立年月：1953年2月
資本金：320百万円　　　　　　　　　従業員数：419名（単）
売上高：16,517百万円（2002年9月）

　プラスチック視察団に参加した大島康弘は，米国塩ビ印刷技術に興味を感じ，戦時中陸軍での偽札研究の経験を生かし，塩ビ印刷加工品に絞り込み，1949年明和グラビアを設立した。同社は，米国への輸出をきっかけに，先行した米国のライバルメーカーを次々と破産させ，テーブルクロス，カーテンなどの塩ビ印刷製品の大手に成長し，世界シェアの7割を獲得しした。
　「商品開発は1％のひらめきと99％の努力の結晶である」という信条で，同社は，創業以来，絶えず塩ビ印刷技術を開発してきた。日本初の塩ビ印刷技術を完成させて以来，同社は，40名の研究開発専門スタッフをはじめ，常に業界を先駆け，軟質塩ビ用水性印刷技術などの世界初の技術を作り出し，多数の特許・実用新案を取得している。
　また，その独自の技術は，同社の提案により，次第に電子部品，電子画像処理，コーティング・抗菌処理，フィルム・シート成型，金属加工などの技術に応用された。
　1956年の台湾への技術輸出を契機に，同社は，米国，韓国，フィリピン，インドネシア，中国に13ヵ所の海外拠点を築き，積極的に海外展開を進めている。安売りの中国企業などの追い上げをものともせず，「他人のやらない商品を作る」という経営方針で，同社は，塩ビ印刷をファッションへ変身させるというさらなる飛躍にヘチャレンジしている。

ケース・スタディ9

会社名：福井鋲螺株式会社
所在地：福井県坂井郡　　　　　　設立年月：1963年2月
資本金：450百万円　　　　　　　従業員数：429名（単）
売上高：9,144百万円（2001年12月）

　微小，特殊形状のネジ，リベットを製造・販売する同社は，ネジの製造に絞り込み，独自の冷間圧造技術を開発した。今日，同社は，2mm以下のマイクロ圧造パーツの業界トップ企業として，高精密度の軸2mm以下で90％のシェアを確保している。
　直径0.5mmの中空のピンを億単位で量産している同社の強みは，長い年月で培った同社の物理的金型技術と化学的メッキ技術との融合である。内製率95％の同社の金型と，自社製のメッキ液は，他社の真似できないものである。30人の研究スタッフと年間売上高の25％も占める研究開発費用は，その独自技術を保証している。現在，直径0.1mmの製品も開発されている。
　2万点のアイテム数をこなしている1,500台の機械のうち，90％以上は，同社の内製設備である。1962年に米国から導入された最新機械に不具合が生じたことから，同社は，使いやすい自社設備にこだわり始めた。自社設備のために作られた機械は，次々に商品化され，同社の事業の一角を担うようになった。
　同社の卓越した技術は，日本国内のみならず，海外でも高い評価を博している。現在，年間7％の製品が世界に輸出されているほか，同社は，アメリカ，シンガポール，中国での現地生産も行なっている。

ケース・スタディ10

会社名：フェザー安全剃刀株式会社
所在地：大阪府大阪市　　　　　　設立年月：1932年7月
資本金：138百万円　　　　　　　従業員数：457名（単）
売上高：8,416百万円（2002年3月）

　大阪府関市で創業した同社は，刃物の町の陶冶を受け，刃物一筋で70周年を迎えた。今日，安全剃刀で知られる刃物の大手メーカーとしての同社は，日本理美容用の60％，医療用シェアの80％を獲得している。
　同社の理美容関連製品は，安全性，機能性，耐久性，デザインなど理美容業界のハイレベルな要求に応え，業界から圧倒的な信頼を得ている。また，外科用メス，スカルベル，眼科用マイクロメス，耳鼻咽喉科用替刃などをはじめ，病理解

剖用ミクロトーム，生体工学用のバイオカットなど，同社の医療用製品は，高度の安全性と品質で，医療現場において絶対的存在となっている。

一方，ウェット・シェービングを徹底的に研究開発を重ね，集大成したフェザーエフシステムは，人間工学に基づいた科学的なデザインで，世界で初めてメタルローラーを搭載した肌を押さえながら回転させ，肌からひげを引き起こし，最適な切れ味持つ商品を実現した。

2000年，同社は，カミソリ歴史的資料を一堂に集めた日本初のカミソリ博物館「フェザーミュージアム」を関市に開設した。

カイインダストリーズ，Gilletteなどの国内外のライバルメーカーと競いながら，国内で生産された製品の41％を，医療用中心に，輸出をしている。

ケース・スタディ11

会社名：旭サナック株式会社
所在地：愛知県尾張旭市　　　　設立年月：1942年7月
資本金：255百万円　　　　　　 従業員数：479名（単）
売上高：8,594百万円（2002年5月）

塗装機械と冷間圧造機械という2つの異なった分野で，それぞれ国内シェアの40％をもつ同社は，繊維不況の波にさらされ，会社更生法の適用まで追い込まれたこともあった。斜陽産業からの脱皮を計ろうとした初代社長甘利裕三は，一期一会のチャンスを逃さないよう，米国人発明家J・A・ビーデに10日間日夜離れずに，猛烈にアタックし，エアレスの特許実施権を無償で入手した。

それを契機に，同社は繊維部門を廃止し，1973年に，新たに塗装機械と圧造機械の2分野で事業体制を採用し，見事に企業の再建を果たした。以来，同社は，圧造部門で，従来の生産速度を倍増した2D2B方式「ツーツー」をいち早く開発し，それをボルト・ネジ生産の業界常識に普及させた。一方，塗装部門で，同社は，1973年にコンプレッサーのいらない塗装機モーターエアレス「サンルック」を開発し，建築，造船，工場内工業塗装など商品化した1979年には，NC工作機械の塗装機への応用である「サナック」を登場させた。現在，同社は，第3の分野として電子部品製造関連機械（精密洗浄装置）の基盤確立に力を注いでいる。

「ビジネスに国境なし」という信条で，同社は，14％の製品を輸出し，海外に4つの子会社を設立し，両事業部をあわせて計49社の海外企業と各種の事業提携を結んでいる。

ケース・スタディ12

会社名：タキイ種苗株式会社
所在地：京都府京都市　　　　　　設立年月：1920年5月
資本金：200百万円　　　　　　　従業員数：801名（単）
売上高：42,920百万円（2002年4月）

　1985年，生産・流通・消費のすべての過程でこれまでの概念を覆した完熟トマト「桃太郎」がデビューし，完熟してから収穫されるので非常に甘く，日もちがよいことから，瞬時に市場を席巻した。その「桃太郎」の生みの親は，1835年に創業されたタキイ種苗である。
　もともと京野菜の種の販売から始めた同社は，植物の種に絞り込み，植物品種改良への研究を行い，現在，野菜の種をはじめ，草花の種，牧草の種，芝草の種，山林用種など種苗業界のトップ企業まで成長した。
　同社は，長年の歳月で蓄積された経験とノウハウを生かし，世界初の交配カリフラワー，長岡交配耐病総太り大根（後の青首大根）などの名品種を輩出させた。
　その植物の種から始まった研究は，次第に最先端のバイオテクノロジーに進化した。同社は，1985年に細胞融合により，赤キャベツと白菜の雑種新野菜「バイオハクラン」の育成を世界で初めて発表した。1988年に，同社は，バイオ白菜「オレンジクイン」を発表し，業界初のISOを取得した。
　今日，世界各地の土壌にあう種を作るため，同社は，アメリカ，オランダ，フランス，韓国，インドネシアに子会社を作り，世界中にタキイ種苗の種を拡がせている。

ケース・スタディ13

会社名：株式会社メニコン
所在地：愛知県名古屋市　　　　　設立年月：1957年7月
資本金：1,769百万円　　　　　　従業員数：1,019名
売上高：26,200百万円（2002年3月）

　同社の創業のきっかけは，眼鏡店「玉水屋」で働いた初代社長田中恭一は，当時の常識直径14～16mmコンタクトレンズ（白目を含む眼全体を覆うタイプ）を破り，直径8～9mmコンタクトレンズ（黒目だけを覆うタイプ）を発明したことである。直径14～16mmコンタクトレンズを一度も目にしたことのなかった田中は，コンタクトレンズを作りたいという一心で，12歳から習得した旋盤技術を使い，鏡の前で試行錯誤を重ね，世界初の黒目だけを覆うコンタクトレンズを作った。

以来，同社は，常に業界を先駆け，酸素透過性ハードレンズの草分けとなったメニコンO2，世界初の1週間連続装用可能のメニコンEX，含水率72％で世界最高メニコンソフトS，世界初シロキサニルスチレン系素材の最高の酸素透過性をもつハードレンズメニコンZなどの画期的な商品を消費者に届けてきた。現在，外資系の使い捨てコンタクトレンズに対抗するため，同社は，契約期間の不具合をすべて解決するシステム—MELS（会員制）を推進している。

ハードレンズへの執着は，眼の安全へのこだわりである。長年蓄積された眼に関する独自技術は，同社の「安全哲学」の凝縮でもある。同社のコンタクトレンズの派生技術である培養皮膚技術においても，医療用品メーカーの独特の素材研究を起点に，安全性重視の姿勢が見られる。

ケース・スタディ14

会社名：株式会社ニデック
所在地：愛知県蒲郡市　　　　　　設立年月：1971年7月
資本金：456百万円　　　　　　　従業員数：1,091名（単）
売上高：26,513百万円（2002年3月）

「小さな町でも立派な企業ができる」という信念で，小澤秀雄社長をはじめ，7人の技術者は，目の分野に絞り込み，同社を創業した。目を選んだ理由は，自分が知識を持っていること，競争が少ないこと，将来性があることであった。

創業3年目，同社は，早くも日本初のクセノン光凝固装置XC-550Aを発表し，以来，日本初のアルゴンレーザー光凝固装置AC-3500，日本初のエキシマレーザー角膜手術装置，日本初の乳幼児専用の広角眼底カメラなどの新製品を続々と送り出してきた。同社30年間の歴史は，日本眼科医療機器開発の歴史ともいわれている。

眼科医療・眼鏡関連機器の大手に成長した同社は，その独自技術を駆使し，さらなる進化に挑んだ。1999年に，同社は，ヒト細胞を用いた移植組織を製造する新会社J-TECを設立し，事業分野を目から体全体へ広げ，眼科機器技術を人工皮膚バイオテクノロジーへ導いた。

売上高の7％を研究開発費に投入する同社は，「無定年」などユニークな制度で従業員のモチベーションと開発意欲を高めてきた。1,200件の特許（うち海外400件）は，それを物語っている。

また，同社は，アメリカ，フランスに現地法人，中国に合弁事業を展開する一方，製品の46％を世界の100ヵ国に輸出している。

ケース・スタディ15

会社名：株式会社イシダ
所在地：京都府京都市　　　　　設立年月：1948年10月
資本金：99百万円　　　　　　　従業員数：1,190名（単）
売上高：42,057百万円（2002年3月）

　1893年創業した同社は，1933年に石田式不変敏感自動秤を，1953年に業界初の自動上皿天秤を，1959年に自動計量機を，1969年に業界初の電子計算ハカリ（「デジタル75」）を，1972年に世界初のコンピュータスケールを，1974年に業界初の計量機構・プリンタ（一体型計量値付機「DP—501」）を，1977年に日本初のロードセル商業ハカリを，1985年に世界初のテレビ画面付計量機「IP2110」を，次々と世に送り出し，計量システム機器のトップメーカーとなった。
　ハカリの製造から始まった同社は，ハカリのすべてを研究し尽くしている。展示室で並べられている同社の製品の数々は，日本の計量機の歴史でもある。計量機に絞り込み，その製造技術・製品技術を保有する同社は，現在，日本の産業用計量機の80％，電子式計量機の35％のシェアを確保している。
　他方，23％の輸出比率を持つ同社は，世界市場を視野に入れ，積極的に海外展開を計った。1985年に英国でイシダ・ヨーロッパを設立して以来，現在では，同社は，海外で6つの製造販売拠点を持ち，世界市場をカバーできるグローバルネットワークを構築している。長年培った独自技術で開発された同社の製品は，アジアの90％，米国の75％，欧州の65％，南米の90％，豪州の50％のシェアを獲得している。

ケース・スタディ16

会社名：中埜酢店（ミツカングループ）
所在地：愛知県半田市　　　　　設立年月：1923年6月
資本金：330百万円（ミツカングループ）　従業員数：2,550名（グループ）
売上高：142,200百万円（2002年2月・グループ）

　1804年に創業し，酢作り専門の同社は，独自の発酵技術と微生物利用技術を持って，200年の歳月を経て，国内に10工場，米国に11工場，タイに1工場を持つ日本最大の調味料グループの母となる会社と変身した。
　同社の独自技術で作られた「山吹」3年ものは，最高級酢の代名詞である。同社が1986年に開設した日本唯一の酢の総合博物館「酢の里」で，伝統の酢作りを再現した現役の第一醗酵室がある。職人が自らの目，鼻，手，肌で発酵過程を入

念にチェックする姿は，同社の高品質の最高の証である。
　酢のほかにも，「味ぽん」，「ほんてり」，「追いがつおつゆ」，「金のつぶ」，「におわなっとう」，「ほね元気」などの同社商品は，日本の食卓に欠かせない存在となっている。
　歴史とともに蓄積された同社の技術とノウハウは，「『よい品』とは時代とともに意味が進化していく」という同社の考えで，伝統の発酵・醸造技術を日々進歩させてきた。現在，同社で使われている発酵菌は，すべて自家培養されたものである。
　一方，1971年の米サンキスト社との業務提携を契機に，同社は，米国，スペイン，イタリア，タイなどに積極的に事業展開している。今日，同社は，国内最大であると同時に，米国でも約30％のシェアを確保し，1位の座を守っている。

ケース・スタディ17

会社名：株式会社フジミインコーポレーテッド（店頭上場）
所在地：愛知県西春日井郡　　　　　設立年月：1953年3月
資本金：4,753百万円　　　　　　　　従業員数：359名
売上高：18,945百万円（2002年3月）

　1950年，先代社長の越山照次は，日本初の光学ガラス研磨用の微粉を開発した。それを契機に，同社は，シリコン研磨剤をはじめ，プラスチック用，コンピューターハードディスク用などの研磨剤を，次々と世に送り出した。1984年に，同社は，業界初のガリウムヒ素ウエハー用の研磨剤を製品化した。
　研磨剤に絞り込んだ同社は，その独自の技術を持って，シリコン・ウェーハーのラッピング用研磨剤の国内市場をほぼ独占し，世界シェアの約70％を占めている。ポリッシング用研磨剤においても，同社は，国内シェアの62％，世界シェアの45％をおさえている。
　同社は，80ミクロンから，0.01ミクロンまでの研磨微粉を，粒度によって選り分けて抽出するという「精密分級技術」を，50年間の歳月をかけて，一貫して鍛え上げてきた。その研磨剤の製造技術への掘り下げで蓄積された技術とノウハウは，世界市場に君臨する同社の最大の強みである。もちろん，他社の追随を許さぬ同社は，製品のみならず，すべての機械設備も自社開発した。
　同社は，早い時期で世界市場を視野に入れ，1966年の旧ソ連への輸出をきっかけに，30以上の国々に輸出している。現在，同社は，米国，マレーシアでの現地生産も行なっている。

ケース・スタディ18

会社名：株式会社ポッカコーポレーション（東証一部上場）
所在地：愛知県名古屋市　　　　　設立年月：1957年2月
資本金：13,647百万円　　　　　　 従業員数：622名
売上高：73,715百万円（2002年3月・単）

　学校の先生，商社マン，バー経営と異業種に転職した谷田利景は，レモン飲料の製造販売会社ニッカレモン（株）を設立した。30％しか含まないレモン飲料批判にさらされた同社は，1972年に，業界初の缶コーヒーを開発した。以来，同社は，100％レモン飲料に改め，その他アイスコーヒー，顔缶，FIRST DRIPなどの缶コーヒー商品を発売してきた。
　缶コーヒーの販売を促進するため，同社は，1972年にホットorコールド自動販売機，1977年にホットandコールド自動販売機を，業界に先駆け，開発した。
　レモン飲料の反省から再出発し，次々とミルク入りの缶コーヒーの開発，適温の自動販売機の開発，遠赤外線焙煎技術，超高圧処理技術，脱酸素製法まで，同社は，常に他社と差別化した独自技術にこだわってきた。その独自の製造技術を持って，飲料水業界において小柄の同社は，コカコーラ，サントリーなどの大手に続き，缶コーヒー市場5位の座を確保している。
　また，1977年，同社は，シンガポールで業界初の海外進出を成功させ，以来，米国，マレーシア，中国に生産拠点を作り，香港，シンガポールなどにコーヒーショップ，和食レストランを展開し，国際化と多角化を同時に進めてきた。

ケース・スタディ19

会社名：株式会社サカタのタネ（東証一部上場）
所在地：神奈川県横浜市　　　　　設立年月：1913年7月
資本金：13,500百万円　　　　　　 従業員数：625名
売上高：46,383百万円（2002年5月）

　同社の前身は，5年間の欧米留学を終えた坂田武雄が創業した「坂田農園」であり，植物の品種改良からスタートした会社である。創業期の資金難，苗木輸出の挫折などの苦難を乗り越え，植物の種の開発に絞り込んだ同社は，1934年に世界初のF1ペチュニアを発表し，花種子，野菜種子などの主幹事業の成長基盤を築いた。
　植物の種の製造技術を絶えず掘り下げた同社は，1940年に世界初のF1キャベツ「ステキ甘藍」を，1962年に「プリンスメロン」を，1966年に世界初のF1パンジー

「マジェスティックジャイアント」を，1985年にスイートコーン「ピーターコーン」を，次々と世に送り出し，花のオリジナル品種数で世界一となった。

今日でも，同社の従業員の1/3，売上高の5－7％は，研究開発に投入されている。長年培った同社の独自技術は，オールアメリカセレクションズ花部門37回，野菜部門5回，全日本花き種苗審査会農林水産大臣賞花部門38回，野菜部門34回の入賞をもたらした。

1977年にサカタ・シード・アメリカを設立してから，同社は，フランス，チリ，ブラジル，イギリス，スペイン，タイ，コスタリカ，韓国，中国，ポーランド，南アフリカに海外拠点を構え，グローバルな事業展開を進めている。

ケース・スタディ20

会社名：大同工業株式会社（東証一部上場）
所在地：石川県加賀市　　　　　　設立年月：1933年5月
資本金：2,226百万円　　　　　　　従業員数：917名
売上高：26,817百万円（2002年3月）

イギリスを見学した初代社長は，イギリスの自転車チェーンに注目したことが，同社原点である。以来，同社は，チェーンの分野に絞り込み，その製造技術を掘り下げてきた。現在，同社は，2輪＆4輪用チェーン，産業機械用チェーン，コンベヤ，福祉機器，計4つの事業を展開している。

最初の自転車のチェーンから，プレス，熱処理，金型，メッキ，組立といったチェーンの基礎技術から，同社は，独自技術を磨き上げ，今日，モーターサイクルチェーンで世界一のシェアを獲得し，世界のトップブランドを有する企業にまで成長した。輸出比率が計りにくい部品メーカーの同社だが，今でも，直接輸出を20％台に維持している。

バイク，自動車で培ったチェーン技術は，産業用搬送システム，各種のコンベヤに応用されるようになった。同社のチェーンは，セメント産業，自動車産業，鉄鋼産業などに幅広く採用されている。

同社のチェーンの技術は，さらに進化し続けた。駅構内で装備されている車椅子用階段昇降機，家庭用の椅子式階段昇降機は，バリアフリーと高福祉社会へ対応したチェーンは同社の派生製品である。エンドユーザーに馴染みのない部品メーカーは，その部品の製造技術により表舞台に登場した。

また，日本の完成品メーカーの要望に応え，タイでの現地生産も行われている。

ケース・スタディ21

会社名：株式会社島精機製作所（東証一部上場）
所在地：和歌山県和歌山市　　　　　設立年月：1962年2月
資本金：14,800百万円　　　　　　　従業員数：1,011名
売上高：36,300百万円（2002年3月）

　工業高校時代にすでに手袋製法の特許を取得した島正博社長は，24歳の若さで創業した。現在，同社は，150年以上の歴史を誇るドイツストール社などの競合相手を抑え，手袋編機，横編機の世界シェア約70％を占めている。
　同社は，1965年の全自動手袋編機をはじめ，全自動フルファッション衿編機，全自動シームレス手袋編機，全自動ジャカード手袋編機，シマトロニック・ジャカード・コンピュータ制御横編機，アパレルCAD・PGM-2，ニットCAD・SDS，完全無縫製型コンピュータ横編機などを世界で初めて発表した。
　同社は，全従業員の20％を研究開発に投入し，既存の技術を単に継承するだけではなく，絶えず改良を加え，革新を試みてきた。その日々の努力は，技術畑で花を咲かせた。現在，同社最新鋭のCGシステムに蓄積された色のデータは，1,757種類もある。
　同社が主催する4年に1回の展示会は，世界各地のニット業者が和歌山に集まる盛会である。同社の高い技術と品質は，ニット業界全体をリードしている。現在，同社の製品の87％は，中国，トルコ，中近東，イタリアなどに輸出されている。5ヵ所の海外拠点と70社の海外代理店は，世界を網羅し，同社のグローバルネットワークを築いた。

ケース・スタディ22

会社名：株式会社デイスコ（東証一部上場）
所在地：東京都大田区　　　　　　　設立年月：1940年3月
資本金：9,772百万円　　　　　　　従業員数：1,040名
売上高：30,374百万円（2002年3月）

　1937年，同社の前身である第一製砥所は，広島県呉市で設立された。石器という人類最古の道具に絞り込んだ同社は，「切る，削る，磨く」という技術を追求した。
　1956年，パイロット社から万年筆のペン先を切割り用の砥石を依頼され，同社は，日本初の極薄レジノイド砥石を完成させ，量産を開始した。1968年，同社は，世界で初めて0.1ミリの壁を破り，40ミクロンの超極薄レジノイド切断砥石を開発

し、高い技術力で世界に認められ、1974年にアポロ11号が持ち帰った「月の石」のカットを依頼された。1979年、同社は、世界初の半導体ウエハーダイシング工程を無人化し、完全自動ダイシングソーを開発した。80年代初頭、同製品は、日本を含め、世界の29ヵ国の280社に採用された。

　60年間の歳月とともに、蓄積され、進化した同社の砥石技術は、砥石製品、精密加工システム、応用技術の同社の3大事業を支えている。現在、その独自技術は、ミクロンの世界の加工製品にまで拡大された。同社の製品は、半導体切断領域で世界シェアの80%を占めると同時に、液晶、セラミクスなど様々なハイテク材料の切断に応用されている。

　現在、同社は、世界の14ヵ国に拠点をおき、自社のグローバルネットワークを構築している。

ケース・スタディ23

会社名：ノーリツ鋼機株式会社（東証一部上場）
所在地：和歌山県和歌山市　　　設立年月：1956年6月
資本金：7,025百万円　　　　　　従業員数：1,495名
売上高：48,315百万円（2002年3月・単）

　西本貫一社長が写真印画自動水洗機の開発で創立した同社は、現在、年間10シリーズの2,000台の写真現像機器を生産し、世界シェアの50%占める。

　同社の生産技術における基本理念は、「独自の発想による工場一貫生産」である。「すべてが自社でできる体制があるからこそ、技術の研鑽ができ、高品質を実現して、顧客との信頼関係をより強くする」と、同社は考えている。それゆえ同社は、生産管理から、部品加工・組み立てをはじめ、すべての生産技術を自社で保有している。それにより、340名の社員が開発部門に配置され、技術の進化を極限まで追求している。

　独自技術へのこだわりは、同社最初の写真処理技術を、高画質高速処理技術へ、カラーマネジメント技術へ、高速画像出力技術へ、ネットワークイメージング技術へと進化させた。その成果が、ラボ機器、QSS（ミニラボ）など業界を先駆ける製品である。

　同社は、米国、カナダ、ブラジル、メキシコ、イギリス、ドイツ、チェコ、ポーランド、フランス、イタリア、香港、中国、フィリピン、シンガポール、マレーシア、台湾、オーストラリア、ロシアに現地法人を設立し、世界の180ヵ国に輸出している。あまりにも海外の顧客が多いため、同社の本社ビルは、海外の顧客用のホテルにもなっている。

III. 中国中小企業への提言

ケース・スタディ24

会社名：リンナイ株式会社（東証一部上場）
所在地：愛知県名古屋市　　　　設立年月：1950年9月
資本金：6,459百万円　　　　　　従業員数：3,184名
売上高：178,611百万円（2002年3月・連結）

　1920年に創業した同社は，最初から，ガス器具に事業を絞り込んだ。1958年西ドイッシュバンク社と技術提携により，その先進的な技術に絶えず改良を加え，赤外線ガスバーナーをはじめ，石油コンロ，ガナバ付外焚式ガス風呂釜，ガスコンロ，ガス高速レンジ，ガス瞬間湯沸器，不完全燃焼防止装置付湯沸器，コンデンシング給湯器など，数多くの商品を提供してきた。
　「人と環境にやさしさを。知恵と技術で行動する」という経営理念で，同社は，80年間で培った独自技術を単に受け継ぐだけではなく，ユーザーのニーズに対応した創意工夫を加え，より一層の技術進歩を目標としたた。特に，同社が日本人特有の焼き魚事情を考慮し，開発した焼き魚バーナー付のガスコンロは，現在の日本のガスコンロの原点となっている。また，同社は，「Gas is Best」という理念でガス機器技術を知り尽くし，省エネ且つ熱効率95％以上のガス給湯器を製品化した。
　一方，「生活の改善は先に御台所から」というスローガンで，同社は，極めて早い時期に，世界市場を視野に入れた。70年代に台湾，オーストラリア，マレーシア，アメリカ，韓国，ニュージーランド，イギリス，80年代にインドネシア，香港，中国，2000年にベトナムに進出し，諸国の食卓を改善し続けてきた。

ケース・スタディ25

会社名：株式会社パロマ（東証一部上場）
所在地：愛知県名古屋市　　　　設立年月：1911年2月
資本金：91,600百万円　　　　　　従業員数：10,400名（グループ）
売上高：237,800百万円（2002年連結）

　同社の前身は，小林瓦斯電気器具製作所である。戦後，同社は，ガス器具事業に絞り込み，「パロマ」ブランドで事業展開をしてきた。以来，同社は，ガス炊飯器，ガス湯沸器，ガスストーブ，ガステーブルコンロ，水なしグリルこんがり亭などのヒット商品を輩出した。
　90年間の歳月かけた同社の独自技術は，ひとつ一つの部品の製造へのこだわりの結晶である。今でも，同社は，部品の80％を内製し，200人を超える研究開発人

員がバックグランドとして存在する。
　同社は，ガス器具の製造技術のみならず，ガス使用上の安全技術も業界を先駆けてきた。同社が1984年に独自に制定した「セーフティーマーク」は，業界全体に安全への啓蒙となった。その独自技術で開発された不完全燃焼防止システム付湯沸器は，20年以上無事故1,000万台を達成した。
　アメリカの巨大市場に魅力を感じた同社は，70年代初頭に，トップセールスでアメリカ進出を果たした。5トン貯蓄式湯沸器が一般的であったアメリカ専門家の前で，社長は，自らの実演による小型瞬間湯沸器の「マジック」を披露した。それは，米国ガス器具市場で巻き起こったパロマ旋風の幕開けとなった。1987年に，パロマは，全米1位の給湯機メーカーを傘下におさめた。今日，1万人を超える同社の従業員のうち，約7割は，アメリカ人である。

第4節　「小さな」世界企業の強さの決め手

　上述3社の事例研究と25社のケース・スタディに通じて，いくつの共通点が見えてきた。それは，得意分野への絞り込み，独自技術への掘り下げ，市場開拓への世界戦略，企業家精神が溢れる経営者の存在，人材育成を最優先する企業文化である。これらの共通点は，「小さな」世界企業の普遍的な現象であり，「小さな」世界企業の特徴であり，「小さな」世界企業の強さの決め手でもある。

1．得意分野への絞り込み

　「小さな」世界企業の事例研究で，まず，注目すべき点は，得意分野への絞り込みである。経営資源が大企業より少ない中小企業にとって，得意分野への絞込みは，有限の経営資源を最大限に発揮できる最も優れた方法である。

① 創業期からの絞り込み

　事例研究で見られるように，樹研工業はプラスチック部品，カメヤマはローソク，ユニオンツールは，超硬ドリルに絞り込んだ。このような絞込みは，各企業の後の発展の原点となり，その土台を築いたのである。
　「小さな」世界企業の絞り込みは，殆ど創業期で行なわれていた。それは，

ニデックの小澤秀雄社長の言ったように，「自分が知識を持っている分野，競争が少ない分野，将来性のある分野」に絞り込むのである。眼科機器に携わっていた7人の技術者で発足した同社を，眼科医療・眼鏡関連機器の大手に導いたのは，創業期の目の分野への絞り込みであった。

　竹中製作所は，創業から60数年間ネジ一筋で，世界最高のフッ素樹脂コーティングネジを作り出した。高圧コンデンサの世界トップメーカーに成長したタイツウは，「間口を狭めて奥深く」という製品戦略を貫き，高圧コンデンサを極めた。ベルト式変速機からはじめ，三木プーリは，変速機を進化させ続け，無段変速機の世界3大メーカーに成長した。刃物の町で刃物を70年間作り続けてきたフェザー安全剃刀は，理美容用の60％，医療用の80％のシェアを獲得している。1893年創業以来，ハカリに絞り込んだイシダは，計量システム機器のトップメーカーとなっている。研磨用の微粉で50周年を迎えたフジミインコーポレーテッドは，シリコン・ウェーハーのラッピング用研磨剤の国内市場を独占し，世界シェアの70％を抑えた。前身の第一製砥所の製品戦略を継承し，砥石という古来の道具に絞り込んだデイスコは，「月の石」をカットできる世界のトップ企業まで成長した。

　これらの「小さな」世界企業が今日それぞれの業界の頂点に極めたのは，創業期の絞り込みの土台があったのである。

② **繊細な絞り込み**

　多くの中小企業は，自社の不振の理由を，得意分野を持ってないこととし，ため息ばかりを漏らしている。しかし，あきらめる前に，本当に自己の会社の得意分野を真剣に検討したかどうかに，大きな疑問がある。また，その得意分野を見つけてから，どこまで絞り込んだかにも，問題がある。

　実際に，「小さな」世界企業の絞り込みは，想像以上に非常に繊細である。例えば，「小さな」世界企業として取り上げられたテイボーは，文房具の中の筆記用具，筆記用具の中のマジックペンとマーキングペン，マジックペンとマーキングペンの中のペン先に絞り込んだ。同社の前身は，帝国制帽であった。制帽で蓄積された繊維と素材の技術は，後の技術発展の原点である。しかし，

繊維と素材の技術が得意分野であるとはいえ，その分野は広すぎるので，繊維産業からの脱却を計った同社は，最終的にマジックペン，マーキングペンのペン先に絞り込んだ。今日，同社は，マジックペン，マーキングペンのペン先のトップ企業にまで成長し，平面フェルト80品種，合繊ペン1,700品種，プラスチックペン600品種など合計2,380品種のマジックペン，マーキングペンのペン先を製品化している[22]。

同じ文房具に関係する白鳳堂は，筆の産地広島県熊野町の筆メーカーとして発足した。77人の従業員（内訳：社員22名，パート55名）しか有していない同社は，最終的に事業を高級化粧用筆に絞り込み，自社ブランドMISAKOと，MAC・スマッシュボックス・ジバンシー・ランコム・クリスチャンディオールなどのOEM製品をあわせ，月産50万本，世界シェア60％を誇る「小さな」世界企業に成長した。

絞り込みの繊細さは，場合によって，業界の関係者しか判別できない場合もある。例えば，タキイ種苗とサカタのタネの場合，両社ともに，国内のみならず，海外でも多くの受賞を受け，同じように植物の種に絞り込んだと思われる。しかし，両社の絞込みは，大きく異なっている。タキイ種苗は，京野菜の種の経験から，創業から，野菜の種の開発に絞り込んでいた。それに対して，初代社長の欧米留学経験を生かすために創立されたサカタのタネは，最初から花の種に力を注いできた。今日，多角化を図り，競合相手になった両社は，互いにライバル企業の強みを認めながら，自社の得意分野を自負している。

同じことは，パロマとリンナイとの間にもある。確かに両社は，「小さな」世界企業の定義を超えている。しかし，両社の成長過程の分析で見られるように，得意分野への絞り込み，独自技術への掘り下げ，世界市場への戦略は，「小さな」世界企業そのものである。企業の発展及び世界市場の拡大につれ，両社ともに規模を拡大したので，「小さな」世界企業の卒業生であろう。パロマは，ガス器具の中の湯沸器に，リンナイは，ガス器具の中の厨房ガス機器に，絞り込んだのである。シェアなどの数字上で格段の差がないとはいえ，両社の現場では，きちんとお互いの住み分けを認識している[23]。

2．独自技術の掘り下げ

　得意分野に事業展開を絞り込んでから，次に「小さな」世界企業が遂行したのは，独自技術への掘り下げである。

① 技　　術

　技術とは何か，また，企業にとってどのような意味を持つかという問題を理解する必要がある。この2つの問題は，独自技術の基礎となっているからだ。

　技術とは何か。『広辞苑』（第5版　岩波書店，1998年）には，技術とは，「物事をたくみに行う技。技巧。技芸。科学を実地に応用して自然の事物を改変・加工し，人間生活に利用するわざ」と書かれている。

　また，新籾育雄は，技術とは，「モノに働きかける技」と規定した。彼は，技術・技能・熟練・情報の4つの角度から，技術概念図を作り出した。それは，「図10：技術概念図」である。さらに，中小企業現場のアンケートを通じて，「技術とは企業が生き残るために必要な能力である。」と結論づけた[24]。従って，技術は中小企業の生死を決めるカギなのである。

　前述した事例研究で見られるように，樹研工業，カメヤマ，ユニオンツールの3社には，その「技術概念図」が確立されている。まず，3社ともに，企画・デザイン・研究・開発といった情報部分に，かなりの経営資源を投入して

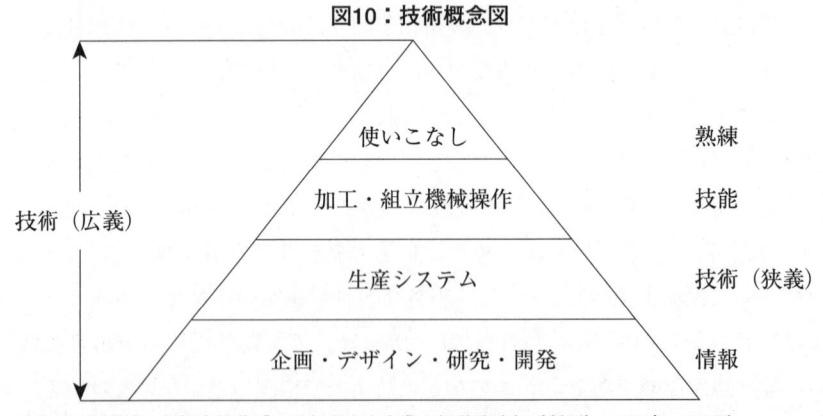

図10：技術概念図

```
技術（広義）
    使いこなし              熟練
    加工・組立機械操作      技能
    生産システム            技術（狭義）
    企画・デザイン・研究・開発  情報
```

※出所：関満博，新籾育雄著『21世紀型中小企業の経営戦略』，新評論，1997年，102頁。

いる。ユニオンツールは，静岡県の三島に自社の研究所を設立させるほど，研究開発に熱心である。また，3社ともに，独特な色で塗られた自社設備で装備され，業界に先駆ける生産ラインを持つ，生産システムといった狭義の技術の部分をきちんと押さえている。そして，3社は，加工・組立機械操作といった技能の継承・発展に，各種の研修方法を採用している。さらに，使いこなしといった熟練において，3社は，その熟練技を自由に操る職人を確保している。顕微鏡で細心の注意を払いながら組み立てていく樹研工業の金型職人，指先で微妙な温度差を察知しながらローソクを素早く仕上げるカメヤマの女性従業員，工場の一角で黙々とマニュアルNC工作機械で超硬ドリルを作り続けるユニオンツールの職人，彼らは熟練そのものである。

　3社で，注目される点は，その技術の構図の頂点に位置する熟練の存在である。新籾育雄は，熟練とは，「ある技（技能）を長い年月をかけて磨き上げ，熟成されたものであり，匠の世界に近い」ものであり，「大雑把に言えば，高度な技能を持った人を熟練者」であると解釈した[25]。言い換えれば，技術の最高の境界は，長年磨き上げ，高度の技能を持った人，つまり，熟練労働者である。小池和男も，中小企業の貧困観と機械化の進行に着目し，中小企業の熟練形成を強調した[26]。

　「小さな」世界企業は，技術の概念を熟知し，自社でその独自技術を確立し，たとえ，自社でその技術の構図に欠陥部分が生じる場合においても，それを補完できるような様々な努力を行なっている。吉田金属工業の場合，地元の刀の名人岩崎重義の力を借りることによって，刃物とハンドルの一体化に必要とされる職人的熟練を補完した。

② 独自技術とは

　独自技術とは，他社の真似できない自社開発の独自技術である。田中利見は，「中小企業にとって，大企業にないオリジナルな自前の技術を持つことは経営の安定に繋がるし，中小企業の夢といっても過言ではない。」と指摘した[27]。今日，彼の指摘のように中小企業の頂点に立つ「小さな」世界企業は，確実にその独自技術を依持している。

ところで，独自技術を論じる場合は，技術力を判断する基準は何か，また，独自技術であるかどうか，といった質問がよくなされる。その答えは，「小さな」世界企業の現場にある。

まず，「小さな」世界企業は，数多くの特許を獲得している。世界初の直径8〜9mmコンタクトレンズを開発したメニコンは，50件の特許を持っている。前述したテイボーは149件を，工業用刺繍機の世界シェアの半分を占めるバルダンは181件特許を持っているいる[28]。

しかし，「小さな」世界企業のうち，独自技術を有しながらも，意図的に特許を申請しない企業も少なくない。申請後による情報の開示は，特許を申請しない最も重要な理由である。前述したユニオンツールは，その典型である。同社は，「特許の申請は，ライバル企業の研究開発期間を短縮させる」と見なし，申請しなくても他社が真似できない現状のほうが望ましいと，考えている。また，規模の小さい「小さな」世界企業は，特許を争うよりも有限な経営資源を新技術開発に投入したいと考えている。吉田金属工業は，53名の従業員しかいない。渡辺勇蔵社長は，次々と登場する海外の模倣商品に頭を抱え，「我々みたいな小さな企業が，世界を飛び回り，世界中の特許を得る必要がない。その金と時間を使って，新たな製品を作れば，同じ効果が得られる。」と，特許の獲得よりも技術に専念することを優先している。

だから，特許数だけでは，独自技術を判断するのは，不充分である。「小さな」世界企業の調査・研究につれ，独自技術の新たな判断基準が浮かび上がってきた。それは，自社設備の内製比率である。

上述した3社の事例研究で見られるように，各社ともに殆どの自社設備を内製している。樹研工業の黄色と青色，カメヤマの若草色，ユニオンツールの水色は，内製設備のシンボルともなっていた。この現象は，ほかの「小さな」世界企業の現場でも見られる。メニコンの設備の内製率は，90％に達している。フェザー安全剃刀の機械内製率は，80％を超えている。福井鋲螺の1,500台の設備機械のうち，90％以上は，内製されたものである。

「小さな」世界企業における高い設備内製率の原点は，そもそも創業期の資

金難という問題にあるだろう。今日，各業界で圧倒的なシェアを誇る「小さな」世界企業の発展には，必ずしも順風満帆ではなかった。ユニオンツールやカメヤマで見られるように，創業期の苦難，とりわけ，資金難は，想像以上のものであった。コスト削減のために，自分の手で機械を作るしかなかった。しかし，その手作り機械の経験とノウハウは，各社に蓄積され，徐々に，各社の独自技術まで進化した。現在，設備内製率の意義は，最初のコスト削減をはるかに超え，迅速なメンテナンス対応や技術流出の防止にまで昇華している。「小さな」世界企業の多くは，設備内製部門を設けるほど，最重視している。中には，樹研工業，ユニオンツールのように，自社生産用の内製機械を製品化する企業も現われた。

従って，「小さな」世界企業の独自技術を考察する場合，単に特許の数のみならず，その高い設備内製率にも留意すべきである。

③ 独自技術への掘り下げ

では，「小さな」世界企業の独自技術を分析してみよう。「小さな」世界企業の独自技術は，大まかに2種類に分けられる。創業期からの独自技術と，企業の発展で形成された独自技術の2つである。

創業期からの独自技術は，創業者，あるいは，創業初期のメンバーによって，開発された業界初（日本初，もしくは，世界初）の技術をいう。

その代表例は，メニコンである。創業者の田中恭一は，竹彫刻名人の家庭で生まれ，12歳から生徒として旋盤を操るようになった。1950年，眼鏡店「玉水屋」で働いた田中は，アメリカ将校夫人からコンタクトレンズの話を聞き，初めて世の中にフレームのない眼鏡の存在を知った。しかし，当時のコンタクトは高価であり，その夫人は，最後まで所持のコンタクトレンズを見せなかった。それをきっかけに，田中はコンタクトレンズに魅了され，その研究に没頭した。しかし，当時の常識とも言えるべき直径14〜16mmコンタクトレンズを見たこともない田中は，夫人との会話を思い出しながら，鏡の前でずっと自分の眼を見つめた。仰向けになって，見たものを「空」という人もいれば，「雲」という人もいる。それと同じように，田中が見たのは黒目であった。自分で

「黒目を覆う」コンタクトレンズを作りたいとの思いで、習得した旋盤技術を駆使し、日本で初めて直径8～9mmの角膜コンタクトレンズ製作した。しかし、田中が製作したものを地元の大学の教授に見せたところ、規格外と言われ、その場で初めて当時の直径14～16mmコンタクトレンズを目にした。幸い、彼の製品は大学の実験用レンズとして採用された。実験用レンズとして、目の患者の好評を博したことから、1951年2月、田中はこの独自の製品を持って、メニコンを創業した。角膜コンタクトレンズは、たちまち大ヒットした。初任給10,000円の時代で、7,000円（片目）で売り出された角膜コンタクトレンズは、爆発的に売れた。この常識知らずの発明は、後にテレビ番組報導され、日本製造業史上独特な一筆を描いた[29]。

　ほかに、同様に、創業期に独自技術を確立した「小さな」世界企業は、日本初の光学ガラス研磨用微粉を開発した越山照次が創業したフジミインコーポレーテッド、工業高校ですでに手袋製法の特許を取得した島正博が創業した島精機製作所、写真印画自動水洗機を発明した西本貫一が創業したノーリツ鋼機、創業直後に無段変速機の特許を取得した三木プーリ、などが挙げられる。

　また、ヒロボーのように、従来の繊維産業からの脱出を図り、第2の創業期で、全く違う分野で開発したラジコン模型技術も、その創業期からの独自技術に当てはまる。

　一方、企業の発展で形成された独自技術は、その企業、あるいは、業界の既存技術を掘り下げることによって形成されたものである。それは、長い年月をかけ、生産の現場で蓄積された経験とノウハウを既存技術に生かし、なおかつ、絶えざる改良による革新的な技術に進化させたものである。

　事例研究で取り上げたカメヤマのように、ローソクという製品を、原材料から始め、製造工程、ローソクの一本一本の燃え具合まで、徹底的に研究していた。

　ここで、「小さな」世界企業のイシダを見てみよう。「図11：株式会社イシダの技術への掘り下げ」で見られるように、ハカリに事業を絞り込んだ同社は、ハカリの基礎ともいえる重力を、徹底的に研究したことが明らかである。重力

第8章　新モデルの導入　　*207*

図11：株式会社イシダの技術への掘り下げ

イシダおもしろ情報

同じ日本でもこれだけ違います。

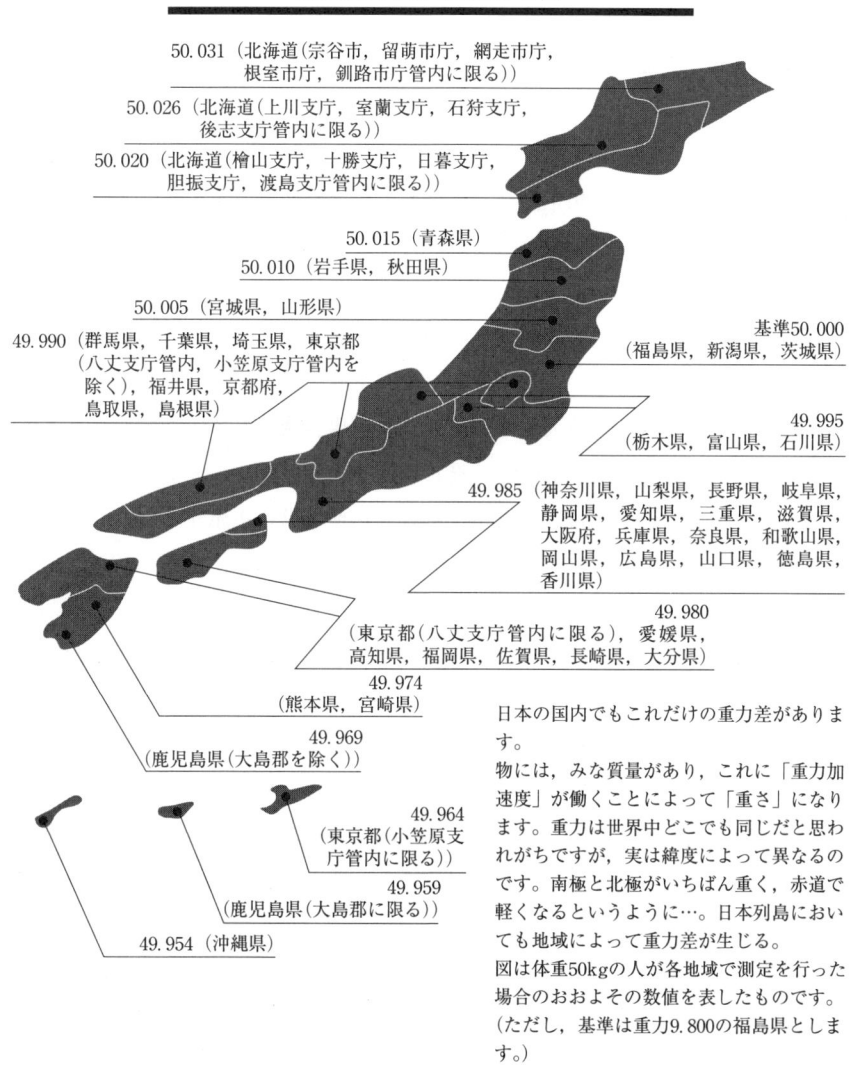

50.031（北海道(宗谷市，留萌市庁，網走市庁，
　　　　根室市庁，釧路市庁管内に限る)）
50.026（北海道(上川支庁，室蘭支庁，石狩支庁，
　　　　後志支庁管内に限る)）
50.020（北海道(檜山支庁，十勝支庁，日暮支庁，
　　　　胆振支庁，渡島支庁管内に限る)）
50.015（青森県）
50.010（岩手県，秋田県）
50.005（宮城県，山形県）
49.990（群馬県，千葉県，埼玉県，東京都
　　　　(八丈支庁管内，小笠原支庁管内を
　　　　除く)，福井県，京都府，
　　　　鳥取県，島根県）
基準50.000
（福島県，新潟県，茨城県）
49.995
（栃木県，富山県，石川県）
49.985（神奈川県，山梨県，長野県，岐阜県，
　　　　静岡県，愛知県，三重県，滋賀県，
　　　　大阪府，兵庫県，奈良県，和歌山県，
　　　　岡山県，広島県，山口県，徳島県，
　　　　香川県）
49.980
（東京都(八丈支庁管内に限る)，愛媛県，
高知県，福岡県，佐賀県，長崎県，大分県）
49.974
（熊本県，宮崎県）
49.969
（鹿児島県(大島郡を除く)）
49.964
（東京都(小笠原支
庁管内に限る)）
49.959
（鹿児島県(大島郡に限る)）
49.954（沖縄県）

日本の国内でもこれだけの重力差があります。

物には，みな質量があり，これに「重力加速度」が働くことによって「重さ」になります。重力は世界中どこでも同じだと思われがちですが，実は緯度によって異なるのです。南極と北極がいちばん重く，赤道で軽くなるというように…。日本列島においても地域によって重力差が生じる。

図は体重50kgの人が各地域で測定を行った場合のおおよその数値を表したものです。（ただし，基準は重力9.800の福島県とします。）

※株式会社イシダ内部資料（1997年），後に「計量法」の改正により，現在の使用区分が異なっている。

は，世界中どこでも同じだと思われがちだが，緯度によって異なるのである。重力は，南極と北極が一番重く，赤道に近づけば近づくほど軽くなる。日本列島においても，地域によって重力差が生じる。そのため，同社は，「計量法」によって日本全国を16の使用区域に分けて，それぞれの区域ごとにハカリを調節している。このような工夫こそ，「小さな」世界企業の独自技術への掘り下げである。

ほかにも，前述したユニオンツール，包丁作り60年間の吉田金属工業，ネジ作り一筋の竹中製作所，70年間金具に携わってきたスガツネ工業，刃物に70年間一貫にして取り込んだフェザー安全剃刀などが挙げられる。

以上のように，「小さな」世界企業の独自技術は，創業期からの独自技術と，企業の発展で形成された独自技術との2種類がある。とはいえ，実態調査から明らかなように，創業期からすでに独自技術を確立した「小さな」世界企業でも，海外の先進な技術を導入する「小さな」世界企業でも，企業の成長とともに，その独自技術への掘り下げを一貫して行なわれていたのである。

三木プーリが創業期で考案したベルト式変速機を単に生産するだけなら，無段変速機の世界3大メーカーには，ならなかった。同様に，フジミインコーポレーテッド，ノーリツ鋼機，島精機製作所，メニコンなどの企業が，創業期の特許に依存するだけなら，今日，業界でのトップの地位は得られなかっただろう。

だから，「小さな」世界企業の独自技術への掘り下げは，ある基礎技術のあらゆる側面を徹底的に研究し，その基礎技術の僅かな変化をも見逃さず，少しずつ確実に改良を積み重ねていく必要がある。つまり，「小さな」世界企業の独自技術は，日進月歩のハイテクとは異なり，むしろ，基礎技術からの日々の研鑽の重層なのである。

「図12：『小さな』世界企業の設立年代別分布」で分かるように，設立年代別で見ると，1950年代の59社が最も多い。次に，1940年代の51社，1960年代の34社，1930年代の23社と続いている。今日，一般的に，企業の寿命が30年であるといわれている。その一般論を基準とすると，30年以上の歴史を持つ（1960年

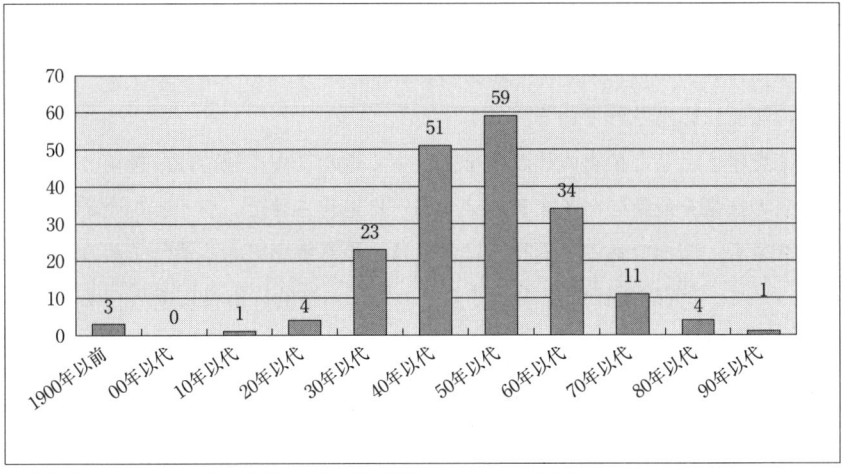

図12：「小さな」世界企業の設立年代別分布

年代	社数
1900年以前	3
00年代	0
10年代	1
20年代	4
30年代	23
40年代	51
50年代	59
60年代	34
70年代	11
80年代	4
90年代	1

※「付表1：『小さな』世界企業リスト（2003年）」のデータにより作成。

代以前に創業した）「小さな」世界企業は，91.6％を占めている。このパセントは，単に「小さな」世界企業の企業としての旺盛な生命力を示すだけではなく，独自技術への掘り下げが長い年月の積み重ねを要することを明らかにした。ゆえに，このように磨き上げられた独自技術は，ローテクの最先端とも呼ばれている。

「小さな」世界企業は，この道理を熟知した上での独自技術への掘り下げを必須としている。だから，進工業は，「真の意味でのオリジナリティがあり社会に役立つ製品は，基礎技術の研究なしには開発することができない。」としている。明和グラビアは，「商品開発は1％のひらめきと99％の努力の結晶である」という一文を企業理念に書き込んでいる。

④ 独自技術の更なる飛躍

「小さな」世界企業は，技術の意義を十分に認識し，長年に渡って，企業内で得意とする分野の技術の土台をきちんと構築し，また，市場競争の中で，既存技術を絶えず掘り下げ，独自技術に仕上げ，その土台を固め続けている。その独自技術への掘り下げは，今後，更なる飛躍をもたらすのである。

「切る，削る，磨く」といった人類最古の道具技術に絞り込んだディスコは，その最古の技術を改良し，最先端技術に仕上げている。同社の製品は，半導体切断領域の約80％の世界シェアを持ち，液晶，セラミクスなど様々なハイテク材料の切断に応用されている。

野菜を中心とした植物の種改良を行なってきたタキイ種苗は，種苗という人類古来の技術を最新のバイオテクノロジーに進化させた。ライバル企業のサカタのタネも，同様である。同社の経営陣は，最も敏感である遺伝子組み換え技術について，「何回も研究を重ねてきたので，本格的に市場に参入しても負けない技術力を持っている」と語った。

眼科医療機器の製造技術に絞り込んだニデックと，コンタクトレンズ技術に絞り込んだメニコンは，ほぼ同じ時期に，それぞれ培った独自技術を人間の培養皮膚技術に応用させた。前者が，医療機器の角度からの開発であるのに対して，後者は，人間に適する皮膚素材開発であった。出発点で異なりながらも，両社は，それぞれの得意分野の独自技術を用いて，最先端のバイオテクノロジーに到達した。

もちろん，上述各社での独自技術の開発は，きめ細かな絞り込みと絶えざる掘り下げによるものよる。つまり，「小さな」世界企業は，技術を掘り下げることによって，自社の従来の製品・製造技術を基礎に，独自技術を磨き上げ，その独自技術をさらに掘り下げることによって，新たな独自技術を生み出している。「小さな」世界企業の独自技術への掘り下げは，既存技術を基礎とする改良（革新）の持続的発展である。その持続的発展を貫くことこそが，企業の新たな飛躍をもたらすのである。

森谷正規は，日本の産業の強さの根本は，同質の大企業群の形成にあり，また，その同質の大企業群の猛烈な競り合いは，技術進歩を極めて急速に進行させ，日本産業全体の急成長を導いたと指摘した[30]。確かに，日本経済の高度成長時の同質の大企業群の猛烈な競り合いが果たした役割は，否定できない。しかし，それらの同質の大企業群を支えていたのは，下請系列をはじめとする多くの中小企業である。中小企業間でも，激烈な競合が展開されされた。同質の

大企業群の猛烈な競り合いは，下請系列，あるいは独立系中小企業への外注によって，結果として中小企業へと転嫁される。また，中小企業は，生き残るために中小企業間で競り合い，そこで得たマネジメントでの成果を大企業に提供し，同質の大企業群の競り合いに拍車をかける。このような中小企業から大企業にまで及ぶ競り合いの循環は，日本の高度成長を支えていた。

この結果，日本の中小企業，特に製造業において，激しい競争による高度な技術力を身に付けさせた。ところが，グローバル化が進む中，大企業の海外進出が容赦なくされた今日，そのような競り合いは海外でも展開されている。日本の中小企業は，海外，特にアジアの中小企業との過当競争に遭遇しながら，脱下請を計り，その解決策を探り始めた。それは，従来の技術をベースとする独自技術の開発である。この点で，独自技術は，単なる個々の中小企業の強さの決め手を示すばかりでなく，一国の経済基礎にも当たる中小企業基盤の基本的なのでもある。

日本の「小さな」世界企業は，その独自技術をいち早く先取りし，独自技術への掘り下げによって，中小企業の最先端の頂点を極めたのである。

3．多様な世界戦略

「小さな」世界企業は，早い段階で世界市場を視野に入れ，積極的に海外展開を試みた。各社は，それぞれの業界の事情に応じて，異なる世界戦略を取った。各社が海外進出で見せた違いは，「小さな」世界企業の世界戦略を多様化にした。

① **海外進出の契機**

溝田誠吾は，「小さな」世界企業の海外進出の契機について，12社の事例研究によって，以下の5つの類型にまとめている。1）戦前の海外進出の遺産の継承，2）総合商社からの引き合い，3）技術進出が海外進出であった，4）苦肉の策・見本市出展，5）その他，という5つの類型である[31]。

1）戦前の海外進出の遺産の継承。この種の「小さな」世界企業は，戦前から，海外と取引を行い，第2次世界大戦後，従来のルーツを使い，再び海外へ

の進出を果たした。例えば，Xスタンパーと筆記具を中心に世界90ヵ国に輸出しているシャチハタ，毛髪染剤で資生堂などの大手を凌ぐホーユー，エレキ・ギターとアンプ・ドラムなどの弦楽器でロックの本場米国に挑戦する星野楽器製造などである。

　2）総合商社からの引き合い。この種の「小さな」世界企業は，国内外の商社の媒介で，世界市場に導かれ，少ないチャンスをものにした。例えば，米商社イズトレーディング社の仲介で米国の自動車のアフターマーケット向けのアルミホイール製造に意思決定したエンケイ，兼松江商の岡課長の引き合いで等速ジョイント用内輪のインナーレースをGM，フォードに納めたアイコク・アルファーなどである。

　3）技術進出が海外進出であった。この種の「小さな」世界企業は，海外の先進的な技術に魅力を感じ，それらの新技術を日本に導入しながら，海外進出を果たした。例えば，エアレス塗装技術を導入した旭サナック，米ユニオン・カーバイド社を師として新製品を開発したフジミ・インコーポレイテッドなどである。

　4）苦肉の策・見本市出展。この種の「小さな」世界企業は，海外進出のルーツを欠け，見本市などへの出展によって自ら世界に売り込んだ。例えば，「ウイマーショー」（米国の部材メーカーの展示会）に出展したテイボー，「大阪国際見本市場」に出品したバルダンなどである。

　5）その他。つまり，上述の4類型に属せず，独特の世界展開を呈示している。例えば，カイ・インダストリーズは，シンガポールで拠点作りの失敗の教訓を受け止め，中国を中心に新たな海外展開をしている。

　以上のように，「小さな」世界企業は，世界市場で，様々な事業展開を行なっている。独自技術を磨きあげ，国内の基盤を固めてから，自信作を持って世界で勝負した企業もあれば，最初から世界向け製品を輸出し，海外で成功を収めてから，日本に戻ってきた企業もある。

② 海 外 展 開

　事実，「小さな」世界企業が海外進出を果たした展開は，多様である。例え

ば，同じくガス器具で世界市場に進出したリンナイとパロマとは，全く違う世界戦略をとった[32]。

　リンナイのグローバルな海外戦略と異なり，パロマは，米国一国集中という戦略を実施している。ここで，リンナイの海外戦略とパロマの海外戦略を「表17：リンナイとパロマの海外戦略比較」を見る。

　第1，人的資源について。リンナイは，世界各地に浸透し，世界中の人材を活用することができるが，パロマは，日米の人材にとどまる。確かに，移民国家の米国では世界中の人材が集まっているが，これらの移民は，母国の生活環境から離れ，世界に適応する製品を開発する上では，様々な問題が生じる。ガスの場合，世界各国のガスに含まれる不純物の量が異なり，機械操作への影響は各国のガスの基準値しかえられない。その結果，高品質のガスに対応できる機器が，低品質のガスを使うことによって「不良品」になることもある。同じことは，自動車，電気製品にも生じる。また，アメリカの移民，特に発展途上国からの移民は，技術者が多く，経営管理の人材が少ない点を留意すべきである。この点は，パロマのアメリカ以外の海外進出に影響する。リンナイは，パロマに対して，世界各国の人材獲得において先行している。

　第2，物的資源について。リンナイは，世界各地に進出したため，分散して

表17：リンナイとパロマの海外戦略比較

順位	リンナイ	パロマ
特　徴	世界各地へ全面進出	米国一国集中
人的資源	世界中の人材	日米の精鋭
物的資源	分散	集中
資金調達	日本を中心に	日米補完
情　報	現地発信・現地対応	日米相互対応
物作り	世界各地にあわせる	日米を中心に
リスク	各地に存在	日米両国のみ

※リンナイとパロマでのヒアリングによって作成。

いて，世界各地でフルライン化を進めている。それに対して，パロマは，日米に集中しているため，生産部門の集約，非生産部門の合理化，より効率的な資源配分（設備など）が可能である。

第3，資金調達について。リンナイは日本を中心に展開する。例えば，ベトナムの現地法人の資金繰りが苦しい場合は，最寄りの中国の現地法人ではなく，日本の本社が資金調達の対応を行なう。日本の本社が対応し切れない場合は，中国の現地法人に協力を要請することになる。ベトナム→日本→中国，中国→日本→ベトナム，という複雑な仕組みである。それに対して，パロマは日米の相互補完により，速やかな対応ができる。

第4，情報について。IT化の進行は，より速い情報の入手し，より速い意思決定，より速い実行が，求められる。リンナイの強みは，正確な情報，特に現地生産に関わる諸問題に対応できる。一方，パロマは，世界各地の現地の情報収集においては遅れている。

第5，物作りについて。リンナイは，世界各地の実情に合わせ，より現地に相応しい製品を作ることができる。が，パロマは日米対応には優れるものの，他諸国への対応は遅れる傾向がある。

第6，リスクについて。リンナイは，世界中に存在する。パロマは日米のみに止まる。

以上のように，両社は海外戦略が異なっている。このような相違が生じた最大な理由は，両社の世界市場に対する認識の差異にある。リンナイは，世界全体を視野に入れ，たとえ今日未開発，未成熟の部分であっても将来の市場と見なし各国に生産拠点を置いた。その分，リスクも大きく，進出先の災害，金融危機，進出国の政策転換などによる大きな影響を受ける。逆に，パロマは，将来性よりも既存市場にこだわり，それを確実にものにした。パロマにとってのリスクは，日米の同時不況である。しかし，日米同時不況が起きたら，世界経済の多極化が確立されていない今日において，リンナイも逃れることができない。この意味では，パロマが最も見たくない光景は，リンナイの日米同時不況とは関連しない世界中の製造・販売ネットワークの成熟であろう。

海外戦略の違いを示す両社の今後の展開，とくにパロマが米国以外の市場展開を時点での両社の競い合いに注目すべきであろう。しかし，現段階においては，パロマが一歩リードを取っている。世界一の生産量は，パロマなのである。

4．企業家精神が溢れる経営者

企業家の特徴について，シュンペーターは，創意，権威，先見性などを挙げた[33]。中村秀一郎は，中堅企業経営者の共通する性格を「その企業家精神にあり，シュンペーターのいう意味での革新者（イノベーター）である」[34]と指摘し，さらに，「中堅企業経営者の多くは，個人資本家としての側面よりも産業の指導者，つまり革新的な企業の組織者・管理者としての性格を強く持っており，独自な製品選択を行い，製品の質にマッチする設備投資，量産体制の確立に果断であり，販売方法の革新をためらわず，企業内人間能力の開拓と組織化に積極的で，企業発展の方向にそれぞれ独自の才能を発揮している」と記述した[35]。

同じことは，「小さな」世界企業の経営者にも見られる。溝田誠吾は，「小さな」世界企業の共通点を総括した際，その企業家精神が溢れ，明確なリーダーシップを持った社長の存在を指摘し[36]，その代表的な経営者を取上げ，高く評価した[37]。以下，「小さな」世界企業の経営者の特徴を見てみよう。

① 明確なビジョン

「小さな」世界企業の経営者は，明確なビジョンを持っている。つまり，「小さな」世界企業の経営者は，自分の経験・ノウハウを生かし，些細なことも見逃さず，企業，業界に独特な先見性を示した。

例えば，広島県府中市にあるヒロボーの場合，紡績業の名門であった同社は，繊維不況下で，苦境に立たされた。そこで，若い社長の松坂敬太郎は，果敢に事業転換を行なった。彼は，いち早く，繊維産業が斜陽産業であると見極め，企業存続のため，繊維産業から撤退し，電子部品の下請を取り込み，通産省選定のグッド・デザイン商品（1996年）の住宅用分電盤エレキ・アイなどの

主力商品を売り出した。「中小企業は，誰も手をつけていない分野に進出しなければ駄目だ」という松坂社長の経営戦略によって，ヒロボーは，ラジコン模型業界に進出した。今日のヒロボーは，ラジコンヘリ市場の国内市場の60%，世界市場の35%を占め，斜陽産業から脱皮し，「小さな」世界企業にまで成長した。青空を機敏な動きで飛行するラジコンヘリは，ヒロボーの飛躍そのものであろう。

同じことは，旭サナックでも見られる。現会長の甘利祐三は，繊維部門を廃止し，塗装機械と圧造機械に事業を転換し，繊維不況下で会社更生まで追い込まれた会社を見事に立て直した。

また，「小さな」世界企業の経営者のビジョンは，些細なことも見逃さない繊細且つ鋭い洞察力から成り立っている。事例研究で取り上げたユニオンツールにおいて，大田区の町工場の現会長の片山一郎は，IBMのオファーを断りながらも，しっかりとITブームの到来を予測し，設備の増設を行なった。それは，1960年代であった。

ほかにも，清涼飲料水の自動販売機にコーヒーがなかったことに気づき，缶コーヒー市場に最初に参入したポッカコーポレーション，ピーマンの袋詰めのパートの手先からヒントを得，日本初の自動計量システムを菓子などの給袋式包装機に取り込んだイシダなどの事例は，「小さな」世界企業の経営者の独特なビジョンがうかがわれる。

② 決断力でリーダーシップ

「小さな」世界企業の経営者は，決断力でリーダーシップを発揮する。経営者として，独特のビジョンを示すだけではなく，それを現実にする決断力を必要とする。「小さな」世界企業の経営者は，トップダウン型の素早い意思決定で，企業の存続の危機に，事業転換の分水領で，決して優柔不断を見せなかった。

これは，前述のヒロボー，旭サナック，ユニオンツール，ポッカコーポレーション，イシダには，もちろんのこと，ほかの「小さな」世界企業でも見られる。

日亜化学工業の事例を見てみよう。同社は，大手各社が取り組んでいたセレン化亜鉛系ではなく，あえて少数派である窒化ガリウム系を材料として選び，青色LEDの実用化開発に成功した。LEDは，電球に比べ，小型・長寿命で低消費電力のため，光源として優れている。しかし，今まで青色LEDは赤や緑LEDに比べ，二ケタ暗いため，フルカラー化ができず，用途も限られていた。ところが，1993年11月末，日亜化学工業は，従来に比べて100倍，赤や緑並みに明るい青色LEDを実用化した。それにより信号機だけでなく，ディスプレーやスキャナー用白色光源など，用途が一気に広がった。その成功は，大手企業を押しのけ，徳島県阿南市に立地する日亜化学工業を一気に世界の頂点に押し上げた。それは産業界全体，また，地方に立地する多くの中小企業に大きなインパクトを与えた。1999年11月9日の『日経産業新聞』は，パイオニアとロームの青紫色レーザーの共同開発を発表した。それは，両社の窒化ガリウム系の研究ノウハウを集約し，先行メーカーの日亜化学工業を追うためのものであった。だが，日亜化学工業に追いつくには，かなりの時間と研究がかかりそうである。

　今日，同社の青色LED技術は，他社を大きくリードし，その分野で独走している。窒化ガリウムを原料に使って青色LEDの開発に取り組んだ時，小川英治社長は，当時の売上げの3％に当たる5億円を研究資金として計上した。その大胆な判断の裏に，研究スタッフの才能への信頼，独創性製品への先見性，「他人の真似をするな」という信念から生まれた決断力などがある[38]。

③　チャレンジ精神

　「小さな」世界企業の経営者は，失敗に恐れず，常にチャレンジしている。ジョンソン&ジョンソンのR・W・ジョンソン・ジュニアは，「失敗は当社にとって最も大切な製品である」という名言を残している[39]。

　「小さな」世界企業の経営者は，失敗を真剣に受け止め，それを確実に後の成功に結び付けている。前述したメニコンの田中恭一会長のように，失敗を覚悟の上で，たとえ，人の笑いの対象とされても，強い信念を持ち，チャレンジし続けた。また，旭サナックの甘利祐三会長は，エアレス塗装技術を入手する

ため，その特許を持つ米国人発明家J・A・ビーデに，「10日間，本当にべったりとくっつき，離れるときはトイレに行くときだけというくらい。夜，寝る間も彼の隣に寝て」という，猛烈なアタックを試みた。彼は，その一期一会のチャンスを逃さず，エアレス特許の実施権を無償で入手し，同社の塗装事業の土台を築いた[40]。

そして，「小さな」世界企業の経営者は，成功を収めても，そのチャレンジ精神を保持している。事例研究で取り上げた樹研工業で見られるように，1/10,000gの歯車から，1/100,000gの歯車へ，さらに1/1,000,000gの歯車へと，次々とチャレンジしていく。樹研工業の松浦元男社長は，それを「日本人特有の職人魂」と説明したが，まさに，経営者のチャレンジ精神そのものである。

さらに，「小さな」世界企業の経営者は，発展途上国からの追い上げを単なる安価な賃金での過当競争と見なさず，氾濫するコピー商品を新たな原動力として捉え，自社の独自技術のさらなる進化へとチャレンジしている。旭サナックの甘利祐三会長は，「我が社も他社から，最新鋭の機械を借り，一晩をかけて分解し，研究したこともある。翌日に返さねばならなかったので，夜明けまで組み立てた。現在の発展途上国がやっていることを，我々もやっていた。」と淡々と語り，「重要なのは，いかにその追い上げを，我々のさらなる技術の進化で振り切ることだ。」と強調した。問題は，真似することにあるのではなく，真似した後のことにある。単に真似するだけでは，旭サナックは，「小さな」世界企業に成長しえなかった。同社は，「もらった」技術，「盗んだ」技術をベースに，改良に改良をを重さね，独自技術を磨き上げたのである。

同じことは，スガツネ工業の菅佐原道夫社長も言っている。海外出張で持ち帰った真似商品を手に，彼は，「今日のアジア諸国の真似商品を見て，私は，決して怒りを感じていない。なぜなら，我々も昔やったことであるからだ。むしろ，その真似商品をバネにして，より素晴らしい製品を作ろうと決心した。」と語った。

ここで見られた「小さな」世界企業の経営者の見職は，単なる発展途上国へ

の寛容ではなく，むしろ，独自技術を進化し続けたいという新技術への貪欲さであり，チャレンジ精神を企業の発展に貫く，企業家精神溢れる経営者の姿勢である。

④ 先陣に立つトップセールス

「小さな」世界企業の経営者は，常に先陣に立ち，各企業を世界企業にしている。それを代表するのは，トップセールスである。「小さな」世界企業の多くは，規模が小さいため，大企業のような充実した海外事業部門を持てない。また，商社や代理店を通じての海外展開も効果が薄い。そこで，企業の発展のため，あるいは，企業の存続をかけて，「小さな」世界企業の経営者は，自ら先陣に立ちトップセールスによって，世界市場を切り開いた。

業界最初のアメリカ進出を果たしたパロマは，その典型的な事例である。商社任せの販売方式で挫折した経営陣は，アメリカの巨大市場への夢をあきらめず，トップセールスでアメリカに挑んだ。当時，アメリカでは，貯蓄式の湯沸器が一般的であった。広い住宅事情もあり，大きな貯水タンク内の水を温め，蛇口から一気に5トンほどの湯を提供できる湯沸器は，当時では常識的であった。パロマの小型瞬間湯沸器を目の前に，アメリカの専門家が最初に言ったことは，「こんな小さな箱に，どうやって何トンもの水を貯められるんだ」であった。しかし，蛇口から延々と出された湯を見て，彼らは，パロマの「マジック」に脱帽した。アメリカの常識を覆す革命的とも言えるセールスで，トップセールスの実演「マジック」は，同社のアメリカ進出の幕を開き，アメリカガス器具市場で，貯蓄式湯沸器から瞬間湯沸器への転換をもたらし，パロマ旋風を巻き起こした。

同じくアメリカ進出を果たし，先行のアメリカメーカーを次々と破産に追い込んだ明和グラビアのトップセールスは，思わぬところで効果を現われた。アメリカの税関で止められた大島康弘会長は，税関職員に，息子の同社への就職を口説かされたという。

このようなエピソードは，「小さな」世界企業においてあちこちで多く聞かれる。ここで，「小さな」世界企業の経営者の年間出張回数と延べ日数を通じ

て，そのトップセールスを実見してみよう。

　星野楽器の星野芳輝は，年30回延べ100日，エンケイの鈴木順一は，年10—15回延べ80日，フジミ・インコーポレイテッドの越山勇は，年9回延べ80日，シャチハタの船橋吉郎とホーユーの水野金平は，年6回延べ60日，海外出張をしている[41]。

　ほかにも，ニデックの小澤秀雄は，年100日，福井鋲螺の打本幸雄は，年5—6回延べ50—60日，大同工業の新家康三は，年2—3回延べ20—30日，メニコンの田中英成は，年に20—30日，海外で仕事をしている。

　このように，経営者が自ら世界中に飛び回り，トップセールスで自社製品の海外市場を切り開いていることは，「小さな」世界企業に定着し，「小さな」世界企業の一つの特徴ともなっている。

⑤　**従業員への思いやり**

　事例研究で取り上げた樹研工業，ユニオンツール，カメヤマの3社で見られるように，「小さな」世界企業の敷地には，家庭的な雰囲気が漂っている。それは，従業員の明るい笑顔，穏やかな挨拶から感じられる。人材育成を最優先する企業文化につては後に詳しく説明するが，ここでは，このような社風を築いた「小さな」世界企業の経営者の役割を見てみよう。

　「小さな」世界企業の経営者は，従業員への思いやりで，独特で家庭的な社風を作り上げている。例え，企業が存続の危機にさらされても，「小さな」世界企業の経営者は，決して，従業員への優しい心使いを忘れることがない。

　1954年の繊維不況で，会社更生法の適用にまで追い込まれた旭サナックの甘利祐三会長は，当時18名の従業員に，機械製造への事業転換の決意を打ち上げ，ともに苦境脱出を試みた。彼の熱意は，従業員に伝わった。全社員で温かく，エアレスの米国発明者J・A・ビーデを迎待した。エアレス特許を無償で入手できたことの背後には，前述したチャレンジ精神のほか，従業員への思いやりがあった。

　同じく，繊維不況で瀬戸際に立たされたヒロボーも，同時期に，第2の創業を試みた。松坂敬太郎は，「中小企業は，誰でも手をつけていない分野に進出

しなければ駄目だ」という持論を持ちながらも，従業員の雇用を最優先にした。そのため，彼が真っ先に取り込んだのは，電子部品の下請であった。下請で企業運営の必要経費をまかないながら，彼は，自分の夢，独自技術を追いかけ続けていた。同社がラジコン模型分野へ進出したのは，後の1973年であった。

　ほかの「小さな」世界企業でも，このような従業員に対する経営者の思いやりが見られる。竹中製作所の竹中弘忠は，前代社長（兄）の死亡で，急遽社長に就任した。次男である彼は，父親の竹中昇が創業した同社を継ごうと一度も考えたことがなかった。それまで会社経営と無縁の彼が，最初に考えたことは，従業員を養えるかどうかであった。就任後，彼は，現場に没頭し，従業員と一緒に，創業以来最大の試練を乗り越えた。

　「就職」ではなく「就社」といわれる日本の就職事情で，社会全体において転職者少ない。独自技術で洗練された「小さな」世界企業の従業員は，転職市場の目玉である。しかし，実際の調査では，他社の勧誘があっても，転職者が殆ど出ない。1962年創業された島精機の場合，40年間他社に抜かれた社員は僅か3人だったという。もちろん，経営者の従業員への思いやりで築き上げた家庭的な社風が，安定した職場を提供していることは大きく影響している。

　「小さな」世界企業の経営者の従業員への思いやりは，緑豊かな敷地，従業員専用の充実した各種施設にも反映されている。丘の上に立つ旧西ドイツの工場にインスピレーションを得たホシザキ電機の坂本薫俊社長は，桶狭間の丘陵地帯に工場を建設し，建物群を囲む清々しい緑の隅々までを，自分で手入れしていた。さらに，ノーリツ鋼機のように，自社敷地内で，従業員専用の温泉設備まで設置した企業もある。

5．人材育成を最優先する企業文化

　優秀な経営者だけを頼りに，中小企業は強くなれない。その優秀な経営者の周りに，優秀なスタッフが揃わなければならない。清成忠男は，中小企業がニッチ市場を確立するには，起業家のリーダーシップの他，差別化のための創造

活動人材に依存する必要性を指摘した[42]。中小企業にとっての人材確保は,極めて重要である。独自技術を目指す「小さな」世界企業にとって,独創性を持つ優秀な人材の確保が絶対的な必要条件なのである。

① 人 材 確 保

中小企業の殆どは,研究設備,賃金,福利厚生などハード面で,大企業に劣っている。優秀な人材を確保するには,研究者の研究志向,独創性を持つ個性などに合わせる研究環境の創出など,ソフト面でより工夫しなければならない。

日亜化学工業の事例になるが,1999年のノーベル物理学賞の最有力候補といわれた中村修二をはじめの研究スタッフを揃えることができたのも,このような努力をしているからである。「日亜化学に入らなければ,今の自分がなかった。」と中村は言う[43]。中村の独創的な研究課題は,小川社長をはじめとする日亜化学工業の経営陣の信念にぴたりと一致した。その上,彼は,経営陣の全面的なバックアップを受け,青色LEDの実用化開発に成功した[44]。地方立地の中小企業がノーベル物理学賞の最有力候補者となったことは,常識を超えるものである。確かに,徳島大学工学部大学院で修士課程を修了した中村修二の入社は,偶然であった。しかし,そういった偶然から,このような優秀なスタッフを地方立地の中小企業に安住させたことは,いかに日亜化学工業が素晴らしい研究環境を与えていることを表している。

このように,大企業では,研究設備などは優れているものの,膨大な組織の中で,研究者の個性が発揮しにくい体制が存在。それに対して,ハード面で劣る中小企業は,研究者と経営陣との交流が頻繁に行なわれ,場合に応じては,進工業,ニデックのように,経営陣自身が研究者であるから,より正確に自社製品・技術を把握できる。この意味では,独自技術を目指す中小企業は,その技術を支えられる優秀な人材を確保するための工夫を必須とする。

② 人 材 育 成

日亜化学工業のように,優秀なスタッフを獲得できた中小企業は多くない。人材の獲得に劣勢を強いられている多くの中小企業は,むしろ,人材の獲得よ

りも，自社での人材育成を重要視している。

　人材育成の中核は，社内教育である。周知の通り，日本企業の社内教育は世界的に有名であり，数多くの優秀な人材を育てた。2002年のノーベル化学賞を受賞した田中耕一は，島津製作所のサラリーマンである。日本では，むしろ，大学の教育よりも，社内教育の方が重視されている。日本企業は，企業内外の研修，勉強会などの形式を通じて，学生を企業向けの社会人に，企業に有用な人材に育て上げていた。当然ながら，日本のこのような社内教育は，中小企業にまで影響を与えているている。また，就職合戦などの社会システムも，企業と学生に，お互いに選択のチャンスを与え，より合理的な人材の配分が行われている。

　もちろん，日本のこうした現状は，終身雇用・年功序列・企業別労働組合といった日本的経営に深く関わっていることは否定できない。確かに，今日，日米間の経済力再逆転をきっかけとする日本的経営への批判が高まりつつあるが，人材を重視する日本企業のハイレベルの社内教育には，学ぶべきものである。企業が，社内教育施設を生かし，その業種の経験・ノウハウを従業員に伝えることは，大変望ましいことである。広い意味で，人材流動性の激しい社会においては，このような社内教育は，業界全体のレベルアップにも繋がる。

　「小さな」世界企業は，人材育成の重要性をより一層鮮明化している。各社とも，独自の社内教育を通じて，人材育成を最優先する企業文化を築いている。事例研究で取り上げた樹研工業は，先着順で新規採用を決めるというユニークな採用体制を取っている。カメヤマは，3，4年で単純作業の女性従業員を職人に育て上げている。

　進工業は，高卒の従業員を主体とする中小企業である。経営陣は，常に，いかにして高卒の従業員を一人前の技術者に鍛え上げるかということを真剣に考え，「すべての社員がその素質と能力を最大限に発揮できる場を提供する」ということを，経営の基本理念に取り込んでいる。そのため，同社は，あらゆる差別を排除し，社内において，能力主義を徹底的している。また，同社は，従業員の経営参加と経営責任の分担を試み，従業員のモチベーションを高め，従

業員による独創的な技術と製品で市場を開拓することを実現した。経営陣は，「我が社は高卒の固まりではなく，技術者の集団である」と，社内教育を誇りにしている。

スガツネ工業の菅佐原道夫社長は，「人材の育成・蓄積を最優先に考えて社是を実現したい」と明言した。パロマは，人材育成のため，役員でも平に落ちる社風を作り上げた。福井鋲螺の２代目の社長は，より早く次世代幹部の養成するため，60歳で引退し，若者により多く発展の空間を開いた。

「小さな」世界企業の人材育成は，社内教育にとどまらず，社外にも及んでいる。世界製氷機市場の1/3のシェアを占めるホシザキ電機の坂本薫俊社長が，いまだに誇りにしているのは，会社の一大ピンチの時も新製品のための研究開発費と奨学生の奨学資金（1961年設立現在まで180名）を中断しなかったことである[45]。

第5節 「小さな」世界企業が中国に導入できる理由

上述したように，「小さな」世界企業は，中小企業の頂点に立つ優等生であり，中小企業の夢の実現でもある。この節では，「小さな」世界企業という新たなモデルを中国に導入する可能性を探ってみよう。

1．「小さな」世界企業の中国進出

「付表１：『小さな』世界企業リスト（2003年）」で分かるように，多くの「小さな」世界企業は，中国進出を果たしている。「図13：中国進出の『小さな』世界企業」で表れたように，現在，リストで記載された191社の「小さな」世界企業のうち，46社は，販売拠点，もしくは，生産拠点などを通じて，直接に中国に進出している。その数は，全体の24％を占める。特に，そのうち，34社の「小さな」世界企業は，中国で生産拠点を作り，各種の先進な機械を稼動させている。

それらの「小さな」世界企業の中国進出は，直接的に，「得意分野への絞り

込み，独自技術への掘り下げ」を，中国に植えつけている。

　ノーリツ鋼機の子会社である諾日士（上海）電子設備製造有限公司では，本社工場と同じような雰囲気である。整理整頓された敷地，整列された自社設備，笑顔で往来する従業員，入念に製品をチェックする技術者，真剣に課題を取り込む研究員，これらは，見学者に，中国と日本との空間の隔たりを忘れさせた。本社工場と比べ，足りないものは，自社設備の製造チームの存在だけである。実は，上海の子会社の設備は，すべて和歌山の本社工場で作られたものである。もちろん，現段階では，発足したばかりの上海工場では，まだ，そのような能力を持っていない。しかし，本社の独自技術の掘り下げの陶冶を受けている子会社も，成長しながら，経験とノウハウを蓄積し，やがて，その子会社の独自技術を形成させていくだろう。

　また，人材流動の激しい中国では，「小さな」世界企業での勤務で学んだ経験とノウハウが生かされ，次の会社へと繋がっていくだろう。

　ここで，もう一つ見逃してはならないことがある。それは，「小さな」世界企業の本社が中国に進出しなくても，台湾，韓国，東南アジア諸国で設立され

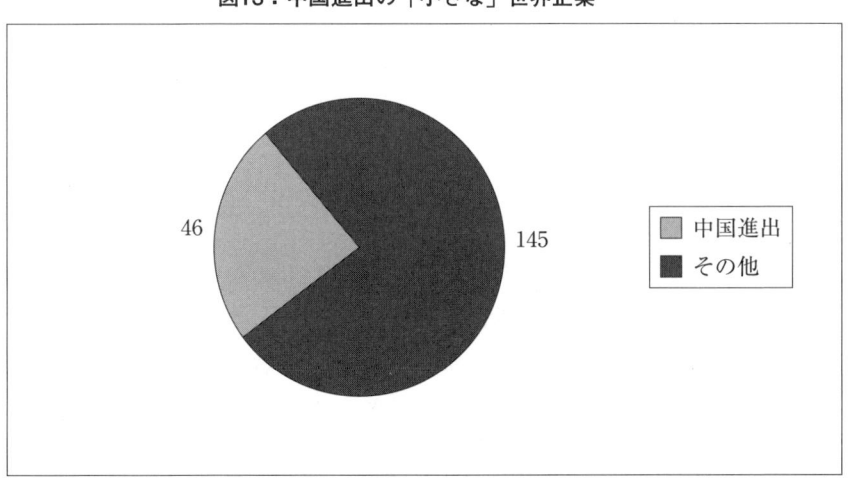

図13：中国進出の「小さな」世界企業

※「付表1：『小さな』世界企業リスト（2003年）」のデータにより作成。

た子会社が様々な形態で中国に進出している点である。中国各地に散在している代理店を加えれば，その総数は，日本の本社が把握しきれないほど多い。

とりわけ，後に触れる華僑の存在は大きい。彼らが，架け橋となり，間接的に「小さな」世界企業のやり方を中国企業に伝えている。そのような間接的な中国進出は，部品ひとつ一つの寸法のきめ細かさを通じて，「小さな」世界企業の存在とそのあり方を，中国中小企業に影響を与えている。

2．華僑と海帰派

「小さな」世界企業の誕生においては，海外市場への進出は欠かせない。そこで，どのような経緯で海外進出を果たすかという問題がある。前述したように，経営者の人脈，海外の見本市への出展，海外への視察，商社の引き合いなどがよく用いられている。特に，政府あるいは，業界団体が主催した海外への視察，見本市への出展が世界への契機になったことは，目立っている。例えば，三木プーリは，日本生産性本部主催のアメリカ見学で，アメリカのゼロマックス社と無断変速機の技術販売を提携し，世界への第一歩を踏み出した。

しかし，中国の場合，先進諸国へのビザの問題が，長年，経営者の海外への道を遮断している。WTOの加盟後，中国人の海外旅行などは年々増えている傾向にはあるが，日本の経営者のように，自由に海外へ飛び回り，売り込むこととは，まだまだ程遠い。

海外への出展にしても，海外への視察にしても，人的ネットワークの存在は，極めて重要であることが明らかである。そこで，中国独特な人的ネットワーク—華僑—が登場した。

遊仲勲は，「中国人・中国系人がアジア太平洋時代の陰の主役となった」と高く評価した[46]。その理由に，彼は，急成長を成し遂げたNIESのうち，台湾，香港，シンガポールで，住民の殆ど全部ないし大部分が，中国人ないし中国系人であること，猛スピードで経済発展を目指すASEANでも，発展の主たる担い手は華僑・華人であることを挙げた。

19世紀後半から世界各地に散っていた華僑は，その商才と勤勉さで頭角を表

し，利益の再投資を重ねながら事業の網の目を広げ，多角化を図ってきた。また，産業資本よりも商業資本に基盤を求め，素早い資金移転に備えた各地に拠点を置き，資産の危険を分散し，多国籍化を図ってきた[47]。華僑の多角化と多国籍化は，世界経済の一角を占めるようになった。アジア経済の原動力とも例えられる華僑の存在は，その世界的なネットワークで，「華人経済圏」を構築している[48]。

改革開放後，大量の華僑資本は，中国本土に戻ってきた。もちろん，そのうち，「小さな」世界企業に詳しい華僑もたくさんいる。事例研究で取り上げた樹研工業のように，同社の中国への事業展開を華僑に一任した「小さな」世界企業もある。また，10万人を超えた在日の華僑・華人の存在も留意すべきであろう。

一方，華僑と並ぶ力，もはやそれ以上の力を持つ勢力は，「海帰派」である。日本では，「海亀派」と訳されることもあるが，誤訳である。「海帰」とは，「海外から帰国」の略である。「海亀」は，動物の一種である。誤訳された理由は，2つ考えられる。1つ目は，中国語での発音がまったく同じである。2つ目は，陸で卵を産む海亀の習性は，海外で留学し，その成果を大陸（中国）で発揮する留学生に例えられたのである。しかし，中国では，「亀」という言葉は，日本でのようにあまりよい意味で使われていない。特に，人に綽名をつけるとき，「亀」は，非常に失礼な言葉である。「海帰派」が，新しい言葉として庶民に口にされたのが，最近2，3年のことなので，日本で「海亀派」と誤訳された。

1978～2002年，海外での中国留学人員総数は58万人を超えた。そのうち，15万人はすでに帰国している。いわゆる「海帰派」である。中国教育部の紹介によると，現在中国の海外留学人員は，43万人以上である。そのうち，27万人は，海外の大学に留学している。2002年に留学を終了した帰国者は，1.8万人で，前年と比して47％も伸びた。海外の留学生を呼び戻すため，中国教育部は一連の政策を打ち出した。2002年まで，政府は，21陣計2万人以上の留学生を迎え入れ，4億元の援助資金を支出した。今日，全国60ヵ所以上の留学創業園

で創業した14万人の「海帰派」は，5,000社以上の企業で，100億元の年商を作り出している[49]。

華僑の強さは，その世界範囲のネットワークにある。それに対して，「海帰派」の強さはその個人個人の高い教育レベルにある。彼らは，留学先の外国語をもちろん，それぞれの留学先の社会，経済，文化に精通している。さらに，彼らは，専門分野を持つエリートである。そして，最も重要なのは，彼らの多くは，自ら起業する中小企業の経営者である。

現段階で，中国中小企業が，先進諸国の中小企業のように，自由に世界と取引することが難しい。しかし，世界範囲のネットワークを持つ華僑と増えつつある「海帰派」は，徐々にその力を発揮し始め，必ず中国中小企業の世界への道に，光を灯すだろう。

3．中国の向上心

最後に，指摘しなければいけないのは，中国の向上心である。「小さな」世界企業の存在は，中国中小企業に新たなモデルを提示した。華僑と海帰派は，世界への道を拓いてくれた。しかし，それだけでは，「小さな」世界企業が中国で生まれてこない。なぜなら，中国中小企業自身の努力が必要であるからだ。つまり，「小さな」世界企業へと進化する決意と実行力が問われるのである。それを支えるのは，中国の向上心である。

国内の政治波乱などで経済発展に出遅れた中国は，日本を先頭とする雁行型成長を成し遂げてきたアジア諸国の後姿を眺めながら，経済立国の基本方針を固めてきた。それは，改革開放後の持続的な高成長率での急成長から覗かれるだろう。

また，前述したように，中国政府は，すでに中小企業の問題を重要視し始め，急ピッチで中小企業が健全なる発展ができるような環境作り，及びその関連政策を推し進めている。

一方，中国の国民も，旺盛な向上心を見せている。確かに，現段階では，中国国内の経済格差が大きな問題となっている。しかし，「一部の人を先に豊か

にしよう」という政策の本意は，経済格差を開くのではなく，その格差をバネにし，中国人が忘れかけた勤勉さを喚起することにある。実際に，中国国内で，一部の特権を乱用する官僚と悪徳商人を除き，人々は，自らの奮起で富を築いた成功者に尊敬の意を表している。華僑の成功に憧れ，海外留学に殺到する若者，より良い生活のために沿岸地域に流れ込んだ農村の出稼ぎは，それを物語っている。

政府と国民が見せたこの向上心は，次第に企業にも伝わってきた。特に，自らの努力にしか頼れない中国中小企業では，その向上心が一層強く感じられる。中国中小企業の殆どは，独自技術に欠け，単純な下請作業しかできない。それらの企業は，少しでも多くのオーダーを取ろうと，少しでも売上を伸ばそうと，必死で頑張っている。それらの企業には，貪欲な向上心があるが，欠けているのは，「小さな」世界企業のようなモデルの導入である。

第6節　中国版の「小さな」世界企業の候補者

今日，中国において，一部の中小企業は，徐々に，「小さな」世界企業の成功の秘訣を悟り始めた。つまり，中国版の「小さな」世界企業の候補者が頭角を現し始めた。それらの中小企業は，ごく僅かだが，中国中小企業の先頭に立ち，蹣跚で歩き始めた。

中国最初の『中小企業白書』―『中国中小企業発展与予測』では，55社の優れた中小企業が紹介された[50]。それらの企業は，中国国内市場での勝ち組である。驚いたことに，その中に，僅か1社ではあるが，中国版の「小さな」世界企業の候補者が存在していた。それは，四川省鋼銼廠である。鋼銼とは，ヤスリ（鑢）のことである。25,000平方メートルの敷地を持つ同社は，298名の従業員を有するヤスリの専業メーカーである。

同社の前身は，公私共同経営運動で，1956年に，10数社の個人手作業工場から編成された上海江寧鋼銼廠である。1966年に，同社は，内陸の四川省成都市に移転し，計画経済で緩慢的に発展していた。改革開放直後，政府からの買い

上げルートが遮断され,マーケティングに苦しんだ同社は,ついに赤字企業へと転じた。企業存続の危機にさらされた同社の経営陣は,成都市で他の国有中小企業に先駆け,株式会社への改組を試みた。同社は,社内で従業員持ち株制度を確立しながら,社外で主な取引先に同社への資本参加を求めた。その大胆な改革手法は,同社を破綻寸前から救い上げた。

　従業員持ち株制度は,市場経済の「平均主義」,「大鍋飯」を打破した。特に,経営陣への大口自社株購入の強要は,経営陣に,計画経済でありえなかった責任感と圧力を与えた。また,実力主義の徹底は,従業員に新たな夢を与え,モチベーションを高めた。経営陣は生産・販売体制を見直し,事務職は積極的に生産現場に往来し,技術者は製品の品質向上に注力し,企業全体は,今までになかった活気に包まれた。病気で長期休暇を取っていた「長期病假(ちょうきびょうか)」の従業員も,籍だけを残していた「停薪留職(ていしんりゅうしょく)」の従業員も,次々と職場に復帰した[51]。国有企業では,珍しく全員出勤を果たした。経営陣と従業員とが一丸となった努力は,取引先に認められ,そこからの資本参加を現実のものにした。同社は,自社株で集めた資金220万元を,惜しみなく,設備の更新と製造技術の改良に投じた。

　国有企業から株式会社への改組は,経営陣と従業員の向上心を喚起し,その向上心は,さらに,眠っていたヤスリ専業メーカーで蓄積された経験とノウハウをよみがえらせ,その経験とノウハウは,次々と新製品を生み出してきた。現在,同社は,100種類以上のヤスリを製造している。

　国内で基盤を固めると同時に,同社は,積極的に世界市場への進出チャンスを狙っていた。中国対外貿易公司の媒介で[52],OEM生産を始めた同社は,1996年末に,自社ブランドの「川銼(せんざ)」(CHUANCUO)を打ち出した。40年間培ったヤスリの技術は,OEM生産の洗練を受け,世界に認められる独自技術へと進化した。

　最初に同社の製品を認めたのは,東南アジア諸国であった。華人経済圏は,その技術力を認可し,同社の8割の製品を受け入れた。しかし,東南アジアの金融危機と,最大の輸出先のインドネシアの内乱は,同社の海外の主力市場を

襲った。販売先の一極集中のリスクを痛感した同社は，視線を，南アジア，ヨーロッパへ移し始めた。1998年に新規開拓したパキスタン，トルコの市場は，金融危機と内乱からの影響を抑えたと同時に，欧米市場への扉を開いた。1998年に，「川鋸」の輸出量は，中国ヤスリ輸出総量の60％を占めた。同社は，中国ヤスリ業界のトップに躍り出た。今日，同社は，製品の80％を，30数ヵ国に輸出し，世界屈指のヤスリ専業メーカーにまで成長した。

　以上のように，四川省鋼鋸廠は，改革開放を契機に，従来の市場経済から作り出された国有企業のマイナスの影響から脱皮し，創業期からヤスリの製造に絞り込み，経営陣と従業員が一丸となって，その製造技術を掘り下げ，独自技術に磨き上げ，「川鋸」というブランドは世界に花咲き，中国版の「小さな」世界企業を作り上げた。

　ところで，中国では，『会社四季報』のような企業の情報を公開する出版物が少なく，中小企業についてのものは，皆無に近い。刊行された少ない中小企業に関する書籍でも，理論を中心とするものばかりである。たまに，事例として挙げた企業も，日本で行われている詳細な企業の成長過程の分析がなく，場合によって，従業員数も，資本金も掲載しないまま紹介されていた。また，中国中小企業，特に私営企業は，自社の情報公開に非協力的である。中小企業研究の乏しさと中小企業の消極的な姿勢は，中国版「小さな」世界企業の発掘において困難を極めた。

　しかし，刊行された中小企業関係の書籍に，微かではあるが，「小さな」世界企業，あるいは，その雛の存在が感じられる。青島制釘廠（せいちょう）は，画鋲の生産を専業とする中小企業である。同社は，差別化戦略を徹底的に実施し，現在，74品種の281アイテムの画鋲を生産し，輸出も行なっている。同じく，大企業が手を付けにくい分野に事業を絞り込んだ上海金属廠は，飾り用の金属小物製品を生産し，年間従業員一人当たり4,500米ドル，計370万米ドルの売上（輸出のみ）を作り出している[53]。また，夫婦二人三脚で創業した温州市の大虎打火機廠は，10年間の努力で，従業員800人を有する世界一のライターメーカーに成長した[54]。

ほかにも，長年の下請生産で培った独自技術を持ち，世界市場への進出機会を探っている中小企業がある。例えば，従業員600人の上海三聯汽車線束公司は，10数年間，上海フォルクスワーゲンの部品を下請生産してきた。同社の技術力と品質は，国内の同業者の中で群を抜いている。上海フォルクスワーゲンの300社の一次下請企業のうち，納品の品質検査が免除されている企業は，僅か5社である。同社は，その一席を据えた[55]。

最後に，留意しなければいけないのは，OEM生産などの様々なルートで，輸出を行なっている中小企業の存在である。確かに，これらの企業は，まだ，表舞台に登場してはいないが，「小さな」世界企業の予備軍として，力を蓄えている。近いうちに，これらの企業も，「小さな」世界企業として，世界市場に躍り出るであろう。

注：
1　これらの類似研究の命名の出典は以下である。「小さな強い会社」＝日経ビジネス編『小さな強い会社』，日経BP社，1995年。「小さな大企業」＝菊池英雄『小さな大企業』，東洋経済新報社，1997年。「小さな世界一企業」＝小澤行正・坂本光司・平塚孝編著『小さな世界一企業』，同友館，1997年。「トップシェア企業」＝磯辺剛彦『トップシェア企業の革新的経営』，白桃書房，1998年。「日本の中の世界一企業」＝石川昭・根城泰『日本の中の世界一企業』，産能大学出版社，1999年。「川崎元気企業」＝財団法人川崎市産業振興財団編・川崎元気企業研究会著『川崎元気企業・新ものづくりベンチャーズの時代』，日本評論社，1998年。「中部のナンバーワン企業」＝日本経済新聞社編『四国のナンバーワン企業』，日本経済新聞社，1999年。「四国のナンバーワン企業」＝日本経済新聞社編『中部のナンバーワン企業』，日本経済新聞社，1999年。
2　溝田誠吾『小さな世界企業』，プリント版，147頁。
3　中小企業庁編『2000年版中小企業白書―IT革命・資金戦略・創業環境―』，大蔵省印刷局，2000年，凡例。
4　大西勝明・二瓶敏編著『日本の産業構造』，青木書店，1999年，7―8頁。「三層格差構造」とは，独占的大企業，中小零細企業，零細農耕の間に，一人当たり付加価値と賃金・農業所得の深い格差があり，これらの間に構造的な断層があることを指す。
5　中村秀一郎『中堅企業論（増補第二版）』，東洋経済新報社，1974年，2頁。
6　中村秀一郎前掲書，12―13頁。
7　中村秀一郎前掲書，13頁。
8　中村秀一郎前掲書，15頁。
9　中村秀一郎前掲書，336頁。

10　中村秀一郎前掲書，255頁。
11　中村秀一郎『21世紀型中小企業』，岩波新書，1992年，29，62頁。範囲の経済性（Economies of Scope）とは，一企業で多品種を生産するコストが，一品種を各企業ごとに生産するコストの総合より低ければ，一企業が多品種を生産することが効率的であるという原理である。連結の経済性とは，系列化などとは全く異質の，自立した主体ある企業の緩やかな連結による，相乗効果に基づく，外部資源の積極的活用による経済性である。
12　溝田誠吾『小さな世界企業』，プリント版，151頁。
13　赤池学『ローテクの最先端はハイテクよりずっとスゴイんです。』，株式会社ウェッジ，2000年。
14　NHK「ジャパンインパクト」プロジェクト編集『ジャパンインパクト・伝統の技が未来を開く』，日本放送出版社協会，2003年。
15　日刊工業新聞特別取材班編『この分野☆一番企業』，日刊工業新聞社，2003年，50—52頁。
16　セル方式，また，「屋台方式」とも呼ばれ，つまり，製品の組立をユニット単位に分割し，作業台を取り囲むように作業者を配置する生産方式である。田原真司は，「ソニー精密部品恵州（中国の光ピックアップ工場）——船井も脱帽，生産性3倍増の型破り工場」『NIKKEI BUSINESS 2001年5月21日号』49—53頁で，それを紹介した。また，NHKでは，2001年5月21日深夜の『常識の壁を打ち破れ』で，岐阜市の工場立替屋山田比登史氏が三洋鳥取工場の生産性向上のために，「屋台方式」を導入した事例を通じて，「屋台方式」に焦点を当てた。少品種大量生産から多品種少量生産への転換の中で，また，高付加価値の商品の創出によって日本製造業の奮起に，従業員が単能工から多能工への進化が期待されている。海外の安い労賃コストに対抗し，一部の日本企業は，生産現場でセル方式を導入し，生産性の向上を目指す。
17　http://www.kameyama.co.jp/cinfo/index1.html。
18　ジェームズ・C・コリンズ，ジェリー・I・ポラス著，山岡洋一訳『ビジョナリー・カンパニー／時代を超える生存原則』，日経BP出版センター，1997年，5頁。同書で比較調査とされた企業は，以下である。スリーエム⇔ノートン，アメリカン・エキスプレス⇔ウェルズ・ファーゴ，ボーイング⇔ダグラス・エアクラフト，シティコープ⇔チェース・マンハッタン，フォード⇔ゼネラル・モーターズ，ゼネラル・エレクトリック⇔ウエスチングハウス，ヒュレット・パッカード⇔テキサス・インスツルメンツ，IBM⇔バローズ，ジョンソン＆ジョンソン⇔ブリストル・マイヤーズ，マリオット⇔ハワード・ジョンソン，メクル⇔ファーザー，モトローラ⇔ゼニス，ノードストローム⇔メルビル，プロクター＆ギャンブル⇔コルゲート，フィリップ・モリス⇔R・J・レイノルズ，ソニー⇔ケンウッド，ウォルマート⇔エームズ，ウォルト・ディズニー⇔コロンビア・ピクチャーズ。
19　溝田誠吾・塩見治人・宮崎信二「『小さな』世界企業の成長過程の実証研究（1）」，『専修大学経営研究所報・第105号』，専修大学経営研究所，1993年。溝田誠吾・塩見治人・宮崎信二「『小さな』世界企業の成長過程の実証研究（2）」，『専修大学経営研究所

報・第108号」,専修大学経営研究所,1993年。溝田誠吾・張浩川「『小さな』世界企業の成長過程の実証研究」,『専修大学経営研究所報・第154号』,専修大学経営研究所,2003年。
20　袁凌雲「『小さな』世界企業の成長過程の実証研究―戦略類型と社長論を中心に―」(修士論文),2001年,ニデック (38―56頁),旭サナック (57―82頁),ヒロボー (83―105頁)。都筑暢晃「地場産業における『小さな』世界企業―成長戦略の研究―」(修士論文),2003年,白鳳堂 (17―26頁),フェザー安全剃刀 (27―35頁),吉田金属工業 (36―41頁),ディスコ (42―50頁)。
21　溝田誠吾『小さな世界企業』,プリント版,151頁。
22　溝田誠吾『小さな世界企業』,プリント版,2―9頁。
23　実際には,日本ガス器具の真の王者は,神戸にある株式会社ノウリツである。同社は,給湯システム,洗面所システムで強みを持ち,建築業とともに急成長を遂げてきた。溝田誠吾・張浩川「『小さな』世界企業の事例研究」,『専修大学経営研究所報・第154号』,専修大学経営学研究所,44頁を参照。
24　関満博・新籾育雄編『21世紀型中小企業の経営戦略』,新評論,1997年,26―30頁。
25　関満博・新籾育雄編前掲書,28頁。
26　小池和男『中小企業の熟練―人材形成のしくみ―』,同文舘出版社,1981年,3頁。中小企業の貧困観とは,「中小企業はつねに経営の余裕がなく,とても人的資本の蓄積までは手が回らず,それに膨大な過剰人口からいつでも必要な量を調達できるという常識」である。
27　清成忠男・田中利見・港徹雄『中小企業論』,有斐閣,1996年,191頁。
28　溝田誠吾・塩見治人・宮崎信二『「小さな」世界企業の成長過程の実証研究 (1)」,『専修大学経営学研究所報・第105号』,専修大学経営研究所,1993,テイボー株式会社は4頁,株式会社バルダンは24頁を参照。
29　城島明彦『開眼・田中恭一伝』,株式会社メニコン,2002年,50―103頁を参照。
30　森谷正規『「複雑系」で読む日本の産業大転換』,毎日新聞社,1997年,64―65頁。
31　溝田誠吾「『小さな』世界企業―その独自技術の製品・製造技術の絞り込み,海外構想力と経営者―」,『専修大学社会科学研究所月報・No.414』,専修大学社会科学研究所,1997年,10―16頁。同論には,ヤオハンを「少年期の憧憬」と分類しているが,製造業を中心とする本書では,それを省略した。
32　両社の事例研究は,第3節ケース・スタディ,または,溝田誠吾・張浩川「『小さな』世界企業の成長過程の実証研究」,『専修大学経営研究所報・第154号』,専修大学経営研究所,2003年,33―46頁を参照。
33　J.A.シュンペーター著 (清成忠男編訳)『企業家とは何か』,東洋経済新報社,1998年,157頁。
34　中村秀一郎『中堅企業論 (増補第二版)』,東洋経済新報社,1974年,177頁。
35　中村秀一郎『中堅企業論 (増補第二版)』,東洋経済新報社,1974年,142頁。
36　溝田誠吾・塩見治人・宮崎信二「『小さな』世界企業の成長過程の実証研究 (2)」,『専修大学経営研究所報・第108号』,専修大学経営学研究所,1993年,43頁。

37 溝田誠吾「『「小さな』世界企業―その独自技術の製品・製造技術の絞り込み，海外構想力と経営者―」，『専修大学社会科学研究所月報・No. 414』，専修大学社会科学研究所，1997年，16―19頁。
38 「並外れた集中力を持つ『研究の鬼』半導体レーザーで世界を唸らせる」，『日経ビジネス』，1999年7月19日号，175頁。
39 ジェームズ・C・コリンズ，ジェリー・I・ポラス著，山岡洋一訳前掲書，247頁。
40 溝田誠吾『小さな世界企業』，プリント版，72頁。
41 溝田誠吾「『「小さな』世界企業―その独自技術の製品・製造技術の絞り込み，海外構想力と経営者―」，『専修大学社会科学研究所月報・No. 414』，専修大学社会科学研究所，1997年，16頁。
42 清成忠男・田中利見・港徹雄前掲書，19頁。
43 中村修二は，後に，特許の問題で，日亜化学工業と裁判をした。それは，彼の欧米寄りの実力主義の個人的な見解と，同社の従来の日本的な考えとの違いから生じたものである。青色LEDの実用化まで，彼と会社との関係は，とても良好だという。現在，同社をやめた彼は，カリフォルニア大学サンタバーバラ校材料物性工学部の教授として，教壇に立っている。
44 「並外れた集中力を持つ『研究の鬼』半導体レーザーで世界を唸らせる」『日経ビジネス』，1999年7月19日号，172，175頁。
45 溝田誠吾・塩見治人・宮崎信二「『「小さな』世界企業の成長過程の実証研究（2）」『専修大学経営研究所報・第108号』，専修大学経営学研究所，1993年，20頁。
46 遊仲勲編著『世界のチャイニーズ』，サイマル出版社，1991年，9頁。
47 日本経済新聞社編『華僑―商才民族の素顔と実力』，日本経済新聞社，1981年，66頁。
48 野村総研香港有限公司編『香港と華人経済圏―アジア経済を制する華人パワー―』，日本能率協会マネジメントセンター，1992年，140―141頁。
49 http://www.cctv.com/news/science/20030128/100089.shtml。
50 陳乃醒主編『中国中小企業発展与予測』，民主与建設出版社，2000年，456～586頁。中国中小企業の量的規定が未確定のため，55社の規模には，大きな格差が見えた。中に，従業員6,000人の企業もあった。また，企業情報の開示が不完全であることによって，従業員数を公表したのは，32社であった。うち，500人以下の企業は16社であった。
51 中国では，病気で長期休暇を取ることを「長期病假」と，籍だけを企業に残すことを「停薪留職」という。前者は，基本給料がもらえるが，後者は無給である。国有企業，集体企業では，生活に困らない従業員は前者を，ほかのところでより高い収入を得られる従業員は後者を選び，職場に行かないケースが多い。このような行為の最大のメリットは，国有企業，あるいは，集体企業の福利厚生が受けられることにある。もちろん，本当に慢性病で「長期病假」を取る従業員もいるが，それを口実にする人も少なくない。
52 中国では，企業が輸出入業務を行なう際に，輸出入権の取得が必要となる。輸出入権を持たない企業に対して，中国対外貿易公司は，その輸出入業務を代行する。同社は，政府系の対外貿易総合商社で，全国各地に直系の子会社を設けている。

53 呉克禄主編『小公司的求生策略』，民主与建設出版社，2002年，30頁。
54 日本経済新聞社編『中国―世界の「工場」から「市場」へ―』，日本経済新聞社，2002年，38―39頁。
55 呉克禄主編前掲書，44頁。

第9章　堅実な成長で世界へ

　第8章では，中国中小企業の新たなモデルとして，「小さな」世界企業を提示したが，もちろん，中国で強い中小企業の基盤を築くには，その企業自身の努力のみならず，中国社会全体からのバックアップも不可欠である。この章では，「小さな」世界企業を目指す中国中小企業のすべきこと，また，政府をはじめとする中国全体のバックアップを探ってみよう。

第1節　「小さな」世界企業への道

　「小さな」世界企業への道は，中小企業が自力で歩まなければいけない。つまり，得意とする分野への絞り込み，その分野の製品製造技術への掘り下げ，そして，その耐えぬ努力で磨き上げた独自技術を持って，世界へチャレンジすることである。言い換えれば，「小さな」世界企業の道は，中小企業自身が努力を積み重ねていくしかない。

1．経営者の努力

　中小企業を「小さな」世界企業に導くには，まず，経営者が努力しなければいけない。

　中小企業の場合，大企業と異なり，トップダウン型，あるいは，ワンマン経営が，殆どである。特に，私営企業が急成長している中国の場合，世襲性の家族企業が多い。ここで，中小企業の企業形態を論じるつもりはないが，中小企業の成功か否かは，むしろ経営者個人に左右されることが圧倒的に多いのは，事実である。つまり，中小企業にとって，最も問われるのは，その経営者の資

「小さな」世界企業の経営者は，優秀な経営者の見本を示している。優秀な経営者は，明確なビジョンを持ち，失敗に恐れぬチャレンジ精神で，常に企業先頭に立ち，果敢な決断力でリーダーシップを発揮するのである。

「小さな」世界企業のような優秀な経営者になるには，まず，必要となるのは，明確なビジョンである。敷衍すれば，それは，経営者の夢，企業を世界に導く夢である。「小さな」世界企業の経営者は，決して，今日の儲けを計算する経営者ではなく，企業を10年単位で，20年単位で，長期的に経営戦略を練っている。そのため，彼らは，率いている企業のあらゆる面を冷静に分析し，企業の現状を素直に受け止め，世界市場まで目を光らせ，成長の可能性を探りながら，企業の将来像を描いていくのである。

その分析は，企業のヒト，モノ，カネ，情報，ノウハウといった経営資源をはじめ，製造工程，製品，販売ルート，顧客ニーズ，業界の動向，世界の動きまで，幅広く行なわれている。実際には，殆どの「小さな」世界企業のオフィスには，世界地図が貼られている。世界重要都市の時間を表示する世界時計が並べられている企業もある。その繊細な分析が，他社が手を付けない隙間（ニッチ）分野を浮き彫りにし，「小さな」世界企業の最初のステップ，得意とする分野への絞り込みを生み出すのである。

オーナーの価値は「Do right things」にあるのに対して，経営者の価値は「Do the things right」にある[1]。オーナーと経営者を一身にする多くの中国中小企業の経営者は，正しい選択を素早く決断すると同時に，企業の先頭に立ち，その選択を貫かなければならないのである。

その一貫性に問われるのは，失敗を恐れぬチャレンジ精神であり，強力なリーダーシップである。シュンペーターの「創造的破壊」にしても，ケインズの「アニマル・スピリット」にしても，世間でいわれる「企業家精神」にしても，絶えず存在する不確実性というリスクを果敢且つ積極的に克服することは，経営者の使命である。このような使命を果たせる経営者こそ，これからの中国中小企業を強く導く真のリーダーであろう。

2．従業員の努力

経営者に続き，従業員の努力も不可欠である。

「小さな」世界企業の経営者は，常に，自社の従業員を「人材であり，技術者である」と，誇りに思っている。「小さな」世界企業に変身するには，その企業の従業員の素質の向上が求められる。

現状では，前述したように，中国中小企業の従業員の質は低下している。それは，中国全体の基本教育水準の低下といった客観的な面がある。しかし，学歴面の劣勢よりもっと重要なのは，従業員自身の向上意識である。実際には，「小さな」世界企業の多くは，中国中小企業と同様に，人材獲得難に悩まされている。そのために，上場した企業もある。また，先着順で採用する企業，高卒ばかりを集める企業もある。問題は，いかに各種の人材育成方法を駆使し，採用した従業員を人材に，技術者に育て上げることである。

1990年代から，中国の企業，特に，大企業は，人材育成を重要視し始めた。一部の条件を揃えた企業は，自社の研修センターを設けることにした。その代表的なのは，上海大衆汽車有限公司（上海フォルクスワーゲン）である。同社は，建築面積4,500平米のトレーニングビルを持ち，年間200人以上の研究生を受け入れながら，社員訓練も実施している[2]。中小企業は，なかなかそのような施設を持たないため，社内教育を重視すると同時に，人材育成のアウトソーシング，つまり，企業外の研修を進めるべきであろう。例えば，地方政府主催の業種別の企業研修，大企業への研修，大学などの研究機関への研修などが挙げられる。また，外部から講師を招き，企業内集中講義を行なうことも，考えられるであろう。現在，中国の江南地域では，「土日エンジニア」と呼ばれる多くの大都市のエンジニアが，土日に地方の企業を回り，指導しているという。

一方，熟練技術者が少ない中国で，人材の争奪も熾烈化している。つい最近，上海油圧ポンプ工場の旋盤工の李斌（りびん）は，親会社の上海電気集団総公司より，10万元の現金と3.5万元相当のノートパソコンを奨励賞として贈られた。これは，技術者に対する報奨金としては，上海歴史上最高となった[3]。このこ

とは，中国企業が熟練労働者をはじめとする人材を重要視していることを明らかにしたと同時に，中国人材市場の白熱な競い合いを露呈した。

中国中小企業がこのような人材競争に劣勢を強いられたのは，無理もないだろう。しかし，せっかく自社で育てた人材を安易に手放す前に，持ち株制度，経営者の従業員への思いやり，暖かい家庭的な雰囲気など中小企業独特な就業環境で，人材の流出を防ぐべきである。

もちろん，人材育成にせよ，人材獲得にせよ，従業員が人材にまで成長することは，前提である。朱鎔基前首相は，「国と国，先進国と発展途上国の格差で最も根本的なものは，科学技術面での実力および人材の差だ」と指摘し，人材の重要性を強調した[4]。現在，中国社会で，知識の重要性はますます強調され，「成人教育」（社会人教育）も普及し始めている。上海などの大都市では，夕飯の後，親が夜間大学に，子供が塾に通う光景も見られている。今後より多くの中国中小企業の従業員が，自覚を持って，「成人教育」に参加し，自分自身のため，企業のため，努力することを期待しよう。

3．企業としての努力

どのような業界でも，企業が生き延びるには，業界の常識ともいえる基本技術—コア技術—を熟知し，こなすことが基本条件である。たとえ，各発展時期に違う製品・製造技術を持っても，各発展時期の技術に確かな関連性があることが明らかである。つまり，企業の発展過程において，貫くコア技術が存在している。言い換えれば，企業発展の過程で各時期に見せた製品製造技術は，貫くコア技術の基で進歩したものであり，その貫くコア技術の延長線上にある。

中国中小企業の多くは，自社に技術を持ってないとため息を漏らしているが，実際には，それらの企業は，自社の技術に気がつかないだけである。むしろ，自社の技術を真剣に検討したことがない。前述したように，技術は，情報（企画・デザイン・研究・開発），狭義技術（生産システム），技能（加工・組立機械操作），熟練（使いこなし）から，構成されている。製品を生産する企業であれば，技術を持っているはずのである。極端にいえば，ネジ一本の製造にも，

技術が存在している。問題は，普段何気なく行なわれている生産の中に技術があることを，その企業が認識しているかどうかにある。

　そして，「小さな」世界企業になるには，そのコア技術を基に，独自のこだわりで独自技術を磨き上げらなければいけない。独自技術は，企業を高度成長に導くカギであり，企業の今後の発展，新分野への進出，及び新事業の開拓の土台でもある。

　独自技術の確立に関して，最も重要なのは，コア技術を基に，独自技術を確立するプロセスである。コア技術を持つだけでは，独自技術は生まれて来ない。コア技術を生かすために，企業の発展に浸透させること，すなわち，そのコア技術を貫くことは極めて重要である。その上に，貫くコア技術をさらに掘り下げることが必要となる。つまり，企業としての独自のこだわりをそのコア技術に練りこみ，そのコア技術を進歩させることである。そうすることによって，たとえ他社と同じコア技術を持っていても，他社と違う製品製造技術，すなわち，独自技術が，初めて生まれるのである。「小さな」世界企業の多くは，そのコア技術を貫き，長年の歳月をかけ，掘り下げたことによって，独自技術を手に入れたのである。

　中国中小企業の場合，単一品種，あるいは，少品種，少量生産をしている専業メーカーが多い。また，その製品の製造工程も簡単なものが多い。しかし，事例研究で取り上げた3社の「小さな」世界企業も，極めて簡単な工程の製造技術を基に，独自技術を磨き上げたのである。ドリル，歯車，ローソク，これらの製品の製造技術は，決して中国中小企業が届くことのできないものではない。しかし，樹研工業の歯車，カメヤマのローソク，ユニオンツールのドリル，を作れる中国中小企業は，まだ，存在していない。つまり，今日，中国中小企業に最も欠けているのは，自社技術への持続的な掘り下げである。言い換えれば，持続的に自社の既存技術を掘り下げることによって，中国中小企業も「小さな」世界企業まで成長できる。現に，中国版「小さな」世界企業の候補者として取り上げた四川省鋼鋸廠は，ヤスリ一筋で，その製造技術を極め，国内のみならず，世界屈指のヤスリ専業メーカーに成長した。

第2節 地域連携

　中国中小企業が「小さな」世界企業へ変身するには,経営者をはじめ,従業員,企業全体の自身の努力のほか,政府をはじめとする中国全体のバックアップが必要である。前述したように,1998年以降,中国政府は,中小企業の問題に真剣に取り込み,法制度の整備や金融・財政面の支援を着実に進め,中小企業に有利な生存環境作りに力を注いできた。ここでは,実際に,中国中小企業を担当する地方政府及び地域の連携について検討してみよう。

1. 地域の産業構図

　21世紀は,「地域の時代」ともいわれている。すでに,前述したように,中国中小企業の活躍は,そのまま,中国各地域の繁栄につながっている。一方,事例研究でも見られるように,「小さな」世界企業は,地域の一員として,地域経済のリーダー役の自覚を持っており,常に地域との交流を深め,地域とともに発展することを心がけている。例えば,進工業は,「会社を取り巻く地域社会や取引先との間に真の意味で対等の関係を築く」ということを経営理念に書き込み,地域との互恵主義を原則としている。

　日本の地域経済の再構築について,島田晴雄は,「地域の視点から,資本,人材,技術などの資源が効率的に活用されるような条件を整える必要がある。そのためには,全国各地域がそれぞれに持っている能力や資源が適切にネットワークされ効率的に結び付けられるようなシステムを整備することが必要であろう。」と,指摘した[5]。ここでいうシステムは,地域の産業構図である。

　関満博は,これからの日本の地域経済は,地域プロデュサーの時代に入り,また,それらの地域プロデュサーの出身母体が地域自治体,商工会議所,商工会,地元の信用金庫,企業などのバラエティであり,さらに,地域プロデュサーには,「地域を愛し,地域を豊かにしていくために体を張って頑張る」姿勢は,不可欠であると指摘した[6]。この説は,地域振興のために,強力なリーダ

ーシップの存在の重要性を強調するものである。もちろん，このような地域プロデューサーは，明確な地域産業構造の構図を持たなければならない。

　中国の場合は，政治事情で商工会議所，商工会のような民間組織は存在せず，また，地方の信用金庫のような金融機関も整備されておらず，さらに，従来の企業と行政の関係で企業の発言力が弱いため，これらの組織から，地域プロデューサーの出現は期待しにくい。従って，地方自治体はその役割を果たさなければならない。

　地方政府が地域に相応しい地域の産業構造の構図を明確にするには，まず，地域の現状を正確に把握しなければならない。具体的には，ヒト・モノ・カネ・情報・ノウハウ・技術を含むすべての地域の経営資源を再確認する必要がある。

　永年にわたり，中央政府の計画経済の下で，経済よりも政治を重視した結果，地方政府は必ずしも地域の経済状況を正確に把握していない。地方政府の経済管理部門に尋ねてみると，地域経営資源を全面的に紹介できる地域が意外と少ない[7]。殆どのところは，地域経済の構図はともあれ，安い土地，豊富な労働力，地方インフラ現状，企業を優遇する税制度などしか説明できない。確かに，経済活動を行なう企業にとって，これらの要素は重要ではあるが，これだけでは，企業発展の意思決定ができない。なぜなら，中国では，地方によって，インフラの整備に格差があるものの，安い土地と豊富な労働力は，一部の大都市を除き，普遍的なものであり，また，企業を優遇する税制度も，一部国家プロジェクトの経済特区を除き全国ほぼ同じである[8]。

　従って，地方政府は，もっと詳細に地域の経済実態を調査し，分析するべきである。つまり，もっと地域の経営資源の特徴的なものを掴むことが重要である。例えば，土地について，地価以外に，土の質及びその土に適する生産物（農産物・植物・鉱産物など），また，それらの生産物に基づく基礎産業，さらに，それらの基礎産業に適する製造業などを明らかにする必要がある。土地と同様に，労働力についても，企業にとって，低い賃金よりも，労働力の熟練程度，文化水準，伝統技術，もしくは，特殊技能の有無などの具体的な調査結果

の方が，重要である。

　だから，地方政府は，ヒト・モノ・カネ・情報・ノウハウ・技術を含むすべての地域の経営資源を正確に把握し，それらの経営資源を最大限に活用できるように，地域産業構造の構図を描くべきである。

　このような地域に相応しい産業構造の構図ができたら，つぎに，その構図が素早く，正確に中小企業に伝わることが重要となる。つまり，地域の情報公開である。中国では，政治などの理由で，企業活動に助言する民間組織が少ないため，地方政府の情報公開は，企業にとって最も重要となる。いかに，地方政府が描いた地域産業構造の構図を中小企業に伝えるかは，地域振興を握るカギともなっている。

　今まで，特に改革開放政策実施以来，各地方政府は，外国を含む地域外企業への自己PRに注力してきた。それは，地域の産業誘致に繋がり，地域経済発展に積極的な役割を果たしてきた。しかし，そのなかで，地域内の情報公開の遅れ，特に，地域内企業への情報公開の遅れが目立っている。これから自発的な地域振興を促進するには，地域外の大企業誘致の情報公開よりも，地域内の中小企業への情報公開を重視すべきである。少なくとも，地域外の大企業と同じレベルの情報公開をしなければならない。このため，地域内の中小企業向けの情報公開の窓口を設け，その窓口を通じて，地方政府の経済政策を中小企業に徹底するべきである。

　また，経済条件が可能な地方政府は，中小企業にもっと地方政府の意図を直感できるように，日本各地で展開されてきた「地域産業支援」的な性格が強い「中小企業団地」，「工場アパート」などのような地域産業支援施設を設立すべきである[9]。このような施設は，すでに中国の幾つかの先進地域，特に，上海，大連などの経済特区に現れている。また，日本の中小企業の中国進出のバックアップを目的に，広東省に立地する石井次郎が創立したテクノセンター（日技城）のような外資系の中小企業支援施設も，出現した。しかし，既存の中小企業支援施設は，輸出志向のものが殆どであり，対象企業も合弁企業などの外資関係企業が多い。これから，内需主導，地域向けの中小企業支援施設の

第9章　堅実な成長で世界へ　　245

建設が，進められるべきである。このような施設は，地方政府の意図が伝わる場所であり，地域の中小企業に安定した作業環境を提供するのに伴い，中小企業の交流や，異業種の技術情報の交換や，中小企業のネットワークの形成を促進する。これから，地域の中小企業支援施設が地域振興に演じる役割に，大いに期待できそうであろう。

2．地域経済ネットワークの構築

　地方政府は，明確に地域産業構造の構図を地域振興の担い手である中小企業に伝えると同時に，その地域産業構図に基づく地域経済ネットワークを構築しなければならない。上述した中小企業支援施設の設立も，これに該当する。その他，地域のインフラ整備，地域情報の収集・公開，地域内の企業交流，教育機構，また，研究機関との共同開発の媒介・指導などがある。

　地域のインフラ整備は，地域経済振興の基礎であり，中小企業発展の促進剤でもあることはいうまでもない。現状では，永年の計画経済の下で，地方のインフラ整備は，中央指令に従うものが多い。言い換えれば，中央政府の計画で，地方のインフラ整備が進められ，必ずしも地域に適するものとは限らない。もちろん，このような活動はまだ続く可能性が高いが，今後は，中央指令で作られた公共施設を地域経済発展に結びつけることと，これら既存の公共施設を地域の経済活動に最大限利用できるように調整することとが最大のポイントになりつつある。例えば，国家プロジェクトで作られた鉄道，高速道路，運河，ダムなどを生かし，その周辺地域の基盤と結合させる。

　中国国内でも，鉄道，高速道路などを生かし，ターンバイターンで経済発展を成し遂げた例は少なくない。1995年の中国貨物輸送量の割合は，道路輸送が76％，鉄道輸送が13％，水上輸送が9％などとなっている。つまり，道路輸送と鉄道輸送及び水上輸送は，中国の輸送手段の主力である。経済成長に伴い，輸送事情が大幅に改良されてきたとはいえ，国の財政上の理由で，輸送事情はまだまだ深刻である。それらの輸送手段は，それぞれ多くの問題を抱えている。鉄道は，需給の不均衡と設備の地域間格差によって，効率的に運用されて

いない。また，道路輸送は，大都市を結ぶ主要幹線に関してはある程度整備されつつあるが，周辺の道路整備は遅れており，長距離輸送体制などは一部区間だけに限られている。水上輸送にしても，点と点を結んでいるにすぎず，港湾，倉庫などの設備充実も地域間でアンバランスが目立っている。さらに，道路輸送，鉄道輸送，水上輸送などの管理がバラバラで，これらの輸送手段を合理的に組み合わせ，効率的に運用できるような体制ができていない[10]。これから，地方政府がいかにこれらバラバラな既存インフラ設備を一層充実させ，地域内の統一管理を整備し，中小企業の地域経済活動が円滑に行われるように調整することが，最優先課題となるだろう。もちろん，鉄道，道路，水路などを整備すると同時に，電力，ガス，通信設備の充実も求められるだろう。

一方，地域情報の収集・公開も，地方政府の中小企業支援の重要な部分である。中小企業は，大企業のような独自の情報収集部門を持っていない。また，中国の場合は，日本の商工会議所，商工会などのような企業向けの情報提供民間機関も少ない。情報化が進む今日においては，情報不足は中小企業に致命的な打撃を与えかねない。

中国の事情から見れば，地方政府は地域情報の収集・公開の役割を果たす最適な機関となる。確かに，改革開放後，地方政府主導の下で，中国各地で地域開発公司が林立するようになっている。が，これらの機構は地方レベルの経済特区を中心に活動する営利性の準政府機関が多く，主な活動も地域外向けの大企業誘致であり，地域内の中小企業への指導に乏しい。これから，既存の地域開発公司，あるいは，地方政府自ら，中小企業向けの地域情報収集・公開に努めなければならない。

例えば，中小企業の人力・財力などが制約要因となり，市場調査を通じて，正確にユーザーニーズを把握することができない。大雑把にマスコミから情報を収集し，僅かな営業部隊の人脈を通じて確認し，製品戦略を立てる企業も少なくない。情報流通の地域格差（例えば，上海の新聞が無錫の郊外に運ばれるのは翌日となる。）によって，中小企業の決断が遅れている。また，地域の狭い人脈から生じる同じ情報の氾濫によって，中小企業は同じ方向に走り，同じ製品

の重複生産といった過当競争に遭遇している。ここで，地方政府は，適時に市場調査を実施し，定期的に地域中小企業向けの地域経済報告会を開き，その報告を通じて，それらのデータを含む正確な産業情報を，素早く中小企業に提供しなければならない。その上，余力のある地方政府は，これらの情報を整理し，地域の企業向けの専門誌を編集することも，進めるべきであろう。このような専門誌は，短期的には，中小企業に企業戦略の指導に役立ち，長期的には，地方政府の地域経済戦略の修正にも繋がり，企業にとっても，地方政府にとっても，メリットが大きいのである。

　また，地方に立地する多くの中小企業は，今までネットビジネスを含めたコンピュータ技術とは無縁であった。それは，情報技術者の不在や，情報設備が不完全であることによるものである。中国中小企業，特に，地方の中小企業の情報化が遅れている。地方政府が，中小企業向けの情報技術者の育成を行なうと同時に，所持する通信設備を中小企業が利用できるように工夫すべきである。地方政府が有する情報技術者，あるいは，域外から招いてきた専門家で中小企業の情報技術人材を育てることは，中小企業の情報化を促進することになる。中小企業の情報技術者・設備が整うまでは，地方政府の一部の情報技術者・設備を中小企業に提供し，あるいは，中小企業が共同で使えるような便宜を与えることも，有効であろう。例えば，各中小企業に必要とする情報分野のリストを提出してもらい，地方政府は，それらの情報を所持する情報通信設備から収集し，各企業に配布する。あるいは，専門家を招き，地方政府の施設で中小企業向けの情報便利屋を設置する。もちろん，このような支援行動は，中小企業が負担できる範囲において，適当な営利性を持ってもよい。以上のように，地方政府は，実行可能且つ実効のある行動で，情報面で中小企業を支援すべきである。

　そして，地域内の企業交流も，地域経済ネットワークの構築に不可欠である。地方政府は，できるだけ，地域内の中小企業に多くの交流の場を設け，地域内企業間ネットワークを形成させるべきである。イタリア産地の中小企業の企業間交流は，パートナー関係を形成し，産地内の分業を進め，産地内の最適

生産ラインを作り出し、産地の振興にも繋がった。オーガナイザーを中心に形成されたインダストリアル・ディストリクト (ID) は、地域に根差した柔軟なネットワークの典型であろう[11]。日本でも、商工会議所、商工会などの民間機関を通じて、企業間交流が盛んに行われ、中小企業の成長を導いた。また、その交流は、同業種の交流に限らず、異業種の交流も含めて、全地域の企業を対象にするものである。中村秀一郎は、21世紀型中小企業は、経営資源の相互補完、他企業との共存共栄を重視する必要があると指摘し、また、浜松テクノポリス（都田開発区）の実例を通じて、相互補完と共存共栄における異業種交流の重要性を強調した[12]。関満博も、地方政府と企業の新たな関係の形成における異業種交流の役割を高く評価している。すなわち、異業種交流を媒介にして、リードする自治体、受け手としての企業という従来の関係を大きく変換させ、自治体と企業の共同作業として政策が形成され、実施されていくといった新たな関係である[13]。

中国も先進諸国のように、企業間交流が頻繁に行われるようにしなければならない。その主催者は、やはり地方政府である。上述した地域経済報告会や、情報便利屋や、「中小企業団地」、「工場アパート」などの地域産業支援施設などは、中小企業の企業間交流にも大きな役割を果たせるはずである。また、地域内外の強い中小企業の経験を学ぶ勉強会、中小企業先進地域への見学ツアー、先端技術応用の研究会、異業種企業の研究成果報告会、同業種の技能大会など地方政府主催の多様な行事も、積極的に展開すべきである。すでに第5章で紹介したように、中国の3冊目の『中小企業白書』では、企業団体の振興をはじめとする企業間交流を重要視している。今後、このような企業間交流による中小企業の発展も期待できそうである。

以上のように、地方政府は、交通、電気、通信を含む地域のインフラ整備をはじめ、中小企業向けの地域情報の収集・公開、地域内の企業交流を効率的に進め、早急に地域経済ネットワークを完成させるべきであろう。このようなネットワークは、地域に根ざし、地域と共存共栄する中小企業に、安定した成長環境を与えると同時に、それらの中小企業、また、地域全体の潜在能力を引き

出し，強い中小企業，また，強い中小企業の基盤を作り出せるだろう。

3．他地域への進出支援

地方政府は，地域内の経済ネットワークを構築し，地域に根ざす中小企業を育てる上で，これらの中小企業の他地域への進出をバックアップし，地域だけでなく，全国でも，世界でも通用する強い中小企業まで成長させるべきである。

先進諸国では，政府及び民間機構の域外駐在事務所などを通じて，企業の他地域進出活動へのバックアップが頻繁に行われている。例えば，1998年3月専修大学商学研究所中国企業視察団を熱心に企画してくださった横浜産業振興公社上海代表処・横浜経済貿易事務所は，このような役割を果たしている。河野真一所長は，その機構について，中国で情報収集・分析などを中心に，横浜の企業の中国進出に正確な情報提供や現地に進出している企業の相談などの活動をしていると指摘している[14]。

中国でも，このような地方政府主導の機構がすでに現れている。それは，地方政府の他地域のおける駐在連絡事務所である。これらの事務所は，沿海地域の経済発展に大いに貢献してきた。例えば，内陸の余剰労働力を組織的に経済特区に誘導すること，地方で集めた貯金を都市部に投資するための仲介[15]，地方建設会社の都市建設プロジェクト入札の指導などである。しかし，今までの活動は，主に，地方の安い労働力と資金を都市建設に投入するものである。安い労働力は，地元より高い賃金を目指し，都市部に流入し，戸籍制度の規制にもかかわらず，できるだけ長期間にわたって都市部に滞在しようとしている。他方，これらの安い労働力が稼いだお金は，一時的に地方に流入するが，再び沿海地域に注入され，沿海地域の経済発展に運用されることになる。つまり，ヒトとカネを一方的に他地域（沿海地域）に移転することにある。その結果，沿海地域の発展に貢献した一方，地域格差の拡大に拍車をかけ，真の地域の振興には繋がらなかった。また，地域産業振興の意味では，建設と金融を除いて，殆ど役に立たなかった。

これから，地域振興のため，これら既存の機構を活用し，地域企業の他地域進出をバックアップすることは，大きな課題となるだろう。これらの機構は，横浜産業振興公社上海代表処のように，都市部の情報を収集・分析し，その結果を素早く正確に企業に提供し，企業の域外進出の相談役として，活躍すべきではなかろうか。また，今までのヒト・カネの一方的な移動ではなく，モノ，すなわち，地域企業の製品を他地域に売り込むことも重要である。言い換えれば，地域の中小企業に地域外の最新動向を知らせると同時に，地域外のユーザーにも地域の中小企業の活動をPRすることである。

　また，世界市場を視野に入れた中小企業の世界進出において，地方政府は，世界各地で活躍する華僑や海帰派を活用すべきであろう。現在，地縁，血縁などの人脈関係で，華僑や海帰派を媒介に，外資を中国に導入することが多いが，彼らのネットワークを使って，中小企業を海外に送り出すケースは，まだ，少ない。これから，地方政府は，地域の優秀な中小企業を世界に送り出すことにも，色々な工夫をしなければならないだろう。

　他地域の駐在事務所と海外の華人ネットワークの活用以外，地方政府主催の地域製品の展覧会も，中小企業の他地域への進出の支援策として考えられる。中国では，永年に渡る計画経済の影響で，現代的流通市場は確立されておらず，また，日本のような民間機構も，大手商社も存在してない。このため，企業がマスコミなどを通じて，自ら自社製品をアピールしなければならない。中小企業は，そのような力がないから，地方政府の力を借りるしかない。地方政府主催の地域企業の展覧会は，地域の中小企業にとって，他地域への進出の最高のPR機会となっている。このような展覧会は，ユーザーを地域に招くばかりでなく，場合によって，地方政府が先頭に立って，自ら他地域へのトップセールを行なう機能を果たす。人脈社会の中国では，地方政府の幹部の移動が激しい。それによる人脈の拡大も相当なものである。今まで，このような人脈は主に政治面で大きな役割を果たしてきたが，これからは，経済面においても，多いに期待できそうである。このような地域トップセールは，地域産業振興に止まらず，地域の経営資源補完，地域中小企業の発展，地域格差の縮小などに

も多いに役に立つであろう。

4. 金融支援

　前述した「中小企業促進法」を含む中国の中小企業政策のうち，中小企業への金融支援は，かなり強調されている。ここで，再び言及するのは，地方の中小企業の主な資金供給源としての地域の金融機関の重要性である。

　企業にとって，資金は，ヒト，モノ，カネ，情報などと同様に経営資源の一角を担い，産業経済の血液として，重要な役割を果たしている。だから，企業の発展は資金抜きでは想像できない。一般的に中小企業は，自己資金が不足しており，資金調達においても大企業より不利な条件に置かれている。日欧の先進国で見られるように，金融支援は中小企業支援の最も重要なツールとして，広範囲で展開されている。深刻な資金不足に悩んでいる中国中小企業は，特に金融機関のバックアップが必要である。ここで，金融機関から，特に地方金融機関から中国中小企業へ支援策を検討してみよう。

　中国の改革開放政策は，周知の通り，1978年から始まった。それによって，中国経済は，社会主義計画経済から社会主義市場経済への転換を計ってきた。もちろん，その転換は，今日においても，まだまだ未完成であり，これからも続くだろう。

　しかし，企業の命脈を握る金融制度の本格的な改革は，17年後の1995年からようやくスタートした。その17年間の空白は，中国企業の金融事情に大きな影響を与えている。正確に言えば，改革開放後の中国企業の金融事情は，市場原理で活動を行なう企業と計画経済に左右される金融機関との関係にある。つまり，従来政府によって，設定された計画割当がなくなった企業は，競争原理の支配する市場で，企業が自ら適する企業戦略を立たなければならないことになった。他方，市場競争に遭遇する企業の金融面の支えとしての金融機関は，いまだに，国家計画に沿って，企業向けの金融業務を行っている。その結果，企業への融資は，従来通りに，国有大企業が最優先され，それに，経済特区で生まれた新たな所有権形式の三資企業が続き，以下，中堅企業，中小企業の順番

となる。まるで，それぞれ小さな籠に入れられたニワトリが，新たに仲間が加えられ，一緒に大きな籠に入れられたが，それぞれは従来の順番でしかエサを与えられていないようである。ニワトリの成長には，それほどの効果は見られない。

　ここで，金融機関は何の役割も果たしてないと，中国の金融機関の業績を否定するつもりはない。確かに，この17年間に，中国の金融機関は大きく変貌した。かつて中央政府の財政資金を地方や各企業への供給を使命とする中国の金融機関は，1979年から整備され始め，国民経済に果たす役割が徐々に増大してきた。1984年には，建国以来，中央銀行と商業銀行の二つの機能を併有していた中国人民銀行から，商業銀行部門が独立して，中国工商銀行が設立され，人民銀行は中央銀行としての機能に特化されることとなった。今日，中国の金融機関体系は，「図14：中国の金融機関体系図」のように，銀行，非銀行（ノンバンク）金融機関，外資系金融機関により構成され，20万以上の金融機構と300万人近くの従業員を有している。また，銀行と企業との関係は，少なくとも名目的には，従来の国家財政による国有企業への無償供給から，銀行融資に切り替えられた。

　しかし，各金融機関は，中央政府及び地方政府から完全に独立できず，特に国有大企業に対して最優先の融資がしばしば強要されている。中国最大の商業銀行である交通銀行のある支店長は，企業への融資について，「ある程度の権限，特に地方の中小企業に対する融資の決定権を持っているが，政府関係の融資プロジェクトは断ることができない」と，不満を漏らしている。また，彼は，今日の銀行の融資戦略を，ハイテク産業，環境問題対策産業，国家及び地方のプロジェクトへと集中することを強調した[16]。ハイテク産業への融資は銀行に利益をもたらし，経済的な行動であると捉えることができるが，環境問題対策産業への融資と国家及び地方のプロジェクトへの融資は，明らかに政府主導で行われている[17]。このように，銀行は，儲かる産業と国家指令に走り，真の企業支援ができないまま，経済活動を続けてきた。その結果，産業別で，不動産や株式投資などの分野に，また，地域別で，沿海地域を中心とした融資が

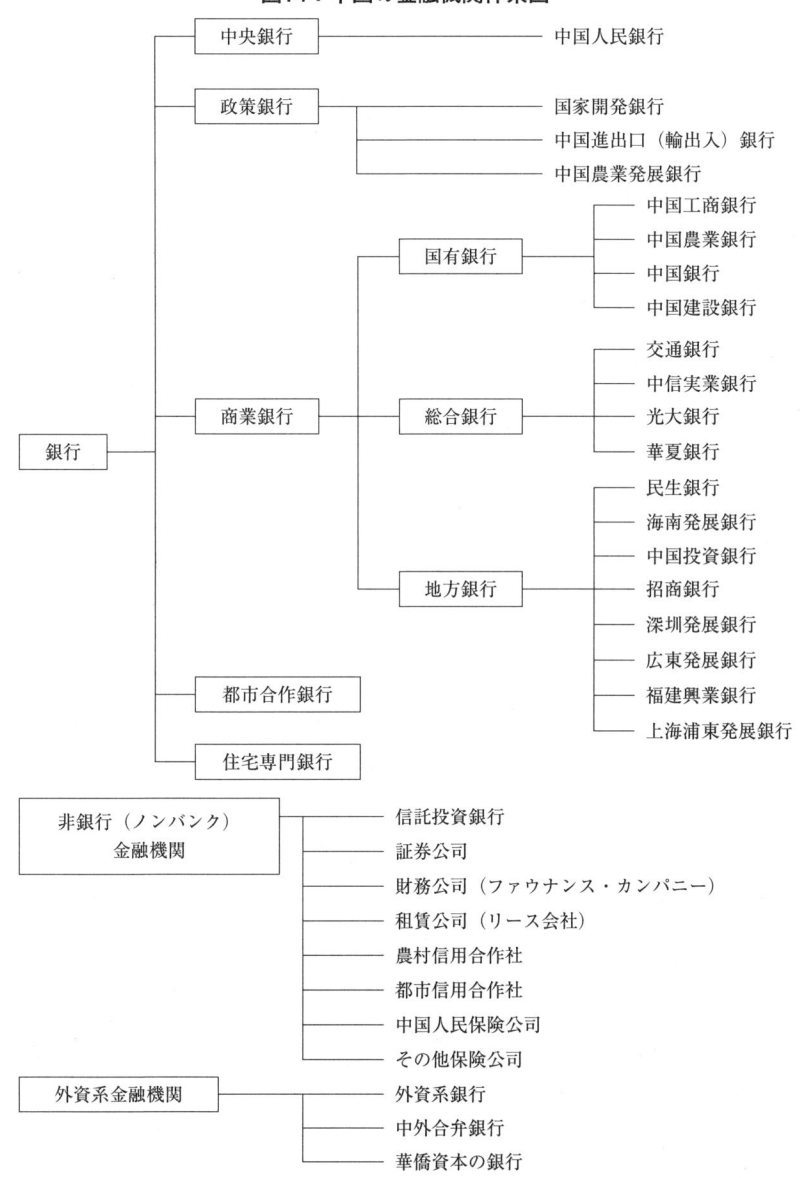

図14：中国の金融機関体系図

- 銀行
  - 中央銀行 ── 中国人民銀行
  - 政策銀行
    - 国家開発銀行
    - 中国進出口（輸出入）銀行
    - 中国農業発展銀行
  - 商業銀行
    - 国有銀行
      - 中国工商銀行
      - 中国農業銀行
      - 中国銀行
      - 中国建設銀行
    - 総合銀行
      - 交通銀行
      - 中信実業銀行
      - 光大銀行
      - 華夏銀行
    - 地方銀行
      - 民生銀行
      - 海南発展銀行
      - 中国投資銀行
      - 招商銀行
      - 深圳発展銀行
      - 広東発展銀行
      - 福建興業銀行
      - 上海浦東発展銀行
  - 都市合作銀行
  - 住宅専門銀行
- 非銀行（ノンバンク）金融機関
  - 信託投資銀行
  - 証券公司
  - 財務公司（ファウナンス・カンパニー）
  - 租賃公司（リース会社）
  - 農村信用合作社
  - 都市信用合作社
  - 中国人民保険公司
  - その他保険公司
- 外資系金融機関
  - 外資系銀行
  - 中外合弁銀行
  - 華僑資本の銀行

※今井理之・中嶋誠一『中国経済がわかる事典』，日本実業出版社，1998年，102頁。

拡大し続けてきた。それは，インフレや不良債権の増大を招くなど金融秩序の混乱に繋がった。それに見舞われた金融秩序は，企業活動をはじめとする中国経済に大きなダメージを与えた。その金融秩序を再建するため，1993年末，朱鎔基首相は，真剣に本格的な金融改革を産業転換の国策に取り込むことにした。現在，中国の金融機関の企業融資，特に製造業企業に対する支援はまだ足りない。また，もともと不足している製造業企業への融資は，国有大企業，三資企業，中堅企業，中小企業の順番で，分配されているから，地域経済の基盤にある中小企業への支援は，ごく僅かにしか過ぎない。

　今後，中国の金融改革は正念場に向かい，特に中小企業金融は，先進諸国の優れた中小企業金融制度を学び，早急に，金融制度を完備しなければならない。まず，中小企業向けの専門金融機構及びそのネットワークの構築が必要となるだろう。先進諸国の中小企業政策のうち，中小企業向けの専門金融機構は，それらの国々の中小企業の発展に大きな役割を演じたことは，明らかである。そのように，中小企業向けの専門金融機構及びそのネットワークを通じて，技術力，競争力を含める中小企業全体の近代化を促進し，中小企業の経済活動を支えるべきである。たとえ，中国の事情により，短期間でそのような専門金融機構の設立が無理にしても，国有商業銀行，都市銀行，城郷信用合作社[18]などの既存の金融機関に，中小企業向けの専用窓口を設置し，中小企業の金融バックアップを展開することは重要である。

　つぎに，銀行を含める金融機関の地域中小企業融資への認識を再確認する必要がある。それは，短期の投機的な融資よりも，長期の安定的な融資を重視することである。安部克己は，金融のあり方について，「地域で集めたおカネは地域で投資する」という認識に立った金融政策と金融機関の条件整備こそが，21世紀の中小企業金融にとって必要であると指摘した[19]。中国の場合，特に，都市銀行と城郷信用合作社は，地域経済振興の金融バックアップの主軸として，地域から預けられた民間貯蓄を，地域経済発展に還元する役割を果たさなければならない。それも，地域の特徴に合わせて，地方政府と協力し，地域の最適産業構造の構築に努めなければならない。具体的に言えば，これらの金融

機関は，地方政府が作成した地域最適産業構造の構図の下で，地域の経営資源を十分に活用できるようなインフラ整備をはじめ，地域独特な技術の開発，既存技術の改良などの経済活動に資金を注入すべきである。

　また，中央政府と地方政府の協力で，中小企業がより安定した金融環境の下で経済活動を展開できるように，中小企業融資返済などを含む金融リスクを抑えると同時に，セーフティネットを構築する必要がある。中央政府もしくは地方政府は，中小企業担保保険機構を設立し，それらの機構を通じて，中小企業への金融バックアップを促進すべきである。もちろん，このなかに，地方レベルから国家レベルまで，中小企業を正確に評価できるシステムは，不可欠である。

　さらに，中小企業向けの間接金融を完備しながら，資本市場の整備による直接金融も発展させるべきである。新興企業向けの証券市場，ベンチャー・キャピタルなど海外の経験とノウハウを勉強し，地域既存企業の再生，または，ベンチャー・ビジネスの養成に活力を入れる。現在，中国政府は，すでに，このような活動を展開している。政府関係のいくつかのベンチャー・キャピタルは，北京・上海などの大都市で作られ，徐々にその力を見せ始めている。しかし，全国規模で見れば，その効果はまだ薄く，大都市に集中する形になっている。これから，このような金融機関を全国的に拡大する必要がある。

　最後に，銀行をはじめとする金融機関の従来の企業融資から直接投資への転換も，一種の効果的な試みであろう。このような実験も，政府の指導で，すでに始められている。それは，銀行の株式保有である。一見，日本的金融システムを思わせるかもしれないが，実は大きな違いがある。日本の銀行は，親密な企業グループ内の株式持合いのコアとして機能してきた。安定保有を意識した投資スタイルが戦後から一貫して継続されてきたのである。そのようにして確保された株式安定保有は企業乗っ取りや株式買い占めに対する防波堤の役割を果たしてきた。また，メイン・バンク機能を果たす上でも株式保有がテコとして働いてきた。だから，日本の銀行にとっては株式投資から得られる「副次的効果」の方が重要であった[20]。

しかし，中国の銀行の株式保有は，政府の仲介により，企業の負債（銀行からの借金及び利息）を銀行の保有株に当てる仕組みであり，企業の負債を減らす目的があった。それによって，銀行は，自己利益の創出・確保のために，企業経営に参与し，該当企業の業績改善に手を尽くすこととなる。完全に企業の資金状況を把握している銀行の経営参与は，企業活動，特に，投資戦略においては，積極的且つ実効的なアドバイスが期待されている。このような銀行の株式保有は，まだ，実験段階であり，政府の色付けが濃く，相手企業も国有企業を中心にしているが，今後は，今までの経験を生かし，銀行の自主的な企業経営参入，特に経営水準が低く，資金力が不足している中小企業への経営指導と支援は，大いに期待されるだろう。

以上のように，中央政府，また，地方政府が，早急に中小企業向けの金融制度を完備することによって，各種の金融機関も中小企業に目を向け，中小企業を金融面でバックアップすることが，極めて重要である。これから，中国の金融機関，特に都市銀行，城郷信用合作社などの地方金融機関は，地域経済の構築を軸に，中小企業向けの業務の多様化，民間貯蓄を中小企業への活用，地域企業の再生，地域ベンチャー企業の育成などの役割が大いに期待されるだろう。

第3節　産官学共存共栄

政府，金融機関のほか，教育機構をはじめとする学界からのバックアップも必要であろう。中国中小企業は，大企業のように自ら研究機関を持つことはできない。自社製品の開発及び改良革新に迫られる今日は，教育機関を含む研究機関との共同研究開発に期待がかかる。

研究開発費用がますます重視される今日は，産学の共同研究開発が中小企業に対する役割も大きくなりつつある。このような共同研究開発は，すでに，先進国で定着している。高橋清川崎市長は，市内外の大学・研究機関に目をつけ，恵まれた研究開発環境を生かし，産学連携を川崎市の産業振興に取り込ん

でいる[21]。また，産学の共同研究開発によって，数多くの中小企業が世界レベルの技術を持ち，「小さな」世界企業に変身した。川崎に立地するブラザーは，関東学院大学工学部の無電解メッキの専門教授と産学共同で，コンピュータシステムを組むことによって，液の分析を可能にするシステム，すなわち，自動液分析技術を開発した。また，同社は，関東学院大学との産学共同開発で成功したその技術をベースに，無電解ニッケル，硬質クロム，鉄・亜鉛などの各メッキ部門と円筒研削部門を有し，多様なメッキを可能にして様々なユーザーニーズに対応できる体制を整備し，最先端メッキ企業を目指している[22]。ほかにも，琉球バイオリソース（株）は，産官学共同研究で設立され，製造業立地条件が悪いといわれる沖縄で，事業展開し，業界初の発酵ウコンを開発した。

中国でも，産学の共同研究開発が進められている。改革開放後，中国は，科学技術体制について，研究開発の主体を従来の政府所管の研究機構から企業に移すことに主眼をおいている。また，研究条件の備わった大学・専門学校と政府の科学研究機構が，多様な形で企業と協力し合うことを進めてきた[23]。その成果として，国内の多くの大学・専門学校は，学内の研究設備を活用し，企業からの研究依頼を下請したり，あるいは，学内でベンチャー・ビジネスを展開したりしている。例えば，1998年上海財政大学が受けた企業共同研究開発プロジェクトは，100件を越え，学内のベンチャー企業も30を越えていた[24]。

松田修一は，大学は多くの教員や大学院生という研究者と研究施設を持ち，学生や院生という安価でかつ良質な人材を豊富に有していることから，大学及びその周辺はインキュベート機関の最適立地であると指摘し，これから，大学がインキュベート機関として役割を発揮することに大いに期待している[25]。北京のシリコンバレーとも例えられている中関村を中心とする北京新技術開発試験区には，73の大学と専門学校，232の科学技術関連の研究機関があり，35万人の科学技術者が働いている[26]。この意味では，中国の産学共同研究開発は，ある程度進んでいるとも言えるだろう。

一方，企業側，特に，大手企業も，動き始めている。例えば，上海大衆汽車有限公司は，積極的に大学や各研究機関との共同開発を進め，中国の産学共同

体制の見本を見せている[27]。また,外資系の大手企業も,次々と各有名大学で研究開発機構を設立させ,人材確保を兼ねて,研究開発活動を展開している。例えば,上海交通大学では,IBM,モトローラ,HPをはじめ,50社以上の大手企業が,研究施設を持っている。このような活動は,徐々にではあるが,次第に中堅企業でも行われるようになりつつある。例えば,アルバトロニクスは,上海交通大学と50人規模の共同研究開発チームを結成し,新製品の研究開発を取り組んでいる。

以上のように,産学の共同研究開発が中国でも,その威力を発揮し始めた。1996年の時点において,すでに,1,667,300人の科学技術者を有する23,613個の科学研究機構が[28],これからの中国経済発展に果たす役割は大いに期待されている。

とはいえ,産学の共同研究開発について,問題がないわけでもない。その最大の問題点は,大学・専門学校を含めるこれらの科学研究機構は北京,上海などの大都市に集中し,地方の中小企業がこれらの研究機関を活用することはなかなかできない点である。この問題は,研究環境,戸籍制度などを含め,かなり複雑であるから,行政をはじめ社会全体で考えなければならない。これから,大学・専門学校の地方への移転,また,地方政府の投資による地方の教育施設の整備が積極的に行われるべきである。大都市の大学・専門学校の地方への移転,あるいは,分校の設立は,海外では多く見られるが,中国の国内では,まだまだ少ない。少ないケースの中,上海交通大学の閔行(びんこう)分校は,閔行地域の振興に繋がり,その地域を上海ハイテク産業の基地の一つに押し上げたことは,有名である。また,上海浦東地域の開発にも大学・専門学校・名門高校の分校開設が大きな役割を果たしている。これから,このような活動は,もっと積極的に地方において展開されていくべきであろう。

また,条件が揃えば,日本のコア・グループのように,地方自治体と提携し,公設民営の形態(学校の土地建物は自治体,機材調達と運営は企業)で,地方に地域内企業向けの人材育成学校を設立することも,重要である[29]。確かに,中国の地方の中小企業はそのような余裕がないことが現状ではあるが,地

域の中小企業の共同経営は可能であろう。このような教育施設の成立は，中小企業との共同研究開発を通じて，中小企業の技術水準を高めるほか，地域全体の教育水準を高めることにも繋がる。

　このほか，早い段階で，奨学生制度を打出し，有望な学生の学園生活を支援し，その代わりに，卒業後の一定期間で働いてもらうことも有効な手段であろう。実際には，中国の各有名大学にすでに多くの国内大手企業，多国籍企業が進出している。それらの企業は，大学で研究施設を設立し，産学共同研究を進めながら，優秀な学生を集め，自社の人材戦略の一環として徹底させている。この意味では，地方の中小企業は，もっと早い段階でこのような活動を始めなければならない。また，地域格差が大きい今日，地方学生の都市での学生生活条件の困難さを考慮し，スムーズに学園生活を送られるような援助を行ない，そのUターン誘致を試みるべきである。このような奨学生制度は，企業の人材確保にも繋がり，地域人材の流出の防止にも役に立つ。

　上述したように，中小企業の発展には，地方政府，金融機関，学界などからの支援が，不可欠である。つまり，地域を軸に，地方政府と金融機関及び大学・専門学校を含める教育・研究機構などの共存共栄が求められている。すなわち，地方の中小企業が今後，地域レベル，国内レベル，世界レベルの強い中小企業を目指すためには，企業自身の努力を重ねると同時に，産官学の共存共栄の環境が必要となるのである。

　このため，地方政府は，地域に相応しい産業構造の構図を明確にした上で，それを素早く且つ正確に中小企業に伝え，地域に最適な中小企業を育成し，また，それらの中小企業に対して，積極的に地域情報の収集・公開を働きかけ，地方のインフラを整備し，地域経済ネットワークの形成を促進し，さらに，他地域の駐在連絡事務所，海外の華人ネットワークの活用やトップセールによる製品の他地域への売り込みなどを通じて，地域の中小企業の他地域への進出をバックアップし，それらの中小企業を地域レベル，全国レベル，世界レベルの強い中小企業へ押し上げてゆくべきである。

また，金融面においては，中央政府，地方政府が早急に中小企業向けの金融制度を完備することによって，各種の金融機関も中小企業に目を向け，中小企業を金融面でバックアップすることは，極めて重要である。特に都市銀行，城郷信用合作社などの地方金融機関は，地域経済の構築を軸に，中小企業向けの業務の多様化，地域の民間貯蓄を地域の中小企業への活用，既存企業の再生，地域ベンチャーの育成などの役割が求められている。

　さらに，中央政府，また，地方政府の誘導の下で，大都市に集中している大学・専門学校を含める研究機構は，積極的に地方への移転，また，展開活動を行い，技術面で地方の中小企業をバックアップする。学界以外も，地域に住む人々の地域振興責任感の喚起，家族でもある中小企業の従業員へ仕事上の支持，子供に対するカンパニリズモ（郷土愛）の教育，自発的な民間交流活動（当分地方政府の指導の下で）などを通じて，地方の中小企業への支援が図られるべきであろう。

　産官学共存共栄体制は，このように形成された地方政府，金融機関，研究機構を含める地域全体のバックアップ体制であり，地域各経済単位から構築される真の地域経済ネットワークでもあり，中小企業に最高の成長環境を与えるだろう。また，中小企業は，それらの各方面からの支援を得て，事業の絞り込み，技術の掘り下げをはじめの企業自身の努力を徹底し，レベルアップを図り，成長し，そして，その成長の成果を地域に還元し，地域経済の牽引車の役割を果し，地域振興を支える。産官学共存共栄体制から生まれるこのような地域経済循環は，中国全土で広ければ，中小企業の基盤を固め，各地域の経営資源を最大限に活用できるような経済ネットワークが構築され，輸出志向の産業構造から内需主導の産業構造への転換に繋がり，中国経済，また，世界経済全体の発展にも大きく寄与することになろう。

注：
1　成棟・姚賢涛編著『中小企業管理実務与案例』，中信出版社，2001年，258頁。
2　張浩川「商学研究所上海調査報告」『専修大学商学研究所報第125号』，専修大学商学研究所，1998年，49頁。

3 電子マガジン『中国最新情報・No.177』,『中国最新情報』編集部,2002年8月6日,http://www.jckc.com。
4 日本経済新聞社編『中国—世界の「工場」から「市場」へ—』,日本経済新聞社,2002年,89頁。
5 島田晴雄・地域経済研究グループ編著『産業創出の地域構想』,東洋経済新報社,2001年,vi頁。
6 関満博・西澤正樹編『地域産業時代の政策』,新評論,1995年,26頁。
7 筆者は,実際に長江流域の幾つかの地方政府の経済主管部門を尋ねたが,それらの地域名の公開はしない。
8 経済発展による地域格差を解消するため,経済特区の税制度も大幅に見直され,全国の税制度の統一が進められている。
9 関満博・山田伸顕編『地域振興と産業支援施設』,新評論,1997年,22—25頁。
10 今井理之・中嶋誠一『中国経済がわかる事典』,日本実業出版社,1998年,150—154頁。
11 吉田敬一・永山利和・森本隆男編『産業構造転換と中小企業』,ミネルヴァ書房,1999年,195—199頁。オーガナイザーとは,生産の各段階を担当する各種専門企業を結びつけ製品化する「市場との接触を持つまとめ役」のことである。
12 中村秀一郎『21世紀型中小企業』,岩波新書,1992年,208頁。
13 関満博・西澤正樹編前掲書,212—214頁。
14 1998年3月専修大学商学研究所中国企業視察団の上海視察による。
15 中国の法律上では,域外の資金流動は厳しく規制されてはいるが,実際に資金の移動は行われている。
16 1999年3月の直接インタビューによる。
17 今日,環境問題対策は政府主導で全国的に展開されている。例えば,自動車の排気ガスなどの対策として,排気ガス標準に満たされないタクシーを大都市から締め出すなどである。
18 城郷信用合作社は,地方小都市及び農村地域に立地する金融機関であり,主に,それらの地域住民,特に,農民からの貯金を集まり,金融活動を行っている。
19 吉田敬一・永山利和・森本隆男編前掲書,118頁。
20 川北英隆『日本型株式市場の構造変化』,東洋経済新報社,1995年,178頁。
21 財団法人・川崎市産業振興財団編・川崎元気企業研究会『川崎元気企業・新ものづくりベンチャーズの時代』,日本評論社,1998年,261—262頁。
22 財団法人・川崎市産業振興財団編・川崎元気企業研究会前掲書,126—127頁。
23 今井理之・中嶋誠一前掲書,1998年,107頁。
24 1999年3月の直接インタビューによる。
25 松田修一『起業論』,日本経済新聞社,1997年,258—260頁。
26 橋田坦『北京のシリコンバレー』,白桃書房,2000年,5—6頁。
27 張浩川前掲論文,50頁。
28 今井理之・中嶋誠一前掲書,107頁。中国の科学研究機構は,主に,政府所管研究機

構，大中企業内研究機構，大学・専門学校付属研究機構から，構成されている。
29　中村秀一郎前掲書，137—142頁。

終わりに　中国にも強い中小企業

　経済のグローバル化が進む今日，中国経済の世界経済における役割は，ますます重要になりつつある。1990年代から，中国は「世界の工場」と例えられるようになった。21世紀の初頭に，中国は「世界の市場」と例えられるようになった。「世界の工場」から「世界の市場」への変化は，中国中小企業により厳しい生存環境をもたらすとともに，より多くのチャンスを与えていくだろう。

　特にWTOの加盟につれ，より多くの海外企業が視線を中国に移し，それに伴う中国での競争はより一層増していくだろう。多くの海外企業が中国に進出し，中国中小企業にそのパワーを見せ付ける一方，より多くの中国中小企業が世界にアピールするきっかけをも作り出している。その最大の危機と最大のチャンスを前に，中国中小企業は，決断に迫られている。

　中国中小企業は，まず，国民経済の基盤として，地域立地戦略を立て，地域に根ざし，地域経営資源を最大限に活用しなければならない。また，中国中小企業は，計画経済時代に残された所有権と経営権の混乱から脱却し，所有権と経営権を明確にした上で，「小さな」世界企業の経験・ノウハウを勉強し，事業の絞り込み，技術の掘り下げによって，独自技術を目指し，そのために，経営陣を含める人材確保や人材育成を先行させ，品質向上を徹底し，アフター・サービスを充実し，より良い製品，サービスを提供するべきであろう。さらに，中国中小企業は，このような企業活動を徹底させ，地域範囲，全国範囲に甘んじることなく，世界市場を視野に入れ，世界でも通用できる中小企業を目標としなければならない。このような中小企業こそは，21世紀の中国経済の基礎を担う強い中小企業像であろう。

　本書は，問題が山積した中国中小企業（製造業を中心）に焦点を当て，現代

中国中小企業の歴史と現状を分析し，「小さな」世界企業をモデルに，日本の中小企業の経験を学び，今後の改善策を模索したものである。だが，中国中小企業の問題はあまりにも大きく，複雑であり，また，中国にとって，中小企業の概念自体は新たなものであり，最近スタートした中小企業研究の蓄積も少なくて，浅い。

　私は微力ながらも，こうした問題意識としての中小企業問題の解決に研究を集中したいが，その手始めに，まず，中小企業の基本的枠組みと課題を浮き彫りにし，その改革のための諸提言を試みる研究を行った。本書は，当然のごとく，私の力不足のため，不十分な点は多々ある。が，これまで見られなかった新しい分野への意欲的研究でもあると，自負している。特に，中国中小企業の歴史への詳細な分析，その分析に基づく歴史の3段階理論，「中小企業促進法」の全訳，地域における中小企業などの点で，独自の展開を見せている。それに，最も重要視しているのは，企業自身の努力である。「小さな」世界企業で見せられたように，中小企業の成功は，地道な努力とその努力を貫くことにある。ローテクでも，世界の最先端に登りつめられることは，必ず，多くの中国中小企業に良い示唆を与えるだろう。

　また，本書で取り上げる殆どの企業について，私は，自らその経営の現場・生産の第一線に足を運んで，機械の動きから，従業員の表情から，経営者の談話から，生の経営を学んだ。「付表2：見学リスト」に記録したように，これらの企業への考察は，私の最大の宝物であろう。と同時に，私の研究を公表することによって，中国中小企業の研究においても，「現場主義」の時代の到来を期待している。

　最後に，本書に補足されるべきものも少なくない。今後の課題として，中小企業の現場を一層調査研究し，実証に裏打ちされた理論的研究を続行するつもりである。

添 付 資 料

中国中小企業促進法（中国語原文）

中华人民共和国主席令（第六十九号）

〔中华人民共和国中小企业促进法〕已由中华人民共和国第九届全国人民代表大会常务委员会第二十八次会议于2002年6月29日通过，现予公布，自2003年1月1日起施行。

中华人民共和国主席　江泽民
2002年6月29日

中华人民共和国中小企业促进法

目　录

第一章　总　则
第二章　资金支持
第三章　创业扶持
第四章　技术创新
第五章　市场开拓
第六章　社会服务
第七章　附　则

第一章　总　则

第一条　为了改善中小企业经营环境，促进中小企业健康发展，扩大城乡就业，发挥中小企业在国民经济和社会发展中的重要作用，制定本法。

第二条　本法所称中小企业，是指在中华人民共和国境内依法设立的有利于满足

社会需要，增加就业，符合国家产业政策，生产经营规模属于中小型的各种所有制和各种型式的企业。

中小企业的划分标准由国务院负责企业工作的部门根据企业职工人数，销售额，资产总额等指标，结合行业特点制定，报国务院批准。

第三条　国家对中小企业实行积极扶持，加强引导，完善服务，依法规范，保障权益的方针，为中小企业创立和发展创造有利的环境。

第四条　国务院负责制定中小企业政策，对全国中小企业的发展进行统筹规划。国务院负责企业工作的部门组织实施国家中小企业政策和规划，对全国中小企业工作进行综合协调，指导和服务。

国务院有关部门根据国家中小企业政策和统筹规划，在各自职责范围内对中小企业工作进行指导和服务。

县级以上地方各级人民政府及其所属的负责企业工作的部门和其他有关部门在各自职责范围内对本行政区域内的中小企业进行指导和服务。

第五条　国务院负责企业工作的部门根据国家产业政策，结合中小企业特点和发展状况，以制定中小企业发展产业指导目录等方式，确定扶持重点，引导鼓励中小企业发展。

第六条　国家保护中小企业及其出资人的合法投资，及因投资取得的合法受益。

任何单位和个人不得侵犯中小企业财产及其合法受益。

任何单位不得违反法律，法规向中小企业收费和罚款，不得向中小企业摊派财物。中小企业对违反上述规定的行为有权拒绝和有权举报，控告。

第七条　行政管理部门应当维护中小企业的合法权益，保护其依法参与公平竞争与公平交易的权利，不得歧视，不得附加不平等的交易条件。

第八条　中小企业必须遵守国家劳动安全，职业卫生，社会保障，资源环保，质量，财政税收，金融等方面的法律，法规，依法经营管理，不得侵害职工合法权益，不得损害社会公共利益。

第九条　中小企业应当遵守职业道德，格守诚实信用原则，努力提高业务水平，增强自我发展能力。

第二章　资金支持

第十条　中央财政预算应当设立中小企业科目，安排扶持中小企业发展专项资

金。

地方人民政府应当根据实际情况为中小企业提供财政支持。

第十一条 国家扶持中小企业发展专项资金用于促进中小企业服务体系建设,开展支持中小企业的工作,补充中小企业发展基金和扶持中小企业发展的其他事项。

第十二条 国家设立中小企业发展基金。中小企业发展基金由下列资金组成:

(一)中央财政预算安排的扶持中小企业发展专项资金;

(二)基金收益;

(三)捐赠;

(四)其他资金。

国家通过税收政策,鼓励对中小企业发展基金的捐赠。

第十三条 国家中小企业发展基金用于下列扶持中小企业的事项:

(一)创业辅导和服务;

(二)支持建立中小企业信用担保体系;

(三)支持技术创新;

(四)鼓励专业化发展以及与大企业的协作配套;

(五)支持中小企业服务机构开展人员培训,信息咨询等项工作;

(六)支持中小企业开拓国际市场;

(七)支持中小企业实施清洁生产;

(八)其他事项。

中小企业发展基金的设立和使用管理办法由国务院另行规定。

第十四条 中国人民银行应当加强信贷政策指导,改善中小企业融资环境。

中国人民银行应当加强对中小金融机构的支持力度,鼓励商业银行调整信贷结构,加大对中小企业的信贷支持。

第十五条 各金融机构应当对中小企业提供金融支持,努力改进金融服务,转变服务作风,增强服务意识,提高服务质量。

各商业银行和信用社应当改善信贷管理,扩展服务领域,开发适应中小企业发展的金融产品,调整信贷结构,为中小企业提供信贷,结算,财务咨询,投资管理等方面的服务。

国家政策性金融机构应当在其业务范围内,采取多种形式,为中小企

业提供金融服务。

第十六条　国家采取措施拓宽中小企业的直接融资渠道，积极引导中小企业创造条件，通过法律，行政法规允许的各种方式直接融资。

第十七条　国家通过税收政策鼓励各类依法设立的风险投资机构增加对中小企业的投资。

第十八条　国家推进中小企业信用制度建设，建立信用信息征集与评价体系，实现中小企业信用信息查询，交流和共享的社会化。

第十九条　县级以上人民政府和有关部门应当推进和组织建立中小企业信用担保体系，推动对中小企业的信用担保，为中小企业融资创造条件。
中小企业信用担保管理办法由国务院另行规定。

第二十条　国家鼓励各种担保机构为中小企业提供信用担保。

第二十一条　国家鼓励中小企业依法开展多种形势的互助性融资担保。

第三章　创业扶持

第二十二条　政府有关部门应当积极创造条件，提供必要的，相应的信息和咨询服务，在城乡建设规划中根据中小企业发展的需要，合理安排必要的场地和设施，支持创办中小企业。
失业人员，残疾人员创办中小企业的，所在地政府应当积极扶持，提供便利，加强指导。
政府有关部门应当采取措施，拓宽渠道，引导中小企业吸纳大中专毕业生就业。

第二十三条　国家在有关税收政策上支持和鼓励中小企业的创立和发展。

第二十四条　国家对失业人员创立的中小企业和当年吸纳失业人员达到国家规定比例的中小企业，符合国家支持和鼓励发展政策的高新技术中小企业，在少数民族地区，贫困地区创办的中小企业，安置残疾人员达到国家规定比例的中小企业，在一定期限内减征，免征所得税，实行税收优惠。

第二十五条　地方人民政府应当根据实际情况，为创业人员提供工商，财税，融资，劳动用工，社会保障等方面的政策咨询和信息服务。

第二十六条　企业登记机关应当依法定条件和法定程序办理中小企业设立登记手

续，提高工作效率，方便登记者。不得在法律，行政法规规定之外设置企业登记的前置条件；不得在法律，行政法规规定的收费项目和收费标准之外，收取其他费用。

第二十七条　国家鼓励中小企业根据国家利用外资政策，引进国外资金，先进技术和管理经验，创办中外合资经营，中外合作经营企业。

第二十八条　国家鼓励个人或者法人依法以工业产权或者非专利技术等投资参与创办中小企业。

第四章　技术创新

第二十九条　国家制定政策，鼓励中小企业按照市场需要，开发新产品，采用先进的技术，生产工艺和设备，提高产品质量，实现技术进步。

中小企业技术创新项目以及为大企业产品配套的技术改造项目，可以享受贷款贴息政策。

第三十条　政府有关部门应当在规划，用地，财政等方面提供政策支持，推进建立各类技术服务机构，建立生产力促进中心和科技企业孵化基地，为中小企业提供技术信息，技术咨询和技术转让服务，为中小企业产品研制，技术开发提供服务，促进科技成果转让，实现企业技术，产品升级。

第三十一条　国家鼓励中小企业与研究机构，大专院校开展技术合作，开发与交流，促进科技成果产业化，积极发展科技型中小企业。

第五章　市场开拓

第三十二条　国家鼓励和支持大企业与中小企业建立以市场配置资源为基础的，稳定的原材料供应，生产，销售，技术开发和技术改造等方面的协作关系。带动促进中小企业发展。

第三十三条　国家引导，推动并规范中小企业通过合并，收购等方式，进行资产重组，优化资源配置。

第三十四条　政府采购应当优先安排向中小企业购买商品或者服务。

第三十五条　政府有关部门和机构应当为中小企业提供指导和帮助，促进中小企业产品出口，推动对外经济技术合作与交流。

国家有关政策性金融机构应当通过开展进出口信贷，出口信用保险等业务，支持中小企业开拓国外市场。

第三十六条　国家制定政策，鼓励符合条件的中小企业到境外投资，参与国际贸易，开拓国际市场。

第三十七条　国家鼓励中小企业服务机构举办中小企业产品展览展销和信息咨询活动。

第六章　社会服务

第三十八条　国家鼓励社会各方面力量，建立健全中小企业服务体系，为中小企业提供服务。

第三十九条　政府根据实际需要扶持建立的中小企业服务机构，应当为中小企业提供优质服务。

中小企业服务机构应当充分利用计算机网络等先进技术手段，逐步建立健全向全社会开放的信息服务系统。

中小企业服务机构联系和引导各类社会中介机构为中小企业提供服务。

第四十条　国家鼓励各类社会中介机构为中小企业提供创业辅导，企业诊断，信息咨询，市场营销，投资融资，贷款担保，产权交易，技术支持，人才引进，人员培训，对外合作，展览展销和法律咨询等服务。

第四十一条　国家鼓励有关机构，大专院校培训中小企业经营管理及生产技术等方面的人员，提高中小企业营销，管理和技术水平。

第四十二条　行业的自路性组织应当积极为中小企业服务。

第四十三条　中小企业自我约束，自我服务的自路性组织，应当维护中小企业的合法权益，反映中小企业的建议和要求，为中小企业开拓市场，提高经营管理能力提供服务。

第七章　附　则

第四十四条　省，自治区，直辖市可以根据本地区中小企业的情况，制定有关的实施办法。

第四十五条　本法自 2003 年 1 月 1 日起实施。（　完　）

2．『人民日報』記事（中国語原文）

① 『人民日報』1999 年 4 月 19 日

国家运用财税金融手段加快扶持国内中小企业

中国国家经贸委自去年设立中小企业司后，正加紧研究，分析和制定在经营管理，资金筹措，技术开发等方面援助中小企业发展的政策，尤其是运用财税政策的扶持作用和加大金融政策的支持力度。

国家经贸委综合司司长马建堂近日说，中国中小企业的发展面临着融资困难，人才缺乏，咨询不发达等许多困难，如何加快中小企业的发展，为大型国有企业的解困创造更加宽松的环境，是一个亟待解决的问题。

中国现有中小企业逾 1000 万家，约占企业总数的 99%，在全国工业产值和实现利税中分别占 60% 和 40%，提供了大约 75% 的城镇就业机会，在每年的出口总额中，中小企业约占六成。

中小企业为中国经济增长提供了巨大的动力，但中小企业本身的发展却普遍存在着"高，弱，难，重，差，乏"等问题：负债高，相当一部分中小企业处于资不抵债的境地；筹资成本高，偿债能力弱，贷款难，寻保难；企业负担重，许多企业无法参加失业，养老，医疗保险；职工基本生活保险低，加上收费，乱摊派，加重了企业的负担；企业经济效益差，经营管理和技术人才匮乏，企业难以从正常渠道获得必须人才，缺少吸引人才的有效机制。

为了促进中小企业的发展，中国有关方面正在实施一系列推动措施：

从解决小企业政策性债务负担入手，通过政策调整，多途径解决中小企业的债务问题。

发挥财税政策的扶持作用，支持建立中小企业的信用担保体系，改善中小企业的融资环境。逐步在若干有条件的城市进行中小企业信用担保金试点，通过地方财政拨款，中小企业出资和社会捐款等渠道筹措资金；稳步实行对中小企业贷款的比例担保和中小企业筹资联合担保等办法；在中央设立中小企业信用担保保险金，由中央财政列支。要通过试点，研究，探索，控制和分散贷款风险的办法和措施，制定规范中小企业贷款担保的指导意见。

加大金融政策的支持力度，各商业银行要建立中小企业信贷部，提高中小企业的贷款比例。城市合作银行，城市和农村信用社要把主要的信贷资金用于支持

中小企业的发展。商业银行向中小企业的贷款，其呆帐准备金提取比例可适当提高，并按有关规定使用。结合金融体制改革，银行将为中小企业提供结算，汇兑，转帐，财务咨询，投资管理等全方位的金融服务，以适应中小企业发展的需要。

国家经贸委有关人士称，中国需要发展中小企业，尤其是非公有制中小企业。一方面，在促进现有中小企业由小到大，由弱变强的同时，不断创造新生中小企业；另一方面，对活不下去的中小企业，要令其死亡。

② 『人民日报』1999年4月24日
就二板市场与中小企业融资本报举行专题研讨会

本报讯 由人民日报海外版中国上市公司研究中心举办的第一届"二板市场与中小企业融资高级研讨会"于1994年4月23日在北京亚洲大酒店召开。

来自国家科技部，北京大学，北京科技风险投资股份有限公司，国富通公司以及香港联交所，美国Nasdaq证券市场，香港巨亚发展公司等国内外金融界，证券界，企业界的200多名代表出席了研讨会。与会专家就内地中小企业赴港二板市场发行上市问题，包括内地中小企业赴港上市的相关政策，管理制度，上市条件与程序，美国Nasdaq证券市场和其它国家二板市场的上市程序，yahoo在美国Nasdaq证券二板市场上市的案例分析，中小企业海外融资渠道，投资方式和投资条件等进行了广泛研讨。

与会专家认为，中小企业是国民经济高速成长的重要支持力量，在技术创新，吸纳劳动力以及推动经济复苏等方面，有着大企业不可比拟的优势。但是，融资渠道狭窄成为中小企业发展的最大障碍，融资能力不足使企业痛失了许多良机，资金不足是制约企业发展的主要因素。1998年12月1日，香港联交所理事会通过了创业板市场（即第二板）的上市要求，并将在今年第四季度正式运作，这将为国内受资金不足制约而难以持续快速发展的中小企业开拓出一条直接融资的新途径。香港二板市场的开通为我国中小企业的发展提供了机遇。

与会专家称，由于香港二板市场对申请上市的中小企业在盈利水平，业务记录和最低市值方面的要求都远比主板市场宽松，而且上市的手续也较简单。因此它将成为我国中小企业直接融资的重要渠道。

③ 『人民日報』2000 年 11 月 4 日
国有中小企业要以专取胜
中共中央[关于制定国民经济和社会发展第十个五年计划的建议]指出：积极扶持中小企业特别是科技型企业，促进中小企业向"专，精，特，新"的方向发展。在国家宏观调控下，充分发挥市场机制的作用，逐步形成大企业为主导，中小企业协调发展的格局。五中全会的建议，为加速发展中小企业指明了方向，那么，中小企业怎样才能健康发展呢？

加快中小企业的体制改革。通过改革，实行政体分开，转换机制，走向市场。中小企业要依据企业的历史和现状，选择合适的资产组织形式和经营方式。可以通过改组，兼并，租赁，承包经营和股份制，股份合作制，出售等多种形式，着重解决两个问题：一是要使企业的所有者职能到位，有人真正地关心企业的兴衰，也就是说企业赚钱的时候有人关心，亏损的时候有人着急，破产的时候有人担忧。由于所有者追求经济效益的冲动形成企业的动力，更由于所有者避免风险的审慎形成企业的约束。二是在中小企业中强化职工对企业经营的参与，监督，充分发挥职工主人翁作用。实行企业经营公开，充分利用职工代表大会制度，对企业经营从人，财，物到每个领导廉政情况实施全面监督，坚持开展民主评议和职工群众评议相结合的方法，对企业及经营者做出客观，公正，真实地评价。充分发挥新闻媒体的作用，实行舆论监督，及时曝光批评企业经营中的不正之风。

建立中小企业的科技创新机制。持续创新是中小企业取得成功的关键所在。政府要通过各种途径鼓励中小企业创立应用研究基金和科技园区，提供科技帮助，鼓励中小企业与科技开发部门紧密协作，提高中小企业的创新能力，注重在中小企业培养创新与质量管理的"内部力"。一是产品创新。即在技术变化基础上的产品商业化，既可以是全新技术的全新产品商业化，也可以是技术发现后的现有产品改进。二是过程创新，也叫工艺创新，包括新工艺，新设备及新的经营管理和组织方法的创新。三是技术的扩散，没有技术扩散，创新的技术就不可能产生最佳的经济效益。中小企业应加大科技投入力度，不断强化其科技开发能力和市场营销能力，保证企业的技术领先和市场的迅速发展。

强化中小企业的专业化经营。虽然实力较弱，中小企业无法像大企业那样搞多元化经营来分散经营风险，但它们可以集中自身优势，通过选择能够有效发挥企业长处的市场机制进行专业化经营，集中力量打入国际市场，把有限的资源集

中在目标市场上，进行重点投资，发展专业特色产品，提高企业知名度和市场占有率，从而使企业得到发展和壮大。中小企业采取这种战略，一是可以通过扩大生产批量，提高专业化程度和产品质量，提高规模经济效益，在市场上站稳脚跟。二是随着需求多样化和专业化程度的提高，大企业也普遍欢迎这些小企业为其提供配套产品，从而中小企业界能够逐步走上以小搞活，以专取胜的良性发展道路。当然，采取这种战略也给中小企业带来不小的经营风险。因为他们往往过分依赖于某种产品或技术，一旦市场发生变化，消费者需求发生转移，或是有力竞争者的进入，就会给企业生存带来威胁。为此，中小企业要注意扬长避短，努力改制和仿制新产品，或与大企业合作生产，想方设法使自己的产品适应发展潮流，增强企业竞争后劲儿。

④ 『人民日报』2000年11月13日

企业大中小标准要重定

本报讯 据来自国家经贸委中小企业司的消息，我国现行的企业划分标准将重新界定大型，中型，小型企业，新的标准将更与国际接轨，也更有利于政策实施。

据报道，1988年，由国家经贸委牵头六部委联合制定的现行企业划型标准，是在计划经济体制下按生产能力，固定资产原值等对企业进行划分的，指标较散，也较低。

新的划型标准按照国际惯例，可能按企业的资产总额，销售额，企业从业人数等指标重新对企业进行划分。我国以前的划型标准中的资产总额和销售总额的额度比较低，新标准会高一些。据透露，国家经贸委新制定的划型额度标准是：以5000万元为限，资产总额和销售总额都在5000万元以下的，都是小企业，5000万元到5亿元的，为中型企业，5亿元到50亿元的，是大型企业，50亿元以上的，是特大型企业。另外，企业所处的行业不同，其规模在划型上差距也会很大，如纺织，化工，轻工企业和钢铁企业就差很多，新的划型标准会根据行业不同，有所区别。

⑤ 『人民日报』2001年8月13日

中小企业加快建立信用体系

新华社北京电（记者吕传忠）国家经贸委主任、全国推动中小企业发展工作领导小组组长李荣融今天说，中国准备把建设中小企业信用体系作为今年企业工作的重点来抓。

作为推进中小企业信用体系建设的举措之一，李荣融在日前的新闻发布会上宣布中国中小企业信息网（网址：WWW. CHINASMB.GOV.CN）开通，并通过信息网公布了首期100家"重合同守信用"企业名单。

同时，20家产品质量抽查不合格中小企业名单，4964户要关停的"五小"（小炼油，小水泥，小玻璃，小火电，小钢铁）企业名单和104户中小企业信用担保机构名单也在网上公布。

李荣融强调。信用是市场经济的重要基础。加快中小企业信用体系建设，对于扶持优强中小企业发展，具有重要意义。公布这4个名单是为了提高中小企业信用意识，鼓励守信者，惩罚失信者，并方便用户查询。

他说，为推进中小企业信用体系建设，国家经贸委等10部委于今年4月联合下发了《关于加强中小企业信用管理工作的若干意见》，标志着中国中小企业信用体系建设开始起步。目前，具体实施意见正在研究起草中。

据介绍，截至2000年6月底，全国30个省（市，区）组建的为中小企业服务的各类信用担保机构已达260个，共筹集担保资金76亿元，预计可为中小企业信用担保400至500亿元的担保贷款。

⑥　『人民日報』2001年9月4日
中小企业为经济注入巨大活力

中国政府主管中小企业的官员日前说，中国正在采取多方面措施，扶植，鼓励中小企业发展，以使它们成为中国经济发展的重要推动力量。

国家经济贸易委员会中小企业司副司长狄娜对记者说，在世界经济增速减缓的背景下，中国政府已经并将继续调整经济政策，把充分发挥中小企业的活力作为扩大内需和保持经济发展良好势头的重要手段之一。

中国改革开放20多年来，中小企业蓬勃发展。统计显示，目前中小企业已经超过800万家，占全国企业总数的99%。在过去10年中，76%以上的工业新增产值和75%的城镇就业机会是由中小企业创造的。

著名经济学家吴敬琏认为，以非公有制经济为主的中小企业对中国经济增长

的作用不可低估。

当前，随着世界经济增速减缓对中国出口的影响日趋明显，以及国有企业改革的深入，中小企业在吸收国企下岗职工、扩大内需和科技创新等方面的能力和作用显得愈加突出。

中国政府对中小企业的重视和扶持也达到了前所未有的水平。从最初的"抓大放小"，到"放小扶小相结合"再到"坚持发展大企业大集团与扶持中小企业并举"，这充分表明政府扶持中小企业发展的政策力度正在不断增强。

国务院于1998年7月成立了专门管理中小企业事务的机构————国家经贸委中小企业司，并于2000年8月下发了新中国成立50年来第一个专门针对中小企业发展有关问题的文件《关于鼓励和促进中小企业发展若干政策意见的通知》。

国务院发展研究中心研究人员林家彬认为，中小企业的高速发展已经使现行体制难以满足其需要。而中国加入世界贸易组织后，也必须根据有关规则对政府管理、金融服务和法律法规等进行调整。

狄娜指出，融资难是中外中小企业普遍面临的一个难题。为解决这一问题，当前全世界已有48%的国家和地区建立了中小企业信用担保体系，中国也正在全国推行中小企业信用担保体系试点工作。中国目前已有30个省建立了担保机构，其中18个省已开展再担保业务，出示资本金76亿元，能为中小企业提供400亿至500亿元的担保贷款。用于中小企业直接融资的创业板经过一段时间的酝酿，也将在适当的时机推出。

国务院发展研究中心企业所综合室主任王玉丛说，中小企业资本小，抗拒市场风浪的能力弱，需要政府在信息沟通、技术支持和市场服务等方面加以引导和扶持。

国家经贸委主任李应荣说，负责管理中小企业事务的国家经贸委正考虑实行文件公告制度，并将通过国际互联网发布政策和信息，让所有企业都能享受方便快捷的信息服务。

为了鼓励中小企业发挥其科技创新的主导作用，中国已经设立了"国家科技兴中小企业技术创新基金"，通过贷款贴息、无偿资助和资本投入等方式，扶持科技型中小企业。截至2000年底，全国有近2000个项目获得该基金14亿多元。

狄娜说，中小企业资新问题的解决，取决于法规的健全和执法的规范。为了给中小企业创造公平良好的市场竞争环境，中国政府正在大力整顿和规范市场经

济秩序,严厉打击经济违法活动。目前,国家经贸委正在建立中小企业信用体系,并公布了首期100家"重和同守信用"企业名单。全国人大财经委正在抓紧起草《中小企业促进法》。

⑦ 『人民日报』2001年9月22日
允许外资收购中小企业

本报讯 日前,国家经济贸易委员会外经司副司长徐鸣在厦门召开的"中国—欧盟中小企业投资合作研讨会"上透露,中国政府有关部门正在研究制定向外商转让国有企业股权的规定,允许外国企业参股、控股及除个别领域外整体收购中国的中小企业。这将成为中国吸引国外投资的又一有力方式。

据统计,目前中小企业的数量超过800万家,占全国企业总数的99%。中小企业工业总产值,实现利税和出口总额分别占全国总量的60%,40%和60%;提供的就业岗位占全国城镇就业总数的75%,可谓举足轻重。但与发达国家相比,我国的中小企业竞争力较弱,活力不强,面对世界范围内重组兼并的浪潮,提高中小企业的竞争力,加紧发展迫在眉睫。

中国对中小企业今后发展方向时,要求中小企业向"专,精,尖"方向发展。在鼓励支持国有大企业境外融资的同时,也支持中小企业境外融资,并选择更多的符合条件的中小企业到境外上市;而最直接也可能是最有效的一项政策就是鼓励外商进行风险投资,参股,控股与整体收购中国的中小企业。为此,政府才把出台这一政策提上日程。这应该是中小企业发展的一次契机。

有关人士表示,随着中国加入世界贸易组织,中国中小企业的准入领域将会进一步拓展;同时,也为其他各国中小企业进入中国市场提供了难得的机遇。中国将采取多种方式,吸引外国对我国的中小企业进行投资,并为外资在中国进行风险投资创造良好的环境。用不了很长时间,外国企业就可以参股,控股,甚至整体收购除个别领域外的中国中小企业了。

⑧ 『人民日报』2001年11月5日
为中小企业探"路"

中国即将加入WTO,数以百万计的中小企业亦将直面经济全球化的浪潮。连日来,在北京亮马河大厦,联合国开发计划署、国家经贸委和中国国际经济技

术交流中心共同举办"中小企业发展国际论坛",各国政府官员,学者,企业家汇聚一堂,共探在经济全球化趋势下推动中小企业发展的政策和措施。

联合国首肯"镇江项目"

1997 年,中国政府与联合国开发计划署设立的"中小企业改革与发展"项目在江苏镇江市试点,开发署为此提供援款 87.9 万美元。项目内容包括:在镇江试点基础上制订全国扶持中小企业发展的政策框架;在镇江建立中小企业社会服务体系和中小企业信用担保机制。

经过 3 年多的实践,"镇江项目"取得了丰硕成果:江苏镇江率先建立了我国第一家与国际规范接轨的中小企业担保中心,为全国各地建立信用担保机构起到了示范和推动作用。中小企业面临的最大困难是融资难,而融资难的最大障碍是担保难。信用担保成功地解决了担保难的问题,成为解决中小企业贷款难的突破口。迄今为止,我国的中小企业信用担保机构已发展到 200 多家,1999 年底,镇江建立了中小企业服务中心,为全国中小企业服务体系建设积累了重要经验;"镇江项目"取得的成果和经验,对制订我国中小企业发展政策和措施起到了积极的促进作用。

各方联合评估认为,"镇江项目"取得的成果具有示范性和推广性,对进一步完善我国促进中小企业发展的政策和措施发挥了积极的促进作用。联合国开发计划署驻华代表莱特娜女士表示,UNDP 将会一如既往地提供更多支持,以使中国的中小企业更具竞争力,更具弹性。

各国为中小企业"撑腰"

一些专家,学者习惯于将中小企业比喻为"最活跃的经济细胞"。事实上,自 20 世纪七十年代以来,在全世界范围内,中小企业的价值被重新发现,各国制定了相应的政策,措施激活中小企业。在为期两天的"中小企业发展国际论坛"上,联合国开发计划署等多个国际组织的代表及各国政府官员,学者,企业家,探讨了各国扶持发展中小企业行之有效的做法……

德国:银行贷款和企业收入储备金是中小企业的主要融资来源。由于小企业没有足够的产权资本作为贷款抵押,而且不愿意向银行公开企业财务状况,只能转向利率较高的活期贷款。德国政府现有 650 项促进中小企业经济发展的计划。这些促进计划主要有两类:对现有投资的投资和对创办新企业的援助。财政援助的形式是补助,贷款,担保和人工成本补贴。向创办企业的人提供范围广泛的经

济促进计划，除了财政援助，还有建立新企业所需的各种支持，特别是顾问和咨询。

美国：发展中小企业是美国文化和经济力量的重要组成部分。为了促进向中小企业发放贷款，美国政府在 1993 年采取了一系列措施，督促金融机构改进对企业发放贷款的工作。如 4 个联邦金融监控机构允许金融机构向小企业发放信用贷款，对经 CAMEL 信用评级达到 1 级或 2 级的，允许金融机构在安全和手续完备的前提下，简化借款手续。另外，在监管机构内设专人负责对被拒绝贷款的企业提出的申诉做出回应等等。

加拿大：加拿大经济在很大程度上是由中小企业驱动的。因此技术创新大多在小型和微型企业的层面上开展。政府的一大挑战是保证市场框架和监管政策具有前瞻性。为了支持中小企业的技术创新，加拿大制定了许多旨在为中小企业创造良好经济环境的创新政策，这些政策框架包括：创造有利于经济增长的宏观经济条件，促进在经济开放基础上的自由化贸易，从普及基础教育开始投资于人，投资于研究，提高公众资助的研发项目的效能。

法国，意大利，俄罗斯，韩国，日本，中国香港等，都建立了一系列有助于中小企业发展的政策和措施。

中小企业面临"利好"

改革开放以来，我国中小企业得到迅猛发展，并已成为推动国民经济发展，促进市场繁荣的重要力量。据统计，截至目前，我国中小企业已超过 800 万家，占全国企业总数的 99%；中小型工业企业在全国工业总产值和实现利税中的比重分别为 60%和 40%左右；中小企业提供的就业岗位占全国城镇就业总数的 75%。

但是，与其他发展中国家的情况相类似，中国中小企业在技术创新，融资和发展环境方面还存在着观念，机制等诸多问题。尤其是中小企业的融资空间相当有限，融资成本相对较高，成为中小企业快速发展的"瓶颈"。据上海一项对 1000 家中小企业的抽样调查显示，69%的中小企业认为贷款难是制约小企业发展的最大因素。而在被金融机构普遍看好的北京中关村，8000 家共需 270 亿信贷资金的科技型中小企业只有不到 400 家得到了总额仅为 16 亿元的贷款。

社会各界人士认为，要解决中小企业的融资困难，还需采取综合配套措施，包括大力培育为中小企业服务的中小金融机构，从财政上扶持中小企业，发展中小企业信用担保基金以及尽快建立信用公证制度等。

国家经贸委主任李融荣日前透露,中国有关部门正在研究建立中小企业的信用担保体系,即将提请全国人大常委会审议的《中小企业促进法》一旦获得通过,将对破解中小企业融资难题产生极大的推动作用。具体做法包括:通过设立风险投资基金等措施,扶持和培育科技型中小企业发展,提高其技术创新能力;加快建立中小企业信用体系和信用担保体系,逐步放宽中小企业特别是高新技术企业上市融资和发行债券的条件,拓宽中小企业直接融资渠道;建立健全社会化服务体系,为中小企业获取政策,技术,市场,人才,信息等提供方便;按照 WTO 规则,制订修改有关的法律法规,在市场准入,国际贸易,财税政策等方面为各类中小企业发展创造平等竞争的环境。

3. 付表1：「小さな」世界企業リスト（2003年）

番号	会社名	所在地	設立(年)	資本金(百万円)	従業員(人)	売上高(百万円)	輸出(%)	海外生産	中国進出	主力製品	分類
1	タキイ種苗	京都	1920	200	801	42,920		米・蘭・仏・韓・インドネシア		種子、球根、苗木	農林水産業
2	ホーユー	名古屋	1923	98	810	43,404		中国	蘇州	染毛剤	化学
3	興国インテック	東京	1944	315	598	19,362			あり	ゴム部品	ゴム
4	平田機工	東京	1951	1,099	1,154	21,182	57			電気電子生産ライン	機械
5	三木プーリ	川崎	1939	96	305	10,048	5	中国		無段変速機	機械
6	ホシザキ電機	愛知県	1947	3,200	1,266	52,120	11	米・英	天津	製氷機・冷蔵庫	電気機器
7	CBC	東京	1935	850	415	140,890	19		展開中	光学情報電子機器	化学
8	サンジルシ醸造	三重県	1804	45	163	10,596	5	米		たまり醤油、味噌	食品
9	ヤマサ蒲鉾	兵庫県	1953	75	340	10,104	5	豪		水産練製品	食品
10	ヤマサ醤油	千葉県	1928	375	930	44,200		米		醤油・調味料・医薬品	食品
11	岡本	奈良県	1948	97	431	23,582	15	タイ・中国		靴下	繊維・衣服
12	桑村繊維	兵庫県	1950	210	195	11,192			あり	織物	繊維・衣服
13	㈱タケダレース	福井県	1969	80	232	4,004	10			フォルボリス	繊維・衣服
14	ヒットユニオン	大阪	1969	597	360	21,116	20			スポーツウェア	繊維・衣服
15	馬渕繊維	高松市	1965	20	40	2,806		中国	あり	婦人セーター	繊維・衣服
16	川村産業	三重県	1967	80	210	5,296	20			電子材料・TAB関連製品	パルプ・紙
17	㈱トキワ	名古屋	1948	767	512	18,499	10			製紙・化粧品	パルプ・紙
18	一丸ファルコス	岐阜県	1959	95	140	3,924	10		あり	化粧品原料・健康食品原料	化学
19	大内新興化学工業	東京	1937	115	375	12,020	8	韓国・中国	あり	有機ゴム薬品	化学

付表1：「小さな」世界企業リスト（2003年）

No.	企業名	所在地	創業年					海外展開	海外拠点	主力製品	業種
20	柿崎製作所	東京	1968	90	176	3,789	15			フッ素樹脂成形	化学
21	協和化学工業	香川県	1952	144	319	9,351	33			工業薬品	化学
22	サンスター技研	大阪	1954	3,125	351	19,197	8	米・タイ・インドネシア		接着剤・シーリング材	化学
23	(株)サンリツ	東京	1939	641	521	26,133	47			偏光板・通信機器	化学
24	新中村化学工業	和歌山県	1970	180	172	7,085	14			NKエステル・オリゴ	化学
25	第一稀元素化学工業	大阪	1956	234	290	10,109	43			酸化ジルコニウム	化学
26	第一樹脂工業	大阪	1959	300	300	8,521	1	中国	あり	情報機器部品	化学
27	竹本油脂	愛知県	1945	117	430	32,795	25			ごま油	化学
28	東特塗料	東京	1950	247	73	3,809	30	台湾・インドネシア・中国	あり	電気絶縁ワニス	化学
29	富山薬品工業	東京	1946	151	122	5,820	19			コンデンサー薬品・電材薬品	化学
30	日東化成	大阪	1947	140	122	4,680	10			塩化ビニル樹脂用安定剤	化学
31	根本特殊化学	東京	1948	99	100	2,927	25	ポルトガル・中国	上海・大連	蛍光体・電材・時計関連	化学
32	和信化学工業	静岡県	1924	360	214	8,113	15			木材用塗料	化学
33	天野エンザイム	名古屋	1948	390	410	11,245	30			医薬用・食品・工業用酵素剤	医薬品
34	帝國製薬	香川県	1918	123	658	22,535	10	米・英		医療用パップ剤	医薬品
35	富田製薬	徳島県	1955	96	267	6,755	14			粉末透析剤・塩化ナトリウム	医薬品
36	日本臓器製薬	大阪	1939	100	579	17,221	2	中国	あり	医薬品	医薬品
37	丸石製薬	大阪	1936	285	524	34,569	52			麻酔剤、消毒剤等医療用医薬品	医薬品
38	ソーセイ	静岡県	1948	150	174	4,377	41			OA機器用ゴムローラー	ゴム・皮革
39	(株)大協精工	東京	1960	151	390	9,143	26			医薬品用ゴム栓・医薬用ゴム製品	ゴム・皮革
40	(株)ミカサ	広島	1941	120	235	5,770	35			競技用ボール	ゴム・皮革

付表1:「小さな」世界企業リスト (2003年)

41	ヤマウチ	大阪	1948	240	366	12,196	34	中国	音響映像部品・製紙用ロール	あり	ゴム・皮革
42	松下産業	東京	1939	99	170	7,985		中国	建築用石材・墓石・他石材・建材	あり	ガラス・土石
43	㈱オーエンドケー	大阪	1949	50	240	15,930	15		冷間圧造用鋼線		鉄鋼
44	ナカジマ鋼管	大阪	1965	99	93	6,385	10		熱間成形角形鋼管・冷間成形角形鋼管		鉄鋼
45	㈱アイテック・ツリタニ	大阪	1947	42	224	5,127	10		リード線・プレス部品		非鉄金属
46	大阪特殊合金	大阪	1961	300	145	8,640		ブラジル・中国	鋳鉄用Fe・Si・Mg合金・鋳鉄用接種材	あり	非鉄金属
47	千住金属工業	東京	1938	400	527	18,370	32		各種ハンダ・フラックス		非鉄金属
48	㈱チチイ	東京	1936	135	346	7,365	10	インドネシア	止め輪・スプリングピン		非鉄金属
49	㈱久世ベローズ工業所	石川県	1956	40	380	2,712	23		ステンレスシームレス鋼管・金属ベローズ		非鉄金属
50	小原歯車工業	埼玉県	1947	99	67	2,959	10		標準ギア		金属製品
51	㈱タカコ	大阪	1973	234	190	1,984	16		油圧部品		金属製品
52	㈱竹中製作所	大阪	1948	46	150	1,959	8		ボルトナット・樹脂コーティング		金属製品
53	㈱塚谷刃物製作所	大阪	1960	90	175	4,016	13		横・縦ミシン刃・トムソン刃		金属製品
54	フェザー安全剃刀	大阪	1932	138	457	4,350	41		安全剃刀・メディカル商品		金属製品
55	不二空機	大阪	1948	300	168	2,514	40	インド・米	エアツール・熱交換器メンテ関連品		金属製品
56	福井鋲螺	福井県	1963	450	429	9,144	7		特殊圧造パーツ・中空リベット		金属製品
57	旭サナック	愛知県	1942	255	479	8,594	14		塗装機械・圧造機械		機械
58	旭精工	東京	1969	12	142	5,082	20	英・米	コインホッパー・コインセレクター		機械

284　付表1：「小さな」世界企業リスト（2003年）

No	会社名	所在地	設立年					海外	製品	分類
59	㈱イワキ	東京	1956	380	659	18,853	16		ポンプ	機械
60	㈱大阪真空機器製作所	大阪	1950	348	216	6,087	20	上海	ターボ分子ポンプ	機械
61	大森機械工業	埼玉県	1957	140	391	11,922	10		全自動包装機械	機械
62	金井重要工業	大阪	1943	467	345	7,285	29		繊維機器・不織布製造	機械
63	佐竹化学機械工業	大阪	1938	90	221	4,396	15		攪拌機器装置	機械
64	㈱シンコー	広島	1943	200	450	20,858	58		大型ポンプ・蒸気タービン	機械
65	四国化工機	徳島県	1961	145	644	28,502	19		食品機械・包装資材・食品	機械
66	㈱桜井グラフィックシステムス	東京	1946	367	278	5,478	46		オフセット印刷機・スクリーン印刷機	機械
67	庄田鉄工	静岡県	1944	150	80	4,853	30		木工機械・工作機械	機械
68	㈱スギノマシン	富山県	1956	2,324	606	10,918	11	あり	ウォータージェット製品・精密金属加工機器	機械
69	ストラパック	東京	1960	569	229	4,095	17		梱包機・包装関連機器・資材	機械
70	鈴茂器工	東京	1961	496	209	4,951	12		寿司ロボット	機械
71	象印チェンブロック	大阪	1952	45	213	4,212	30		電気チェーンブロック・チェーンレバーホイスト	機械
72	大昭和精機	大阪	1967	95	447	8,894	14		精密機械器具	機械
73	㈱デュプロ	神奈川県	1956	285	318	13,836	43		丁合機・印刷機	機械
74	東海工業ミシン	愛知県	1944	90	260	11,200	97		多頭式電子刺繍機	機械
75	中西金属工業	大阪	1941	900	591	30,665	32		ベアリング保持機・サシ戸車・コンベアー	機械
76	ニューロング工業	東京	1948	100	98	1,789	29		製袋機・包装機械	機械
77	ニューロング精密工業	東京	1950	40	125	2,929	20		スクリーン印刷機	機械
78	日進工具	東京	1961	100	110	1,562	10		超硬ソリッドエンドミル	機械
79	日本ベアリング	新潟県	1959	296	486	4,937	22	オランダ	ベアリング	機械

付表1：「小さな」世界企業リスト（2003年）

No	会社名	所在地	設立年					海外拠点		製品	業種
80	㈱フジキカイ	名古屋	1948	154	493	15,528	15			包装機械	機械
81	㈱不二工機	東京	1949	98	620	27,084	14	米・チェコ・台湾・韓国・中国	あり	カーエアコン・ルームエアコン	機械
82	冨士化工業	東京	1957	220	94	7,561	30	あり		排水処理装置・排ガス処理装置	機械
83	㈱福原精機製作所	神戸	1956	96	225	6,290	90		あり	ニット丸編機	機械
84	㈱平安コーポレーション	静岡県	1939	172	155	5,015	15			木工機械・プレカット加工機	機械
85	北斗	愛知県	1980	200	307	8,506	62			自動溶接ライン・自動組立ライン	機械
86	㈱前川製作所	東京	1968	1,000	587	53,891	9			冷凍・空調化学熱回収装置設計・施工	機械
87	㈱松井製作所	大阪	1967	200	376	10,882	18			粉粒体乾燥装置・温調装置・輸送装置	機械
88	㈱松浦機械製作所	福井市	1960	90	295	11,753	71			マシニングセンタ	機械
89	㈱ミヤコシ	千葉県	1961	93	150	11,362	30		あり	フォーム印刷機	機械
90	三笠産業	東京	1937	120	117	6,945	34			土木建設機械	機械
91	宮崎鉄工	大阪	1945	250	167	4,600	20			撚線機・伸線機・抽伸機	機械
92	㈱明輝	東京	1951	49	301	4,602	40	米・英・マレーシア・メキシコ		プラスチック成型用金型	機械
93	ユキワ精工	新潟県	1951	90	202	3,817	25			ドリルチャック・NCツーリング	機械
94	レッキス工業	大阪	1965	90	230	2,424	13			パイプマシン	機械
95	㈱和井田製作所	岐阜県	1946	664	109	2,938	26			CNC成形研削盤・CNC工具研削盤	機械
96	IMV	大阪	1957	252	141	3,529	11			振動試験機	電気機器
97	アストロデザイン	東京	1977	72	140	4,082	15			放送用機器・画像関連計測器	電気機器

286　付表1:「小さな」世界企業リスト (2003年)

No	企業名	所在地	設立年				進出地域	海外拠点	製品	業種
98	㈱泉精器製作所	長野県	1944	842	575	10,538	41			民生用家電・電設工具	電気機器
99	内橋エステック	大阪	1949	92	220	3,281	50			温度ヒューズ等の安全部品	電気機器
100	㈱エム・システム技研	大阪	1972	96	250	5,895	10	欧米・東南ア・豪州		電気信号変換器	電気機器
101	㈱オーク製作所	東京	1968	588	305	4,706	49			プリント配線板・半導体・液晶向け特殊ランプ	電気機器
102	協伸工業	東京	1965	257	275	5,456	5	ベトナム		タブ端子・プリント基板	電気機器
103	コーデンシ	京都	1973	933	205	9,980	40		あり	光半導体製品	電気機器
104	シライ電子工業	京都	1970	714	372	12,258	25		香港	プリント配線板	電気機器
105	進工業	京都	1964	931	193	3,411	46			金属皮膜抵抗器	電気機器
106	㈱タイツウ	神奈川県	1951	95	154	4,909	70	米・シンガポール・マレーシア・韓国・台湾	あり	プラスチックフィルムコンデンサー	電気機器
107	タケシン電機	東京	1967	80	328	57,958(連)	99	東南ア・中国	あり	カセット・CD	電気機器
108	多摩川精機	長野県	1938	110	494	9,718	11			特殊精密モーター・計測器・自動制御装置	電気機器
109	㈱東京ウェルズ	東京	1971	204	153	8,828	40			電子部品省力化装置の製造・販売	電気機器
110	ニッコーシ	東京	1951	100	220	5,039	17	フィリピン・中国	あり	半導体製造装置部品・セキュリティ機器	電気機器
111	日星電気	静岡県	1969	1,630	631	17,897	29	中国	広東・上海	特殊電線・絶縁・配管保護材料	電気機器
112	日本蓄電器工業	東京	1959	457	219	35,569	12			電極箔	電気機器
113	日本パルスモーター	東京	1952	140	265	3,539	12	欧米・中国	あり	高精度モーター・	電気機器
114	㈱プリモ	東京	1952	310	360	5,223	40	米・独・シンガポール		マイクロフォン・電話機	電気機器
115	㈱村木工作所	神戸	1958	80	290	19,299	30	東南アジア		音響機器金属プレス部品・電	電気機器
116	山下電気	東京	1937	330	240	13,475	20			プラスチック成形品・電子機構部品	電気機器

付表1：「小さな」世界企業リスト（2003年）

	会社名	所在地	設立					進出先		製品	業種
117	ユー・エム・シー・エレクトロニクス	埼玉市	1968	298	183	5,857		中国	あり	電子機器アミューズメント・同産業機器	電気機器
118	リババーエレテック	山梨県	1951	572	105	7,349	13	台湾・マレーシア		水晶振動子・発振器	電気機器
119	理化工業	東京	1937	55	428	7,658	18			温度制御機器・各種センサ	電気機器
120	隆祥産業	大阪	1948	48	590	12,628	10			電子制御機器・医療用電子機器	電気機器
121	ルビコン	長野県	1952	396	594	64,699	47		あり	電解コンデンサ	電気機器
122	レシップ	岐阜県	1953	371	338	11,364	7			ネオン変圧器・車両用蛍光灯	電気機器
123	㈱ワコム	埼玉県	1983	1,302	262	9,180	45			液晶ペンタブレット・パソコンCAD	電気機器
124	アイコクアルファ	愛知県	1943	1,200	817	12,589	38	米・英		自動車部品	自動車
125	㈱アペックス	神奈川県	1992	412	65	2,236	23	北米・韓国		マフラー・電子部品	自動車
126	アンセイ	愛知県	1953	180	405	8,749	11			自動車用のドアラッチ	自動車
127	朝日電装	静岡県	1961	80	390	15,428		台湾・タイ	あり	オート・バイ用電装品・自動車用電装品	自動車
128	㈱荒井製作所	東京	1956	400	576	9,210	7	北米・東南ア		自動車、バイク向けオイルシール	自動車
129	石川ガスケット	東京	1936	200	332	6,972	30			ガスケット	自動車
130	臼井国際産業	静岡県	1941	305	520	44,038	9			高圧燃料噴射管等自動車部品	自動車
131	㈱北川製作所	新潟県	1945	100	268	9,320		中国	北京		自動車
132	GMB	奈良県	1955	173	610	14,443	95			アルミパン・シェルター・ウォーターポンプ・ユニバーザルジョイント	自動車
133	タカタ	東京	1956	7,064	750	100,311		タイ	あり	エアバッグ・シートベルト・チャイルドシート	自動車
134	㈱テージーケー	東京	1959	75	598	9,471	57			カーエアコン用部品	自動車

付表1：「小さな」世界企業リスト（2003年）

No.	会社名	所在地	設立年					日・米・欧・アジア		業種
135	㈱ヒロテック	広島市	1958	280	778	24,400	15		自動車向けドア、マフラー等車体部品	自動車
136	明治産業	東京	1962	100	379	25,380		米国	ブレーキ部品等の自動車部品卸売	自動車
137	㈱キャットアイ	大阪	1954	585	249	5,484	56		自転車用ランプ・速度計等アクセサリ	その他輸送機
138	北日本造船	青森県	1969	100	98	7,310	94		冷蔵運搬船・ケミカルタンカー	その他輸送機
139	エム・セテック	東京	1978	22	173	3,652	67		太陽電池用シリコンウェハー	精密機械
140	映機工業	大阪	1954	48	84	10,967	88		液晶データ・ビデオ映写機	精密機械
141	長田電機工業	東京	1948	180	280	9,080	10		レーザー機器等歯科医療機器	精密機械
142	樫山工業	長野県	1951	84	250	7,392	35		半導体産業向け真空ポンプ等各種真空機器	精密機械
143	京都電子工業	京都	1961	30	232	4,200	18		分析機器・環境用分析機器	精密機械
144	㈱ケット科学研究所	東京	1946	72	86	2,292	16		水分測定機器・近赤外分析計	精密機械
145	㈱小坂研究所	東京	1953	270	215	4,225	21		表面あらさ・真円度測定器・半導体製造関連装置	精密機械
146	㈱ジーシー	東京	1934	744	661	16,584	14	ベルギー・米	歯科材料・歯科機器	精密機械
147	新藤電子工業	東京	1971	20	702	24,390	14		フィルムキャリア	精密機械
148	㈱住田光学ガラス	埼玉市	1953	49	340	4,681	10		光学ガラス・光ファイバー	精密機械
149	㈱タジマツール	東京	1945	64	304	9,960	15		長さ測定具・基準出し測定具	精密機械
150	㈱東洋精機製作所	東京	1939	100	171	1,781	12		高分子材料関連試験・測定機	精密機械
151	㈱ニデック	愛知県	1971	456	1,091	13,412	46		眼科医療・眼鏡関連機器	精密機械

付表1：「小さな」世界企業リスト（2003年）

No.	企業名	所在地	設立年	従業員	売上	資本金	海外比率(%)	海外拠点国	中国	製品	業種
152	日進精機	東京	1957	70	142	1,848	20	タイ・フィリピン		プレス部品加工・精密プレス型	精密機械
153	日東光学	長野県	1951	200	300	9,813	70			コンパクトカメラレンズ	精密機械
154	日本カノマックス	大阪	1951	97	123	3,051		中国	あり	微粒子計測機器・環境計測機器	精密機械
155	日本ライツ	東京	1967	320	473	18,566	5	中国	蘇州	液晶用バックライト	精密機械
156	㈱妙徳	東京	1951	440	58	980	20	中国		真空発生器・吸着パッド	精密機械
157	山本ビニター	大阪	1953	85	120	4,366	10			木材業界向け乾燥機・集成材プレス	精密機械
158	大和製衡	兵庫県	1945	497	473	13,527	40		上海	工業はかり・普通はかり	精密機械
159	理学電機	東京	1951	400	294	9,306		あり		工業用X線分析装置	精密機械
160	タック	名古屋	1963	48	57	13,731	5	米・シンガポール・マレーシア・タイ		カラーボックス等新建材	建材・家具
161	㈱写真化学	京都	1934	820	151	7,018		英国		メディア事業	印刷
162	石塚電子	東京	1958	96	257	5,561	45		あり	サーミスタ	他製造業
163	オルガン針	長野県	1950	552	512	5,957	75	中国	あり	ミシン針	他製造業
164	黒田化学	富山県	1980	40	225	5,538		中国	シンセン	情報・電気機器用プラスチック部品	他製造業
165	㈱コバヤシ	東京	1952	80	242	18,804	10			コンパウール・食品容器・青果トレイ	他製造業
166	ゼブラ	東京	1939	90	1,030	10,134	35	米・英・カナダ・メキシコ		ボールペン・サインペン	他製造業
167	㈱関水金属	東京	1957	36	116	2,978	30	米国		鉄道車輌模型	他製造業
168	㈱タミヤ	静岡県	1984	50	425	11,876	30			プラモデル	他製造業
169	テイボー	静岡県	1896	499	241	5,006	55			マーキングペン先	他製造業
170	㈱トンボ鉛筆	東京	1939	200	440	16,195	20			修正具・鉛筆・ボールペン	他製造業

付表1：「小さな」世界企業リスト（2003年）

No.	企業名	所在地	設立年				海外比率	進出国	海外拠点	製品	業種
171	日東光器	東京	1955	95	230	10,276			あり	光学用プリズム、ミラー、フィルター	他製造業
172	パイロットインキ	名古屋	1950	220	481	16,060	70			マーカー、水性ボールペン等筆記具	他製造業
173	ヒロボー	広島県	1949	80	120	2,965	15			ラジコン模型・プラスチック成形	他製造業
174	(株)広瀬製作所	大阪	1946	45	150	5,098	70		あり	ローディングフック	他製造業
175	富士工業	静岡県	1945	30	175	4,390	25	中国		釣具	他製造業
176	福助工業	愛知県	1949	200	925	65,073		中国・インドネシア		合成樹脂・食品容器	他製造業
177	明和グラビア	大阪	1953	320	419	16,517	15			テーブルクロス等塩ビ印刷加工品	他製造業
178	(株)ルミカ	福岡県	1979	100	64	2,538	13			魚釣用、玩具用化学発光体	他製造業
179	フコク物産	東京	1947	162	150	18,449		中国	上海・東莞	自動車部品・OA機器	総合卸売
180	森村商事	東京	1876	180	233	44,509	52	中国	シンセン	セラミックス・金属・電子材料・樹脂材料	総合卸売
181	八木通商	大阪	1946	300	314	28,750		中国	上海・紹興	繊維・アパレル	総合卸売
182	広熱	福井市	1948	300	86	15,283	10			化合繊織編物	繊維・紙卸売
183	スガツネ工業	東京	1943	400	385	14,078	3			建築・家具部品、産業機器部品・金属家具	鉄鋼・金属卸売
184	カツヤマキカイ	大阪	1946	351	180	16,707			あり	油空圧・ツーリング周辺機器、揚降・運搬機器	精密・機械卸売
185	(株)東陽	愛知県	1963	485	448	39,473	14	米国・タイ・英国		機械工具類、工作・産業機械	精密・機械卸売
186	福原産業貿易	大阪	1938	72	49	8,814	90			福原製ニット丸編機	精密・機械卸売
187	ヤマト科学	東京	1946	758	399	15,064		シンガポール・マレーシア・中国		理科学機器・研究実験設備・分析計測機器・試験検査機器	精密・機械卸売
188	協栄電気	東京	1951	45	46	2,323		中国・ASEAN	上海・大連・東莞・アモイ	電子材料・絶縁材料	電機卸売

付表1：「小さな」世界企業リスト（2003年）

								12	欧米・東南ア		中国	家電・電子、建産機用部品	電機卸売
189	卿商事	東京	1955	410	139	20,497		12					電機卸売
190	東亜電気工業	東京	1947	217	352	40,351		7	あり			電気・電子材料・部品・完成品	電機卸売
191	貝印	東京	1947	450	251	25,955		9		中国	上海	カミソリ類、包丁・調理用品	その他卸売

注：
1) この表のデータは、『会社四季報未上場版・2003年下期』から抽出したものである。
2) 選択条件は、「小さな」世界企業の定義に従って、資本金10億円以下、従業員人数1,000人以下、売上高500億円以下、輸出比率10％以上、もしくは、海外現地生産を持ち、未上場独立系の専業メーカー、である。
3) 分類は、『会社四季報未上場版・2003年下期』の分類方法に従うものである。
4) 『会社四季報未上場版』の選択理由等の詳細は、本文第8章第1節で説明する。

4．付表2：見学リスト

	企業名	所在地	業種	見学年月
1	京都商工会議所	京都		1997年7月
2	進工業株式会社	京都	製造業	1997年7月
3	株式会社イシダ	京都	製造業	1997年7月
4	タキイ種苗株式会社	京都	製造業	1997年7月
5	上海華亭伊勢丹有限公司	中国上海	小売業	1998年3月
6	日商岩井上海有限公司	中国上海	総合商社	1998年3月
7	上海大衆汽車有限公司	中国上海	製造業	1998年3月
8	上海小糸車灯有限公司	中国上海	製造業	1998年3月
9	上海無線電六工場	中国上海	製造業	1998年3月
10	上海夏普電器有限公司	中国上海	製造業	1998年3月
11	メトロ上海店	中国上海	小売業	1998年3月
12	蓮花浦東店	中国上海	小売業	1998年3月
13	ものづくり共和国	川崎	製造業	1998年6月
14	川崎市経済局	川崎		1998年7月
15	三菱重工業株式会社・名古屋航空宇宙システム製作所	名古屋	製造業	1998年7月
16	トヨタ自動車株式会社	愛知県	製造業	1998年7月
17	東莞アルバトロニクス（遠東）有限公司	中国広東省	製造業	1999年3月
18	東莞勝美達（太平）電機有限公司（スミダ電機）	中国広東省	製造業	1999年3月
19	三洋電機（蛇口）有限公司	中国広東省	製造業	1999年3月
20	萬宝至実業有限公司・聯益電子廠（マブチモーター）	中国広東省	製造業	1999年3月
21	東風本田自動車部品有限公司	中国広東省	製造業	1999年3月
22	日技城（テクノセンター）	中国広東省	製造業	1999年3月
23	三洋半導体（蛇口）有限公司	中国広東省	製造業	1999年3月
24	株式会社タイツウ	川崎	製造業	1999年7月
25	三木プーリ株式会社	川崎	製造業	1999年7月
26	広島県庁	広島		1999年7月
27	三菱重工業株式会社・広島製作所	広島	製造業	1999年7月
28	マツダ株式会社	広島	製造業	1999年7月

29	ヒロボー株式会社	広　島	製造業	1999年7月
30	石川島播磨重工業株式会社・瑞穂工場	東　京	製造業	1999年12月
31	旭サナック株式会社	愛　知	製造業	2000年7月
32	株式会社フジミインコーポレーテッド	愛　知	製造業	2000年7月
33	株式会社樹研工業	愛　知	製造業	2000年7月
34	株式会社ニデック	愛　知	製造業	2000年7月
35	大同工業株式会社	石川県	製造業	2000年10月
36	福井鋲螺株式会社	福井県	製造業	2000年10月
37	株式会社ポッカコーポレーション	名古屋	製造業	2001年7月
38	リンナイ株式会社	名古屋	製造業	2001年7月
39	株式会社パロマ	名古屋	製造業	2001年7月
40	株式会社メニコン	名古屋	製造業	2001年7月
41	中埜酢店（ミツカングループ）	愛　知	製造業	2001年7月
42	ユニオンツール株式会社・本社	東　京	製造業	2002年6月
43	ユニオンツール株式会社・長岡工場	新　潟	製造業	2002年7月
44	吉田金属工業株式会社	新　潟	製造業	2002年7月
45	三条製作所	新　潟	製造業	2002年7月
46	株式会社島精機製作所	和歌山	製造業	2002年8月
47	ノーリツ鋼機株式会社	和歌山	製造業	2002年8月
48	フェザー安全剃刀株式会社	大　阪	製造業	2002年8月
49	竹中製作所	大　阪	製造業	2002年8月
50	明和グラビア株式会社	大　阪	製造業	2002年8月
51	諾日士（上海）電子設備製造有限公司（ノーリツ鋼機）	上　海	製造業	2002年9月
52	スガツネ工業㈱	東　京	製造業	2002年11月
53	株式会社サカタのタネ	横　浜	製造業	2002年11月
54	株式会社ディスコ	東　京	製造業	2002年12月
55	オリオンビール株式会社	沖　縄	製造業	2003年3月
56	㈱琉球バイオリソース開発	沖　縄	製造業	2003年3月
57	カメヤマ株式会社	亀　山	製造業	2003年3月
58	有限会社ベイシック	北九州	税理士	2003年3月
59	本多電子株式会社	愛　知	製造業	2003年5月

参　考　文　献

(引用順)
1. 鎖箭『中小企業発展的国際比較』，中国社会科学出版社，2001年。
2. 中小企業庁編『平成10年版中小企業白書―変革を迫られた中小企業と企業家精神の発揮―』，大蔵省印刷局，1998年。
3. （財）中小企業総合研究機構訳編『アメリカ中小企業白書1996年版』，同友館，1998年。
4. 呂国勝編著『中小企業研究』，上海財経大学出版社，2000年。
5. 藤井盛夫訳「イタリアの中小企業保護法」『中小商工業研究』第32号，中小商工業研究所，1992年。
6. 岡本義行『イタリアの中小企業戦略』，三田出版社，1994年。
7. 中小企業庁編『2000年版中小企業白書―IT革命・資金戦略・創業環境―』，大蔵省印刷局，2000年。
8. 巽信晴・佐藤芳雄編『新中小企業論を学ぶ』[新版]，有斐閣，1996年。
9. 中小企業政策審議会編『中小企業政策審議会答申―21世紀に向けた新たな中小企業政策の在り方―』，1999年。
10. （社）日本自動車部品工業会，（株）オート・トレード・ジャーナル共同編集『日本の自動車部品工業（1990年版）』，（株）オート・トレード・ジャーナル，1990年。
11. 溝田誠吾『造船重機械産業の企業システム』，森山書店，1994年。
12. 瀧澤菊太郎・小川英次編『先端技術と中小企業』，有斐閣，1988年。
13. 有田辰男『戦後日本の中小企業政策』，日本評論社，1990年。
14. 梅本晃『異業種交流と中小企業』，日本労働協会，1989年。
15. 中谷巌『日本経済の歴史的転換』，東洋経済新報社，1996年。
16. 林漢川・魏中奇主編『中小企業発展与創新』，上海財経大学出版社，2001年。
17. 金山権『現代中国企業の経営管理』，同友館，2000年。
18. 今井理之・中嶋誠一『中国経済がわかる事典』，日本実業出版社，1998年。
19. 王保樹・崔勤之『中国企業法論』，晃洋書房，1992年。
20. 陳乃醒主編『中国中小企業発展与予測』，民主与建設出版社，2000年。
21. サーチナ総合研究所『一目でわかる中国有力企業と業界地図』，日本実業出版社，2003年。

22. 陳乃醒主編『中国中小企業発展与予測―全球経済一体化与中小企業競争力―』，民主与建設出版社，2001年。
23. 陸道生・王慧敏『中小企業的創新与発展』，上海人民出版社，2002年。
24. 羅国勛編『二十一世紀：中国中小企業的発展』，社会科学文献出版社，1999年。
25. 日本経済新聞社編『中国―世界の「工場」から「市場」へ―』，日本経済新聞社，2002年。
26. 関志雄・李粋訳『中国の国有企業改革：市場原理によるコーポレート・ガバナンスの構築』，日本評論社，1999年。
27. 吉家清次・宮下誠一郎『経済体制論―21世紀へのメッセージ―』，白桃書房，1994年。
28. 李文龍・魏国辰主編『国有小企業改革実務』，経済管理出版社，1996年。
29. 呉敬璉著（凌星光・陳寛・中屋信彦訳）『中国の市場経済』，サイマル出版社，1995年。
30. 劉小玄・韓朝華『中国企業的民営化――中小企業改制的選択』，中国経済出版社，1998年。
31. 陳乃醒主編『中国中小企業発展与予測―政策導向与中小企業発展（2002～2003）』，経済管理出版社，2002年。
32. 成棟・姚賢濤編著『中小企業管理実務与案例』，中信出版社，2001年。
33. 矢吹晋『「朱鎔基」中国市場経済の行方』，小学館，2000年。
34. 関満博『現代中国の地域産業と企業』，新評論，1992年。
35. 張浩川「商学研究所上海調査報告」，『専修大学商学研究所報第125号』，専修大学商学研究所，1998年。
36. 謝玲麗・黄躍民・陳兆忠・李咏今編『上海発展研究―現代企業制度論』，上海遠東出版社，1994年。
37. 李文龍・陳宏・魏国辰編『国有小企業改革操作指導』，中国税務出版社，1997年。
38. 劉冀生・劉伊偉・王書成主編『中小企業経営戦略』，中国人民大学出版社，1999年。
39. ヴォルフガング・パーペ編（田中素香・佐藤秀夫訳）『東アジア21世紀の経済と安全保障』，東洋経済新報社，1997年。
40. 徐宗懋『変貌する中国企業―中国の企業家と戦略―』，河出書房新社，1995年。
41. 清成忠男・田中利見・港徹雄『中小企業論』，有斐閣，1996年。
42. 陳乃醒『中小企業経営与発展』，経済管理出版社，1999年。
43. 日経ビジネス編『小さな強い会社』，日経BP社，1995年。
44. 菊池英雄『小さな大企業』，東洋経済新報社，1997年。

45. 磯辺剛彦『トップシェア企業の革新的経営』，白桃書房，1998年。
46. 小澤行正・坂本光司・平塚孝雄著『小さな世界一企業』，同友館，1997年。
47. 石川昭・根城泰『日本の中の世界一企業』，産能大学出版社，1999年。
48. 財団法人川崎市産業振興財団編・川崎元気企業研究会著『川崎元気企業・新ものづくりベンチャーズの時代』，日本評論社，1998年。
49. 日本経済新聞社編『四国のナンバーワン企業』，日本経済新聞社，1999年。
50. 日本経済新聞社編『中部のナンバーワン企業』，日本経済新聞社，1999年。
51. 溝田誠吾『小さな世界企業』，プリント版。
52. 大西勝明・二瓶敏編著『日本の産業構造』，青木書店，1999年。
53. 中村秀一郎『中堅企業論（増補第二版）』，東洋経済新報社，1974年。
54. 中村秀一郎『21世紀型中小企業』，岩波新書，1992年。
55. 溝田誠吾・塩見治人・宮崎信二「『小さな』世界企業の成長過程の実証研究(1)」，『専修大学経営研究所報・第105号』，専修大学経営研究所，1993年。
56. 溝田誠吾・塩見治人・宮崎信二「『小さな』世界企業の成長過程の実証研究(2)」，『専修大学経営研究所報・第108号』，専修大学経営研究所，1993年。
57. 溝田誠吾・張浩川「『小さな』世界企業の成長過程の実証研究」，『専修大学経営研究所報・第154号』，専修大学経営研究所，2003年。
58. 赤池学『ローテクの最先端はハイテクよりずっとスゴイんです。』，株式会社ウェッジ，2000年。
59. NHK「ジャパンインパクト」プロジェクト編集『ジャパンインパクト・伝統の技が未来を開く』，日本放送出版社協会，2003年。
60. 日刊工業新聞特別取材班編『この分野☆一番企業』，日刊工業新聞社，2003年。
61. ジェームズ・C・コリンズ，ジェリー・I・ポラス著，山岡洋一訳『ビジョナリー・カンパニー／時代を超える生存原則』，日経BP出版センター，1997年。
62. 袁凌雲「『小さな』世界企業の成長過程の実証研究—戦略類型と社長論を中心に—」（修士論文），2001年。
63. 都筑暢晃「地場産業における『小さな』世界企業—成長戦略の研究—」（修士論文），2003年。
64. 関満博・新籾育雄編『21世紀型中小企業の経営戦略』，新評論，1997年。
65. 小池和男『中小企業の熟練—人材形成のしくみ—』，同文舘出版社，1981年。
66. 清成忠男・田中利見・港徹雄『中小企業論』，有斐閣，1996年。
67. 城島明彦『開眼・田中恭一伝』，株式会社メニコン，2002年。
68. 森谷正規『「複雑系」で読む日本の産業大転換』，毎日新聞社，1997年。
69. 溝田誠吾「『小さな』世界企業—その独自技術の製品・製造技術の絞り込み，海外構想力と経営者—」，『専修大学社会科学研究所月報・No.414』，専修大学社会

科学研究所，1997年。
70. J. A. シュンペーター著（清成忠男編訳）『企業家とは何か』，東洋経済新報社，1998年。
71. 遊仲勲編著『世界のチャイニーズ』，サイマル出版社，1991年。
72. 日本経済新聞社編『華僑―商才民族の素顔と実力』，日本経済新聞社，1981年。
73. 野村総研香港有限公司編『香港と華人経済圏―アジア経済を制する華人パワー―』，日本能率協会マネジメントセンター，1992年。
74. 呉克禄主編『小公司的求生策略』，民主与建設出版社，2002年。
75. 島田晴雄・地域経済研究グループ編著『産業創出の地域構想』，東洋経済新報社，2001年。
76. 関満博・西澤正樹編『地域産業時代の政策』，新評論，1995年。
77. 関満博・山田伸顕編『地域振興と産業支援施設』，新評論，1997年。
78. 吉田敬一・永山利和・森本隆男編『産業構造転換と中小企業』，ミネルヴァ書房，1999年。
79. 川北英隆『日本型株式市場の構造変化』，東洋経済新報社，1995年。
80. 松田修一『起業論』，日本経済新聞社，1997年。
81. 橋田坦『北京のシリコンバレー』，白桃書房，2000年。

（その他）
82. 『会社四季報・未上場版』各年度版。
83. 電子マガジン『中国最新情報』各年度版，http://www.jckc.com。
84. 『日経ビジネス』各年度版。

索　引

あ行

青島製釘廠 …………………………231
旭サナック …………………………189
アニマル・スピリット ……………238

異業種交流……………………………21
意思決定 ……………………………216
イシダ …………………………192, 206
インキュベーター ……………………41

SBA ……………………………………7

欧州委員会第23総局（DGXXⅢ）………14
思いやり ……………………………220

か行

海外進出 ……………………………211
海帰派 ………………………………227
科学技術地区…………………………41
華僑 …………………………………226
過剰生産体制 …………………………4
華人 …………………………………227
華人経済圏 …………………………227
家族企業 ……………………………237
合作企業………………………………33
カメヤマ ……………………………158
カンパニリズモ ……………………260
官僚資本………………………………52

企業家精神 …………………………215

企業自主権……………………………29
企業文化 ……………………………221
偽集体企業……………………………65
技術 …………………………………202
技術概念図 …………………………202
技術革新 ………………………79, 82
既存技術 ……………………………206
技能 …………………………………202
業界団体………………………………21
行政主導 ……………………………101
共同研究開発 ………………………256
協力会…………………………………19
金融改革 ……………………………254

裙帯関係 ……………………………106

経営請負責任制………………………29
経営資源 ……………………………244
経営者の資質 ………………………129
下岡……………………………………47
下郷知識青年…………………………60
決断力 …………………………129, 216
現代企業制度…………………………29

コア技術 ……………………………240
コア・グループ ……………………258
構外下請………………………………20
公私共同経営企業……………………54
公私共同経営運動……………………54
郷鎮企業………………………………31
構内下請………………………………20

合弁企業	33
公有制	2
5ヵ年計画	54
国営企業	28
国民経済	39
国有株式会社	29
国有企業	28
五小企業	56
個人企業	32
戸籍制度	43
国家経済貿易委員会	69
国家中小企業部（ESBO）	10

さ行

サカタのタネ	194, 201
産官学	256
産業集積	13
三産	60
三資企業	33
三層格差構造	141
私営企業	32
私営経済	65
資金支援	77, 82
自社設備	204
市場開拓	79, 82
四川省鋼鉎廠	229
下請系列	19
質的な規定	23
絞り込み	199
資本主義工商改造運動	54
島精機製作所	196
社会安定	25
社会支援	80, 82
社会主義改造運動	31, 54
社会主義計画経済	2
社会主義市場経済	2

社会主義初期段階	66
社会主義労働大衆集団所有制	31
社内教育	103
上海金属廠	231
上海三聯汽車線束公司	232
上海小企業センター	84
上海大衆汽車有限公司	239
私有制	32
集団企業	29
自由放任の中小企業	60
熟練	202
樹研工業	147
手工業	52
手工業基本法	13
奨学生制度	259
城郷信用合作社	254
情報	202
情報便利屋	247
人材育成	155, 222
人材確保	222
人的ネットワーク	226
スガツネ工業	186
進工業	185
スターリン・モデル	54
政企分離	97
政治運動に左右された中小企業	51
政治主導経済	38
成人教育	240
世界戦略	211
世界の工場	3
世界の市場	3
専業化	123
先見性	129, 215
全人民所有制企業	28

| 創業支援 …………………………78, 82 | 抓大放小 ……………………………63 |

創造的破壊 ………………………………238

た行

タイツゥ ……………………………………184
大同工業 ……………………………………195
大虎打火機廠 ……………………………231
大躍進・人民公社運動………………55
タキイ種苗 ……………………………190, 201
竹中製作所 …………………………………184
脱下請………………………………………20

地域格差………………………………………47
地域経済ネットワーク ……………245
地域産業構図 ……………………………242
地域産業支援 ……………………………244
地域プロデューサーの時代 …………242
「小さな」世界企業 ……………………137
チャレンジ精神 …………………………217
中関村……………………………………41
中堅企業論 ………………………………142
中国中小企業発展与予測……………70
中小企業関連機構 ………………………83
中小企業基本法 ……………………………15
中小企業近代化促進法 ………………15
中小企業国会 ……………………………17
中小企業司 …………………………………69
中小企業振興計画 ………………………12
中小企業信用担保 ………………………84
中小企業促進法 ……………………………75
中小企業庁 …………………………………14
中小企業の新紀元 ………………………69
中小企業白書 ……………………………70
中小企業法 ……………………………………7
中小企業保護法 ……………………………13
張江ハイテク地区 ………………………41

停薪留職 ……………………………………230
デイスコ ……………………………………196
テイボー ……………………………………200

ドイツ中小企業研究所（IFM）………12
同業種の交流 ……………………………248
洞察力 ………………………………………216
統治会 ………………………………………21
独資企業……………………………………33
独自技術 ……………………………………203
都市化 ………………………………………43
都市商業銀行 ……………………………127
トップセールス …………………………219
トップダウン ……………………………216

な行

内需主導 ……………………………………245
内製設備 ……………………………………151
苗床機能 ………………………………………11
中垺酢店 ……………………………………192

二重構造論 …………………………………21
日亜化学工業 ……………………………139, 217
ニデック ……………………………………191
二本足で歩く路線………………………56

農業集団化政策…………………………56
農村余剰労働力…………………………61
ノーリツ鋼機 ……………………………197

は行

白鳳堂 ………………………………………201
バルダン ……………………………………204
パロマ ………………………………………198

非国有経済······················65
ビジョナリー・カンパニー ··············180
ビジョン ······················215
ヒロボー ······················183

フェザー安全剃刀 ················188
福井鋲螺 ·····················188
フジミインコーポレーテッド ···········193

ベンチャー・ビジネス論 ·········21, 146

法人化による株式会社················99
星野楽器 ·····················220
ポッカコーポレーション ············194
掘り下げ ·····················202
ボルトン委員会報告書·················11

ま行

三木プーリ ····················186
三つの代表論····················43
民営化 ························2
民営企業······················65
民族資本······················52
民族資本家企業 ··················55

明和グラビア ···················187
メニコン ·····················190

盲流························44
元方複数化·····················20

や行

輸出志向······················38
ユニオンツール ··················169

吉田金属工業 ···················182

ら行

乱収費······················95

リーダーシップ ··················216
琉球バイオリソース ···············257
両権分離······················64
良性循環·······················3
量的規定······················23
リンナイ ·····················198

連邦公司法·····················10

労働集約型·····················44
ローテクの最先端 ············145, 146
ロワイエ法·····················12

わ行

ワンマン経営 ···················237

あ と が き

　本書は，専修大学に2003年6月30日提出した学位論文を刊行したものである。

　論文提出から刊行まで2年弱だが，急激に変貌する中国においては，大きな変化を感じている。例えば，中国中小企業の量的規定は，「中小企業暫定基準の発表に関する通知」で以下のように定められている※。

　「工業中小企業は，以下の条件を満たさなければならない。従業員数2,000人以下，あるいは，売上高30,000万元以下，あるいは，資産総額40,000万元以下。うち，中型企業は，従業員数300人以上，売上高3,000万元以上，資産総額4,000万元以上といった条件を同時に満たさなければならない。その他の企業は，小型企業とする。建築業の中小企業は，以下の条件を満たさなければならない。従業員数3,000人以下，あるいは，売上高30,000万元以下，あるいは，資産総額40,000万元以下。うち，中型企業は，従業員数600人以上，売上高3,000万元以上，資産総額4,000万元以上といった条件を同時に満たさなければならない。その他の企業は，小型企業とする。卸業と小売業において，小売業の中小企業は，以下の条件を満たさなければならない。従業員数500人以下，あるいは，売上高15,000万元以下。うち，中型企業は，従業員数100人以上，売上高1,000万元以上といった条件を同時に満たさなければならない。その他の企業は，小型企業とする。卸業の中小企業は，以下の条件を満たさなければならない。従業員数200人以下，あるいは，売上高30,000万元以下。うち，中型企業は，従業員数100人以上，売上高3,000万元

※陳乃醒主編『中国中小企業発展輿予測—中小企業投融資策略・理念・方向・措置（2003～2004）』，中国財政経済出版社，2003年，10頁。

以上といった条件を同時に満たさなければならない。その他の企業は，小型企業とする。交通運輸業と郵政業において，交通運輸業の中小企業は，以下の条件を満たさなければならない。従業員数3,000人以下，あるいは，売上高30,000万元以下。うち，中型企業は，従業員数500人以上，売上高3,000万元以上といった条件を同時に満たさなければならない。その他の企業は，小型企業とする。郵政業の中小企業は，以下の条件を満たさなければならない。従業員数1,000人以下，あるいは，売上高30,000万元以下。うち，中型企業は，従業員数400人以上，売上高3,000万元以上といった条件を同時に満たさなければならない。その他の企業は，小型企業とする。宿泊と飲食業の中小企業は，以下の条件を満たさなければならない。従業員数800人以下，あるいは，売上高15,000万元以下。うち，中型企業は，従業員数400人以上，売上高3,000万元以上といった条件を同時に満たさなければならない。その他の企業は，小型企業とする。」

　中国中小企業に関する法律の整備が進む中，中国中小企業自身の変化も見逃せない。『プレジデント』（2004年10月4日号）では，関満博先生が執筆した「日本人経営者を驚かせた『中国中小企業の先進性』」という題目の論文が掲載されている。そこで紹介されたのは，3人の博士を有し，世界ナンバーワンとされるドイツのトルンプのプレスブレーキと3D溶接機を持ち，日本製造業の牙城ともいわれている精密金属加工業へ挑戦している100人規模の中国ローカル企業（板金業）であった。

　こうした変化は，中国中小企業という分野に新風を吹き込み，新たな課題をもたらした。私も，今後，一層研究を積み重ねて行くつもりである。

　大学院に進学した時からこのテーマを決めた研究において，恩師の溝田誠吾教授を始め，多くの先生の方々から，親切なご指導をいただき，心から感謝の意を表したい。特に，「小さな」世界企業研究チームの名古屋市立大学の塩見治人先生，名城大学の宮崎信二先生，名古屋市立大学田中彰先生，国内外多数の企業調査の機会を与えてくださった大西勝明先生，水川侑先生，6年間の大

学院研究で丁寧に指導してくださった櫻井通晴先生，田口冬樹先生，小林襄治先生，岡田和秀先生，笠原伸一郎先生，学部時代から，お世話になっている酒井進先生，澤野徹先生，吉田雅明先生，大倉正典先生に改めて感謝の意を表したい。

また，日本での留学生活を支えてくださった坂本滋弘・喜美子ご夫妻，山下勝比拡さん，西里扶甬子さん，嶋田和子先生，調査に当たって丁寧に対応していただいた各企業の方々，そして，同じ研究室の袁凌雲君，王昕君，森川明広君，都筑暢晃君，朱鴻君，半田みどりさん，房力君，顧迅君，金洙正君に，お礼を申し上げたい。

そして，本書の出版について，ご尽力くださった森山書店に，厚くお礼を申し上げる。

最後，この場を借りて，11年間の留学生活を支えてきた父 張国楨，母 方惟珍，妻 朱惠芬，娘 張沁縁に，心から謝意を捧げる。

2005年2月4日　立春の日に

張　　浩　　川

著者略歴

1971年 中国上海生まれ
2004年 専修大学大学院経営学研究科
　　　 博士後期課程修了，博士（経営学）
現　在 専修大学大学院助手

中国中小企業の挑戦 ―「小さな」世界企業への道―

2005年2月25日 初版第1刷発行

著　書 ⓒ 張　　浩　川

発行者　菅　田　直　文

発行所　有限会社　森山書店　東京都千代田区神田錦町
　　　　　　　　　　　　　　1-10林ビル（〒101-0054）
　　　　TEL 03-3293-7061 FAX 03-3293-7063　振替口座 00180-9-32919

落丁・乱丁本はお取りかえします　　　　　　　　印刷／製本・シナノ

本書の内容の一部あるいは全部を無断で複写複製することは，著作権および出版社の権利の侵害となりますので，その場合は予め小社あて許諾を求めてください。

ISBN 4-8394-1997-3